现代高校建设中的人事体制改革法律问题研究

谌瑜　等著

群众出版社
·北京·

图书在版编目（CIP）数据

现代高校建设中的人事体制改革法律问题研究／谌瑜等著．—北京：群众出版社，2019.1　ISBN 978-7-5014-5923-0

Ⅰ.①现…　Ⅱ.①谌…　Ⅲ.①高等学校—人事制度—体制改革—法律—研究—中国　Ⅳ.①D922.504

中国版本图书馆 CIP 数据核字（2018）第 302329 号

本书是教育部人文社会科学研究一般项目“现代高校建设中的人事体制改革法律问题研究”（14YJA820004）的最终研究成果。感谢上述项目的资助。

现代高校建设中的人事体制改革法律问题研究　谌瑜 等 著

出版发行：群众出版社
地　　址：北京市丰台区方庄芳星园三区 15 号楼
邮政编码：100078
经　　销：新华书店
印　　刷：北京市泰锐印刷有限责任公司

版　　次：2019 年 1 月第 1 版
印　　次：2019 年 1 月第 1 次
印　　张：11.75
开　　本：787 毫米×1092 毫米　1/16
字　　数：248 千字

书　　号：ISBN 978-7-5014-5923-0
定　　价：48.00 元

网　　址：www.qzcbs.com
电子邮箱：843195700@qq.com

营销中心电话：010-83903254
读者服务部电话（门市）：010-83903257
警官读者俱乐部电话（网购、邮购）：010-83903253
文艺分社电话：010-83901730

目　录

导论　1

上篇　高校人事体制改革立法模式研究

专题一　论公立高校的法律主体地位　7
　一、市场背景下定性高校法律主体的困惑　8
　二、域外高等教育办学治校的制度借鉴　16
　三、明确公立高校行政协议主体身份　18
专题二　高校视域下人事争议案的可诉性与法律适用问题研究　22
　一、高校与教师人事争议典型案例与法律困境　22
　二、高校教师人事争议法制环境及其权利救济问题法理评析　24
　三、高校教师人事争议权利救济法律问题之对策　28
专题三　我国高校教师社会保险法制研究　33
　一、问题的提出　33
　二、高校教师社会保险制度的现状与问题分析　37
　三、高校教师社会保险制度的比较法考察　49
　四、人事体制改革下我国高校教师社会保险法制问题之对策　54
专题四　高校职业年金法制研究　58
　一、高校职业年金制度的发展现状　58
　二、构建高校统一职业年金的法制障碍　61
　三、构建高校职业年金制度的可行性与对策　64

中篇　高校与教职工劳动人事法律关系研究

专题五　论中国高校教师的法律身份　69
一、中国高校教师法律身份亟待明确　70
二、解读与评析：中国高校教师法律身份现状　72
三、建立涵盖我国高校教师的公务雇员制度之设想　75
专题六　高校管理教师行为规范性探讨　81
一、高校对教师管理的典型案例及相关法律问题　82
二、高校管理教师之法制环境及现实问题　87
三、高校对教师管理内容之法制缺失　89
四、高校管理教师行为规范化之对策　93
五、高校管理教师程序正当性之思考　99
专题七　论高校后勤用工方式的法律规制　107
一、高校后勤用工现状及法制困境　107
二、高校后勤用工方式法理探讨　111
三、规范高校后勤人员劳动用工方式之思考　116
专题八　公立高校医院医疗侵权法律问题研究　122
一、公立高校医院医疗侵权典型案例及所涉法律问题　122
二、高校医院医疗侵权所涉法律问题评析　124
三、规制公立高校医院医疗侵权问题之对策　127

下篇　高校学生人事管理法制研究

专题九　论公立高校与学生法律关系及权利救济机制　133

一、三例高校招生、学位授予案及所涉主要法律问题　133

二、高校“准”行政机关地位的认定　135

三、高校与学生行政协议属性的确定　139

四、学生权利与高校办学自主权的司法平衡　144

专题十　全日制大学生兼职法律关系研究　149

一、全日制大学生兼职典型案例　149

二、全日制大学生兼职与用工方关系的法律属性之争　151

三、全日制大学生兼职与用工方法律关系性质之我见　153

专题十一　高校后勤管理侵权法律问题研究　159

一、典型案例与争议焦点　160

二、高校后勤管理侵权成因分析与法理解读　161

三、规制高校后勤侵权现象的对策与建议　166

专题十二　论全日制法律硕士（非法学）课程设置的科学与合规性

——以F学院课程设置为研究对象　171

一、F学院全日制法律硕士（非法学）课程设置的改革现状　172

二、F学院全日制法律硕士（非法学）课程设置的依据　174

三、F学院全日制法律硕士（非法学）课程设置的问题　175

四、F学院全日制法律硕士（非法学）课程设置的不足与改进　178

后记　180

导 论

当前，我国高等教育发展面临着从计划体制向市场体制以及从精英化向大众化教育的转型。市场经济体系的建立使中国社会结构发生了深刻的变化：一方面，国家权力正逐渐从社会经济领域部分退出；另一方面，随着市场在资源配置中起决定作用，社会自主性的程度在不断提高。社会转型的加速与社会结构的重构，使得我国教育主体发生了分化。教育主体的分化意味着教育关系的变革，因此出现了一系列新的教育社会关系。如何对这些关系进行归类、定位、调整、建章立制，是当前中国教育改革，尤其是公立高等学校改革所面临的重要课题。

中国高等教育体制改革的目标是确立公立大学法人地位，建立政府与高校的新型关系。高等教育改革的核心是如何处理政府与高校的关系，而处理与高等教育相关的公共事务需要政府与高校共同行动。在高等教育转型过程中，探索政府与高校关系、重塑二者良性互动关系的路径，对于推动高等教育健康发展具有重要现实意义。

随着高教体制改革的深入，在现代高校法治建设中，公立高等学校究竟是何种性质的法律主体？它行使法律、法规、规章授予的公共教育管理职权的范围有多大？其“办学自主权”可否作为拒绝权利保障行政法介入的一个依托？哪些事务需受行政法规范约束并应接受司法审查？哪些关系又属于民法调整的范畴？理顺围绕公立高等学校的这些内外部法律关系，首先应界定公立高等学校法律主体的身份、性质与地位，明确其权利和义务。这直接关乎如何规范高校内部人事关系，也关联着其内部各利益主体权利义务关系的法律规制。

本研究由高校人事法律关系的实然到应然，通过实例说理论证，以期重构及完善现代大学人事法律制度。在探讨现代高校建设中的人事体制改革法律问题时，本研究课题围绕高校、教师、学生三方主体，分三个部分展开研究：上篇——高校人事体制改革立法模式研究；中篇——高校与教职工劳动人事法律关系研究；下篇——高校与学生人事管理法制研究。上篇着眼于高校与政府关系，通过对高校办学自主权的探讨，主张首先明确高校作为法律主体的身份与定位，则其外部法律关系便迎刃而解。中篇主要围绕高校教师，以其权益保障、与高校法律关系性质、相关规章制度的构建与完善为研究重点。下篇着重探讨了现代高校建设法治理念下高校与学生的法律关系及其规章制度的完善与学生权益的司法救济问题。

一、我国高校办学自主权与人事管理法治化的必要性

我国现代大学制度的构建发生在高等教育转型的背景下。这一转型可从两方面理解：一是高等教育发展从计划体制向市场体制的转型；二是高等教育从精英化向大众化的转型。高等教育改革的一个核心维度就是如何处理政府与高校的关系。高校自主权即是政府与高校关系的集中体现，尤其是公立高校。

市场机制将会在学校办学中发挥重要作用。在计划经济时代，高等学校办学一切按计划办事，统一招生，统一分配，无竞争可言。而在高等教育大众化阶段，学校与学校之间的招生、就业竞争日趋激烈，考生将有更大的自主选择权，而要在竞争中取胜必须依靠办学的实力与质量。当前，高等教育尚处于“卖方市场”，经过若干年或更长时期以后，高等教育一旦转入“买方市场”，高等学校将会出现大浪淘沙、百舸争流的局面，那些高瞻远瞩、应对有方的高校将在竞争中胜出，而一些未能与时俱进的学校则会在市场竞争中被淘汰。

高等教育大众化必然带来高等教育的多样化，学校将在多样化的背景下自主考虑办学定位与特色。我国地域辽阔，各地经济发展很不平衡，既有大量劳动密集型企业，又有一批技术密集、资金密集型企业，还有一些知识密集型企业；既需要先导性的基础研究，又需要大量应用研究和成熟技术的推广应用；既需要各学科的顶尖人才，也需要大量各行各业的专门人才。这就必然要求高等教育是多层次、多样化的。我国有一千余所高等学校，各校的办学力量、教学科研水平相差较大，由政府主管部门规定各所高校的定位一是很难做到准确合理，二是难以避免管得过多、统得过死的弊病，三是难以发挥市场的调节作用，调动学校自身办学的积极性。当前，国家对高等学校的管理将更趋宏观，学校将按《高等教育法》规定的“面向社会，依法自主办学”。我国高校定位的问题、我国高校自主权内涵的界定及其属于何种性质的法律主体等问题，将首先直接地摆在构建现代大学制度者的面前。

大学自治的中国特色说法就是办学自主权。我国高等教育体制改革的核心问题是，要正确处理大学与政府的关系，扩大并落实高校办学自主权。真正确立高校法人地位，从法律角度厘清“办学自主权”概念，明确哪些事务应归大学自主处理、哪些事务需要受行政法规范的约束并应接受司法审查的介入，从而理顺高校内涉及的法律关系，界定高校法律关系各主体的权利义务。

二、我国高校内部群体各权力、人事关系之解读

随着我国高等教育改革的不断深入，高等学校逐渐从政府包办转变为自主管理并承担法律责任的法人实体。我国高等教育内外部环境的巨大变化，使得高校内各利益关系纵横交织、错综复杂，各利益群体之间既相互协作，又不无矛盾冲突。在新的教育体制下，高等学校存在的法律关系变得日益复杂化。近年来，我国公立高校与各利益群体的法律纠纷渐趋增多，由于对公立高校法律身份、与各利益主体的

法律关系属性认识不一，许多纠纷在法律实践中同案不同判，甚至高校涉诉案件起诉难而引发其他社会问题或群体性事件，因此，有必要理顺各类法律关系，明确其权利义务。这是完善高等教育法制的要求，也是正确解决各类围绕高校所发生的纠纷的前提条件。

关于我国高校各类权力的划分，学界一直存在分歧。归纳起来，主要有三种观点。其一，二元权力论。认为高校内部存在着“学术权力”和“行政权力”的对立的二元结构，这是我国学者的普遍看法。其二，三元权力论。有学者认为高校内三大利益群体拥有三种类型的权力：“根据高校内部团体利益的差别，可分为三大权力主体，即教师、管理人员和学生，由这三种权力主体派生出来三种权力类型，即学术权力、行政权力和学生权力。”① 其三，多元权力论。持此观点的学者又可分为两派。一派认为，高校权力由行政权力、学术权力、政党权力、政府权力、市场权力组成。如林荣日认为，在中西高校中，除了行政权力、学术权力和我国高校自1949年以来“始终处于主导地位”的政党权力外，还有“来自中央和地方政府的行政权力，来自社会的市场权力等”。② 另一派认为，高校权力分为政党权力、行政权力、学术权力、学生权力和外部权力。如陈玉琨、戚业国教授“将国外高校的权力构成分为学术权力、行政权力以及学生权力，将我国高校的权力构成分为政党权力、行政权力、学术权力、学生权力和外部权力”。③

在高校各类法律关系中，高等院校始终是一方当事人。没有高校的参与就没有高校法律关系的发生，无论内外都离不开高校的存在和参与。例如：高校与政府教育行政主管机关之间、高校与带有准国家公务员身份的高校教师之间、高校与大学生之间，以及高校教师与大学生之间、高校学生与学生之间，甚至是高校教师、学生与校外企事业单位与公民个人的法律关系中，高等院校都是必不可少的当事人，直接或间接参与到高校法律关系中、作为法律关系的一方主体。

高校的存在综合反映了社会各方的利益需求，视角不同，自然观点不同。因此，也就不难理解上述关于高校权力构成的认识差异了。

三、我国高校人事管理法制现状与展望

1995年颁布的《中华人民共和国教育法》④（以下简称《教育法》）第三十一条第一款规定：“学校及其他教育机构具备法人条件，自批准设立或登记注册之日起取得法人资格。”首次以法律形式明确了高校的法律主体身份，即高等学校具有法人资格。1998年颁布的《中华人民共和国高等教育法》⑤（以下简称《高等教育法》）第三十条第一款规定：“高等学校自批准设立之日起取得法人资格。高等学校的校长

① 刘亚敏：高校内部权力结构及其调整，《现代高校教育》2004年第2期。

② 林荣日：论高校内部权力，《现代高校教育》2005年第2期。

③ 陈玉琨，戚业国：论我国高校内部管理的权力机制，《高等教育研究》1999年第3期。

④ 1995年3月18日第八届全国人民代表大会第三次会议通过。

⑤ 1998年8月29日第九届全国人大常委会第四次会议审议通过，1999年1月1日施行。

为高等学校的法定代表人。”第三十条第二款又进一步规定：“高等学校在民事活动中依法享有民事权利，承担民事责任。”意即高等学校在进行民事活动时是民事主体。那么，高校开展教育活动、行使管理权力时，属于民事主体还是行政主体呢？

《教育法》第二十八条规定：“学校及其他教育机构行使下列权利：（一）按照章程自主管理；（二）组织实施教育教学活动；（三）招收学生或者其他受教育者；（四）对受教育者进行学籍管理，实施奖励或者处分；（五）对受教育者颁发相应的学业证书；（六）聘任教师及其他职工，实施奖励或者处分；（七）管理、使用本单位的设施和经费；（八）拒绝任何组织和个人对教育教学活动的非法干涉；（九）法律、法规规定的其他权利。”对其中第（三）项规定的招生权，第（四）项规定的学籍管理、奖励、处分权，第（五）项规定的颁发学业证书权，第（六）项规定的聘任教师及奖励、处分权等，有学者认为，具有双重性质：“一方面，其相对于其主管部门（教育行政部门）而言是一种权利，属于办学自主权范畴，应当由高校自主行使，教育行政部门不得加以任意侵犯；另一方面，对于受教育者、教师和员工等作用对象而言，这些职权又具有明显的单方意志性和强制性，符合行政权力的主要特征”①，“在性质上应当属于行政权力或公共管理权力”②。这一论断可以被认定为对公立高校行政主体地位的初步肯定。

由于公立高校是面向公众提供的一种教育服务，同时肩负着实现国家高端人才培养目标的使命，《高等教育法》第三十一条规定：“高等学校应当以培养人才为中心，开展教学、科学研究和社会服务，保证教育教学质量达到国家规定的标准。”第四十四条还规定：“高等学校的办学水平、教育质量，接受教育行政部门的监督和由其组织的评估。”由此可知，公立高等学校在法律层面上既是具有行政管理权的办学主体，也是国家教育主管部门实施监督、评估行为的相对人。

同时，高等学校是面向社会自主办学的独立法人单位，以社会公共利益为目的。国家对大学的任务也有比较明确的规定，可参见《高等教育法》第十六条。它对大学的主要任务、有关学业标准、要求等规定：“高等学历教育分为专科教育、本科教育和研究生教育。高等学历教育应当符合下列学业标准：（一）专科教育应当使学生掌握本专业必备的基础理论、专门知识，具有从事本专业实际工作的基本技能和初步能力；（二）本科教育应当使学生比较系统地掌握本学科、专业必需的基础理论、基本知识，掌握本专业必要的基本技能、方法和相关知识，具有从事本专业实际工作和研究工作的初步能力；（三）硕士研究生教育应当使学生掌握本学科坚实的基础理论、系统的专业知识，掌握相应的技能、方法和相关知识，具有从事本专业实际工作和科学研究工作的能力。博士研究生教育应当使学生掌握本学科坚实宽广的基础理论、系统深入的专业知识、相应的技能和方法，具有独立从事本学科创造性科

---

① 罗豪才：《行政法学》，北京大学出版社2001年版，第36页。

② 湛中乐：再论我国公立高等学校之法律地位，转引自劳凯声（主编）：《中国教育法制评论（第七辑）》，教育科学出版社2009年版，第34页。

学研究工作和实际工作的能力。”“第三章”以六个条文（第二十四至二十九条）对“高等学校的设立”进行了较全面的规定，如：大学或者独立设置的学院还应当具有较强的教学、科学研究力量，较高的教学、科学研究水平和相应规模，能够实施本科及本科以上教育；大学还必须设有三个以上国家规定的学科门类为主要学科；设立高等学校的具体标准由国务院制定等。

高校是具有法人资格的事业单位，不得以营利为目的进行活动，财产权要受到教育法律的限制。这也使高等学校有别于一般民事主体。《教育法》第二十五条第三款规定：“任何组织和个人不得以营利为目的举办学校及其他教育机构。”《高等教育法》第二十四条也有相应规定：“设立高等学校应当符合国家高等教育发展规划，符合国家利益和社会公共利益，不得以营利为目的。”

上述关于公立高等学校法律属性的规定不一致，必然导致学者们对公立高校究竟是民事主体还是行政主体的不同认识，而这又引发围绕高校所发生的纠纷究竟应给予民事还是行政的司法救济的纷争。

在新的教育体制下和教育市场中，高等学校在社会生活中扮演多重角色，法律身份难以分辨，使得围绕高等学校所发生的法律关系变得错综复杂。着眼于高校和政府关系，以高校法律身份、地位切入，研究高校与教师、学生之间的人事法律关系就显得尤为重要。

本研究以法律视角探讨高校内外部法律关系，通过梳理围绕高校所发生的各类劳动人事法律关系，明确高校的法律身份与定位，进而界定各主体的权利义务，理顺其不同属性的法律关系，是建章立制、为高校各利益主体提供权利救济的前提，也是我国高校管理体制改革的要求，更是将高校人事管理纳入法治轨道的必由之路。将高校界定为公法人，可以解决高校在教育教学活动中的主体地位及相关争议的可诉性问题。该观点在我国司法实践中已得到有限认可，但尚需立法文本予以明确。本研究以案例形式，从规范高校运作程序与方式、方法角度，以高校作为准行政机关为切入点，从“高校人事体制改革立法模式研究”“高校与教职工劳动人事法律关系研究”“高校学生人事管理法制研究”三部分来论述高校人事治理结构的法制问题与完善路径。运用案例且依据法理和现行立法，通过说理论证，从规范高校运作程序与方式、方法角度，针对各类法律关系提出行政、民事性质的判别尺度以及权利救济途径，以期进一步完善我国高校的法人治理结构，为现代高校建设中的人事体制改革提供法律武器。

上 篇

高校人事体制改革立法模式研究

专题一　论公立高校的法律主体地位

谌瑜①　蒋树②

专题概要： 明确公立高校的法律地位直接关系到围绕高校所形成的法律关系定性、主体权利救济等问题。高校与国家之间、高校与教师之间的法律关系性质不明确，使得公立高校的法律地位存有争议。借鉴域外高校办学制度，提出应将公立高校界定为法律法规授权的行政主体，并主张高校与教师之间聘任合同的法律性质为行政协议。

关键词： 公立高校；法律地位；行政协议。

近年来，随着我国高等教育体制改革的深化以及高校自主权的扩大，高校这一法律主体应如何定位越来越显现出它的迫切性。高校作为独立法人组织，究竟是私法人还是公法人组织？是民事主体还是行政主体？高校的法律性质直接关乎围绕高校所形成的法律关系的法律适用、主体权利的司法救济等现实问题。本文所称高等学校（以下简称“高校”），是指我国《高等教育法》中由政府举办并由公共财政经费维持的高等学校，俗称“公立高校”或“公办高校”。

【典型案例一】 在“福州大学教授诉学校违法案”③ 中，法院以“福州大学系事业单位，不具备行政复议被申请人的主体资格，福州大学聘请林某的行为不属于行政复议法的调整范围”为由驳回起诉。

【典型案例二】 在“安徽财经大学诉教师裴某委托培养合同纠纷案”④ 中，法院认为原、被告签订的委托培养合同“是平等主体间的民事合同，应由民法予以调整”。“被告认为，本案属劳动人事争议，要求适用劳动法来调整的主张，在本院告知其本诉法律关系的性质后，其未予变更请求”，“因不构成本诉的反诉，故本院予以驳回，被告可另行起诉”。

【典型案例三】 在“陆某某与复旦大学因人事争议纠纷上诉案”⑤ 中，法院认

---

① 谌瑜：上海大学法学院副教授、硕士生导师；兼职律师。

② 蒋树：上海大学法学院 2015 级法律硕士研究生。现为上海申浩律师事务所律师助理。

③ 详见北大法宝：大学任免教师不属于行政范畴，福州大学教授诉学校违法被驳，http://www.pkulaw.cn/case/pal_a3ecfd5d734f711da912caeaf6683071ba0ab7cbeab5c7afbdfb.html？keywords=%E7%A6%8F%E5%B7%9E%E5%A4%A7%E5%AD%A6%E5%89%AF%E6%95%99%E6%8E%88%E5%88%98%E6%9F%90&match=Exact，2018 年 11 月 14 日访问。

④ 详见北大法宝：安徽财经大学诉教师裴育委托培养合同纠纷案，(2005) 蚌山民一初字第 623 号。

⑤ 详见北大法宝：陆某某与复旦大学因人事争议纠纷上诉案，(2009) 沪二中民一（民）终字第 2394 号。

为：复旦大学对陆某某作出的行政开除处分合法有据，陆某某要求与复旦大学恢复人事聘任关系的请求难以支持。

上述三则典型案例均系高校教师与高校之间的人事争议，尤其是人事任免、奖惩问题以及因处分而引发的争议。其究竟是行政法意义上的纠纷，还是民事合同抑或劳动合同的解除问题？此类争议频发的根本原因在于法律对高校法律主体地位规定不明确，对该问题的不同认识必然导致实践中同案司法救济的途径不同，所适用的实体法律也大相径庭，相关主体甚至投诉无门或规避法律、逃避责任。近年来，此类案件屡有发生并呈上升趋势，严重阻碍了我国高等教育改革与法制建设。

笔者认为，高校法律地位不明的原因主要在：一是市场竞争背景下高校与国家关系定位不明，市场因素冲击了高校的公立地位；二是高校教师聘任合同的法律性质不明确也一定程度上影响了高校法律地位的准确认定。本文主张，高校作为代表国家履行高等教育职责、享有法定的自主办学权的法人，属于经《高等教育法》等法律法规授权的组织，仍应将其界定为公法人；其作为市场主体开展办学，不影响其具有的公益属性；高校与教师之间的聘任合同定性为行政协议也有其合理性。

一、市场背景下定性高校法律主体的困惑

在计划经济时代，我国高校方方面面由国家与政府管控，在国家命令、指示下开展高等教育工作，高校教师按照国家公务员管理。政府的过分强化导致社会自主力量在教育领域的萎缩。20 世纪 80 年代中期开始，高校教育体制改革被国家提上日程，目标是建立政府统筹管理、社会各方积极参与高校办学的机制，肯定了社会资本进入高校领域的合法性。与此同时，我国市场经济体制改革在 20 世纪 90 年代不断深化，市场的因素渗透到社会生活的各个领域，高等教育当然也不例外。等价交换、公平竞争等市场经济的规律进入高校内部，促进了高校的快速发展，增强了高校发展的活力。但社会资本的涌入、市场因素的介入也使得高校与国家、高校与教师之间的法律关系属性难以界定，又直接影响着高校法律地位的认定。

（一）公立高校与国家之间法律关系性质不明确

1. 市场竞争对高校公益性的挑战

高等教育的受众是普通民众，本着教育公平的原则，最大限度地保障绝大多数人受教育的权利。高等教育守护、培育良好的社会准则，形成公共价值，促成稳定、和谐、民主的社会。“教育公益性就是指个人或组织所提供的教育及教育收益能使国内大多数甚至全体公民无偿享有（无排他性地享有）。”① 高校因代表国家开展高等教育工作而具有公益性。“实施高等教育所产生的效应惠及公众，公共事业、社会发展、经济建设从高等教育的发展中获得尽可能多的益处。”② 公共社会无不从高等教

---

① 杨卫安，邬志辉：教育公益性概念的争议与统一，《教育发展研究》2009 年第 19 期。

② 原青林：论高等教育的公益性与私益性，《高等教育研究》2009 年第 8 期。

育事业中或多或少获得利益。“高等教育对民族事业、人类关怀以及长远发展提供智慧的支撑、精神的导向。”① 我国《教育法》也肯定了公立高校具有公益属性，其第二十六条规定：“以财政性经费、捐赠资产举办或者参与举办的学校及其他教育机构不得设立为营利性组织。”法律肯定了高校办学经费的多元化来源，既可以是国家、政府出资，也可以是公民、法人或其他组织以捐赠的方式出资。高校经费来源虽有不同，但是不得以营利为目的设立高校，不得改变高校的公益性质。

随着市场经济改革的深入与社会生活水平的提高，社会大众日益增加的高等教育需求与政府所提供有限的高等教育资源之间的矛盾不断增大，单纯依靠国家财政开办高等教育难以满足社会大众的需求。

现阶段，高等教育已经从“精英教育”转变为“大众教育”。“国际上通常认为，高等教育毛入学率在15%以下时属于精英教育阶段，15%～50%为高等教育大众化阶段，50%以上为高等教育普及化阶段。1978年，中国的高等教育毛入学率只有1.55%，1988年达到3.7%，1998年升至9.76%。1999年开始大学扩招，高等教育毛入学率快速上升，2002年达到15%。”② 至此，高等教育从精英教育阶段进入大众化阶段。高等教育大众化更是加剧了国家财政的压力。

为了解决财政压力，国家开始推行高校教育体制改革，将市场竞争的因素引入高等教育领域，允许高等教育中的部分事项由市场配置。③ 国家通过赋予高校一定的自主权，比如高校可在政府确定的学费区间自主确定收费标准，通过市场竞争方式激发高校的活力，形成自己独特的优势，从而促进高等教育行业的进步，更好地缓解国家财政与税收的压力。然而，一旦市场的竞争机制引入高校，高校享有自主权，市场经济与生俱来的逐利性势必会对我国高等教育的公益性产生冲击。比如：高校为了获取收益，吸收更多的资源从事经济收益高的活动，增加学费或者提高入学门槛，忽视对人才的培养，高校教育质量将不升反降。市场与社会资本进入高校，高校若滥用其享有的自主办学权，以自主办学权为由谋取不正当收益，也会损害高校教师、学生的合法权益，与高校公益性的宗旨相背离。

2. 现行立法对高校定位缺失、亟待完善

我国法律确认了公立高校的独立法人地位，高校是由国家财政经费成立的法人组织，法律明确了其在民事活动中的法律地位。《教育法》第三十二条规定：“学校及其他教育机构具备法人条件的，自批准设立或者登记注册之日起取得法人资格。”《高等教育法》第三十条规定：“高等学校自批准设立之日起取得法人资格。高等学

---

① 原青林：论高等教育的公益性与私益性，《高等教育研究》2009年第8期。

② 详见百度百科：高等教育毛入学率，https://baike.baidu.com/item/%E9%AB%98%E7%AD%89%E6%95%99%E8%82%B2%E6%AF%9B%E5%85%A5%E5%AD%A6%E7%8E%87/2488634，2018年12月12日访问。

③ 中共中央、国务院在《关于分类推进事业单位改革的指导意见》中指出：“根据职责任务、服务对象和资源配置方式等情况，将从事公益服务的事业单位细分为两类：承担义务教育、基础性科研、公共文化、公共卫生及基层的基本医疗服务等基本公益服务，不能或不宜由市场配置资源的，划入公益一类；承担高等教育、非营利医疗等公益服务，可部分由市场配置资源的，划入公益二类。具体由各地结合实际研究确定。”

校的校长为高等学校的法定代表人。”教育法律规范明确了高校取得法人地位，对高校法律权利的保障具有积极的意义。同时，《高等教育法》明确了“高等学校在民事活动中依法享有民事权利，承担民事责任”。也即高校在民事领域，作为独立主体，有权以自己名义从事民事活动，享有民事权利，履行民事义务，并对民事法律行为的法律后果以自有财产承担民事责任。这一点在我国2017年施行的《民法总则》①中也得到了相应的体现。

然而，在民事活动之外的领域，作为实施高等教育的法定机构在开展教学管理、学术科研的过程中，高校与国家之间关系怎样？高校在其中扮演的法律角色如何？它与国家、受教育者、教师之间形成何种法律关系？对此，教育法律规范并未阐明。

教育法律规范对高校在从事教育活动过程中的法律性质界定显得过于原则。《教育法》第二十六条明确了学校等教育机构由国家根据教育发展规划举办。《高等教育法》第二十四条规定：“设立高等学校，应当符合国家高等教育发展规划，符合国家利益和社会公共利益。”法律仅仅明确了公立高校由国家出资设立并要求具备教育法规定的基本条件，且不得违背国家利益和社会公共利益。而这种由国家资本设立，以开展教育教学、科学研究为主要目的的特殊机构在对高校成员（如高校教师、教学辅助人员、受教育者）进行教学管理、开展学术活动过程中，法律未明确界定其法律地位。

法人在我国现行法律框架下只是民事主体，而包括高校办学自主权、教学管理等事项并不属于民事范畴。高校是属于行政法律规范意义上的行政主体还是劳动法律规范中的用人单位，立法上仍然存有疑问。

3. 公立高校办学自主权是公权力还是私权利

高校与国家间法律关系不明确还体现在高校办学自主权性质不明晰的问题上。随着市场因素进入高等教育领域，国家和政府简政放权，对高校管理程度降低，法律赋予公立高校办学自主权。该权利是高校相对于国家或政府所获得的自主权，是高校开展教育教学、科学研究以及管理工作的重要权利。我国《教育法》规定：学校“按照章程自主管理”，便是公立高校自主权在我国法律规范中的具体体现。那么，公立高校办学自主权是一项公权力还是私权利？探讨高校办学自主权的法律性质对研究高校与国家间的关系、公立高校法律地位具有重要作用。

公权力是“国家、社团、国际组织等为生产、分配和提供‘公共物品’而对其成员进行组织、指挥、管理，对事务进行决策、立法和执行和实施决策立法的权力。”② 私权利即法律允许的自由——有限制但受到法律保护的自由。它包括权利主体的意志自由和行动自由，意味着主体在在行使权力时不受法律干涉，主体做或不

① 笔者注：《民法总则》第八十七条规定：“为公益目的或者其他非营利目的成立，不向出资人、设立人或者会员分配所取得利润的法人，为非营利法人。非营利法人包括事业单位、社会团体、基金会、社会服务机构等。”在我国，公立高校属于事业单位，因此，在法人属性上属于非营利性法人，可以作为独立主体从事民事活动。

② 姜明安主编：《行政法与行政诉讼法（第六版）》，高等教育出版社2016年版，第6页。

做一定行为不受他人强制。公权力属于行政法律规范的调整范畴，私权利属于民商事法律规范的调整范畴。

高校办学自主权是学理上的概念，是指“高等学校针对其面临的任务和特点，为保障办学活动能够依据其自身特点和内部客观规律的要求，充分发挥其功能所必需的自主决策权、自主执行权和自主监督权等”①。我国法律规范未明文规定“高校办学自主权”的含义，而是通过高校具有的法定权利体现，如《高等教育法》第三十二条至三十八条②规定了公立高校享有自主招生权、学科专业设置权、自主科研权、自主开展高校间交流合作、自主设置内部机构、人事权、自主管理和使用财产等权利。《教育法》第二十九条③规定了学校及其他教育机构享有按照章程自主管理、组织实施教育教学活动等九项权利。从这两部教育法律规范内容来看，办学自主权主要存在两大类内容：一类是学术自由权，一类是教学管理权。

我国《高等教育法》明确了高校可以依法自主开展的具体事项，但是并未阐述自主权的权利属性。法条既未出现“权力”一词，也未出现“权利”一词，而仅以“权”的表述方式对高校办学自主权进行阐述，从法条文义上难以确定自主权是属于高校作为具有特殊性质的法人机构天然享有的私权利，还是属于具有公共性的公权力。而《教育法》使用“权利”一词，字面含义属于私权利，然而该法涉及的学校及教育机构的具体“权利”包括了对受教育者和教师进行管理、奖励、处分等实体权利。上述实体权利很显然具有为国家教育发展而组织、指挥、管理高校内部成员的公权力色彩，将高校的自主事项概括为“权利”似乎也存有不当之处。

法律规范性文件对高校办学自主权性质不明确，一方面使得公立高校法律地位存疑，另一方面也引发了学术界的激烈讨论。

观点一：办学自主权属于私权利。持有该观点的学者主要强调高校的独立性，认为法律确认了高校具有独立法人地位，只有在坚持其独立性的前提下，办学自主

① 刘江平，刘晓瑜：高校办学自主权：性质、困境与出路，《中国高等教育》2016年第7期。

② 《高等教育法》第三十一条规定：“高等学校应当以培养人才为中心，开展教学、科学研究和社会服务，保证教育教学质量达到国家规定的标准。”第三十二条规定：“高等学校根据社会需求、办学条件和国家核定的办学规模，制定招生方案，自主调节系科招生比例。”第三十三条规定：“高等学校依法自主设置和调整学科、专业。”第三十四条规定：“高等学校根据教学需要，自主制订教学计划、选编教材、组织实施教学活动。”第三十五条规定：“高等学校根据自身条件，自主开展科学研究、技术开发和社会服务。国家鼓励高等学校同企业事业组织、社会团体及其他社会组织在科学研究、技术开发和推广等方面进行多种形式的合作。国家支持具备条件的高等学校成为国家科学研究基地。”第三十六条规定：“高等学校按照国家有关规定，自主开展与境外高等学校之间的科学技术文化交流与合作。”第三十七条规定：“高等学校根据实际需要和精简、效能的原则，自主确定教学、科学研究、行政职能部门等内部组织机构的设置和人员配备；按照国家有关规定，评聘教师和其他专业技术人员的职务，调整津贴及工资分配。”第三十八条规定：“高等学校对举办者提供的财产、国家财政性资助、受捐赠财产依法自主管理和使用。高等学校不得将用于教学和科学研究活动的财产挪作他用。”

③ 《教育法》第二十九条规定：“学校及其他教育机构行使下列权利：（一）按照章程自主管理；（二）组织实施教育教学活动；（三）招收学生或者其他受教育者；（四）对受教育者进行学籍管理，实施奖励或者处分；（五）对受教育者颁发相应的学业证书；（六）聘任教师及其他职工，实施奖励或者处分；（七）管理、使用本单位的设施和经费；（八）拒绝任何组织和个人对教育教学活动的非法干涉；（九）法律、法规规定的其他权利。国家保护学校及其他教育机构的合法权益不受侵犯。”

权才能得到保障。学者阮李全和蒋后强认为："办学自主权是高校法人所固有的特定权利，是大学与生俱来的权利，它不是下放而是回归于高校。法人源于也存在于社会和市场之中，高校作为法律上的独立法人，是面向市场依法自主办学的社会组织，应回归市民社会，大学与政府是一种契约关系而不是身份关系，不依附于政府而存在。"① 也有学者从高校开展的教学活动着眼，认为高校作为培养人才、科学研究和服务社会的学术机构，"学术是大学的边界和起点，大学的一切问题都需要从学术性上加以说明"②。"办学自主权归根结底是一种以教学与科研为核心的学术自主权，是具有一定知识专长的学术人员或组织对学术事务判断和评价的专业权利，在本源上是存在于个体私权利的。"③

观点二：办学自主权属于公权力。持有该观点的学者认为，公立高校是公共组织，办学自主权来自国家法律法规的授权，在本质上是法律赋予高校的部分教育行政管理权，是教育权的自然延伸。"以学校办学自主权和学生受教育权以及各自承担的义务为内容的教育法律关系属于公法关系，高校办学自主权属于第三部门的公共权力。"④ "从高校自主权产生过程和性质来看，高校自主权产生不是一项民事权利，而是政府下放给学校独立行使的行政权，是一种必须根据公认的合理性原则行使的公权力。"⑤ "高校办学自主权从其特性来看属于公共权力，必须接受司法的最终审查。"⑥

（二）聘任制下公立高校与教师间法律关系难以定性

从计划经济时代到20世纪80年代中期，国家对教师推行任命制，我国高校教师与国家干部一样，严格受制于国家管理。由80年代中期开始，我国开始推行高等教育体制改革，法律也确立了高校教师为"履行教育教学职责的专业人员"⑦，高校教师有了专门的职业定位。1998年《高等教育法》明确规定："高等学校实行教师聘任制。教师经评定具备任职条件的，由高等学校按照教师职务的职责、条件和任期聘任。高等学校教师的聘任应当遵循双方平等自愿的原则，由高等学校校长与受聘教师签订聘任合同。"法律正式确认高校教师与高校的法律关系——聘任制，但立法并未明确界定高校教师聘任合同的法律性质，也导致公立高校法律地位不明确。

规范教师聘任合同的相关法律规定主要涉及：《中华人民共和国高等教育法》

---

① 阮李全，蒋后强：高校办学自主权：由来、要素、涵义、走向，《国家教育行政学院学报》2014年第8期。
② 周光礼：学术自由与大学办学自主权，《科技导报》2002年第6期。
③ 阮李全：大学章程对高校办学自主权的界分与保障，《现代教育管理》2015年第10期。
④ 张伟，杜军燕，李学永：高等学校办学自主权探析，《扬州大学学报（社会科学版）》2004年第6期。
⑤ 秦惠民：高校管理法治化趋向中的观念碰撞和权利冲突——当前讼案引发的思考，《现代大学教育》2002年第1期。
⑥ 付坚强：浅析司法对高校办学自主权的审查——由高校学生状告母校引发的法律思考，《南京农业大学学报》2005年第3期。
⑦ 1993年10月31日公布的《中华人民共和国教师法》第三条规定："教师是履行教育教学职责的专业人员，承担教书育人，培养社会主义事业建设者和接班人、提高民族素质的使命。教师应当忠诚于人民的教育事业。"

《中华人民共和国教师法》等以教育教学为主要内容的教育法律规范；《中华人民共和国劳动合同法》等以劳动权利义务为内容的劳动法律规范；以事业单位人事为规制内容的《人事争议处理规定》《事业单位人事管理条例》等人事争议法规、规章。

我国教育法律规范确立了教师与高校之间实行聘任制度，但细读该类法律规范发现，教育法律规范对聘任合同的规定显得过于原则。《高等教育法》第四十八条规定："高等学校实行教师聘任制。教师经评定具备任职条件的，由高等学校按照教师职务的职责、条件和任期聘任。高等学校教师的聘任应当遵循双方平等自愿的原则，由高等学校校长与受聘教师签订聘任合同。"《教师法》第十七条规定："学校和其他教育机构应当逐步实行教师聘任制。教师的聘任应当遵循双方地位平等的原则，由学校和教师签订聘任合同，明确规定双方的权利、义务和责任。实施教师聘任制的步骤、办法由国务院教育行政部门规定。"《教育法》第三十五条规定："国家实行教师资格、职务、聘任制度，通过考核、奖励、培养和培训，提高教师素质，加强教师队伍建设。"上述法律规范明确了高校与教师之间实行聘任制，高校在与教师签订聘任合同时，应以平等自愿为原则，可由校长代表高校一方作为签订聘任合同的主体，聘任合同以高校与教师权利、义务、责任为内容。除了聘任制构成高校与教师关系具有特殊性外，其余内容都是高校作为法人在签订所有类型合同时均应当遵守的法律要求，即合同双方当事人应在意思表示真实一致的前提下，平等自愿签署合同。合同以权利义务为内容，若违背合同约定，违约方将承担相应的法律责任。至于聘任合同与劳动合同、民事合同、行政合同存在哪些差异以及聘任合同性质究竟如何，高校在与教师签订聘任合同时，是具有公权力机关身份还是一般的民事主体身份，教育法律规范并未明确。

在劳动法律范畴内，涉及聘任合同关系的规定主要可见于《劳动合同法》《劳动争议调解仲裁法》。《劳动合同法》第二条规定："国家机关、事业单位、社会团体和与其建立劳动关系的劳动者，订立、履行、变更、解除或者终止劳动合同，依照本法执行。"该法条规定了事业单位内与其建立劳动关系的劳动者，依法适用《劳动合同法》。除学生外，高校成员主要可分为：从事教学科研的高校教师、承担教学辅助工作的教学辅助人员以及负责技术、后勤等工作的工勤人员。教师和教辅人员与高校之间签署的是聘任合同而存在聘任关系，工勤人员与高校之间签订的是劳动合同而存在劳动关系。因此，《劳动合同法》可规范高校与工勤人员之间的劳动关系。此时，高校属于劳动法意义上的用人单位，本质上属于私主体。但高校教师、教学辅助人员与高校之间的聘任合同关系是否属于劳动关系因而适用《劳动合同法》、高校在聘任合同中的法律地位等问题，该条文未予说明。结合《劳动合同法》其他法律规定进行体系解释，该法第九十六条规定："事业单位与实行聘任制的工作人员订立、履行、变更、解除或者终止劳动合同，法律、行政法规或者国务院另有规定的，依照其规定；未作规定的，依照本法有关规定执行。"因此，《劳动合同法》对教师聘任合同并未直接定性为劳动合同，对聘任合同优先适用"法律、行政法规或者国务院的另有规定”，只有在法律、行政法规未作规定时，将争议处理挂靠《劳动合同法》。同样的，《劳动争议调解仲裁法》也对此规定进行了呼应。《劳动争议调解仲裁法》第五十二条规定：“事业单位实行聘任制的工作人员与本单位发生劳动争议的，依照本法执行；法律、行政法规或者国务院另有规定的，依照其规定。”因此，我国劳动法律规范未将聘任合同明确划定为劳动合同，对高校在聘任合同中的法律属性也未予说明。

事业单位人事处理法规规章对高校教师聘任合同争议事项的区分处理更加模糊了聘任合同的性质，加剧了高校法律地位的不确定性。《人事争议处理规定》第二条规定：“本规定适用于下列人事争议：……（二）事业单位与工作人员之间因解除人事关系、履行聘任合同发生的争议。”在法律适用问题上，《最高人民法院关于人民法院审理事业单位人事争议案件若干问题的规定》第一条规定：“事业单位与其工作人员之间因辞职、辞退及履行聘任合同所发生的争议，适用《中华人民共和国劳动法》的规定处理。”虽然该规范性文件对聘任合同的某些争议的处理应依据劳动法律规范作出了规定，但仍然未就聘任合同的法律属性做出明确规定。与此同时，对聘任合同争议可依据《中华人民共和国劳动法》处理的事项仅仅包括“辞职、辞退及履行聘任合同发生的争议”。这从侧面规定了聘任合同的订立、高校对教师奖惩、任免以及处分的争议不适用《人事处理规定》。那么，高校在辞退高校教师、履行聘任合同时具有何种法律身份？在订立聘任合同、对教师奖惩、任免及处分时又具有何种法律地位？《人事争议处理规定》所调整的聘任合同事项与不受《人事争议处理规定》调整的聘任合同事项所对应的高校法律地位，两者是否具有一致性？

现行法律规范对高校教师聘任合同的法律性质界定不明确，直接影响着高校的法律定位，也引发了学术界的争论。

观点一：高校系劳动法意义上的用人单位。有学者认为，高校教师的聘任合同属于劳动合同，符合劳动合同的特征，高校属于劳动法意义上的用人单位。《劳动合同法》第二条第二款①认可了事业单位可以作为用人单位的身份。“聘任合同与劳动合本质基本相同，程序与内容基本一致，合同条款构成基本相同，都属于格式条款，教师聘任合同与劳动合同具有同质化的特征。”② 王工厂认为：“高校教师聘任合同双方主体地位平等，符合劳动关系平等性特质；公立高校符合劳动法对‘用人单位’一般法律规定和特别法律规定；高校对教师拥有指挥监督等管理、控制权，符合用人单位实质标准；教师符合劳动法上的劳动者身份要求，具有从属于高校的特征；教师聘任关系具备劳动关系契约化的特质，因此，高校教师聘任合同属于劳动合同。”③ “市场经济要求用合同制约当事人的权利与义务。通过合同确立劳动关系与管

① 《劳动合同法》第二条第二款规定：“国家机关、事业单位、社会团体和与其建立劳动关系的劳动者，订立、履行、变更、解除或者终止劳动合同，依照本法执行。”

② 详见胡林龙：高校教师聘任合同纠纷法律适用的制度与理念——以教师流失纠纷法律救济为视角，《河南师范大学学报（哲学社会科学版）》2007 年第 3 期。

③ 详见王工厂：论公立高校与教师的劳动关系，《学术论坛》2012 年第 6 期。

理劳务关系，……以合同体现当事人双方的自主权、双方地位平等，自主用工、自由择业，实现劳动力的合理流动和优胜劣汰的竞争机制，以期收到劳动的最佳效益。聘任合同正是劳动合同关系在高校的表现形式。”①

观点二：高校系民法意义上的私主体。该观点认为，高校与教师之间是民事合同关系。双方在平等的条件下，出于意思自治签订聘任协议。“教师属于一般事业单位的工作人员，与高校是平等主体间的民事法律关系。法律虽然赋予高校一定的行政权力，但是学校对其内部事务进行管理的行为是一种私人行政，与行政法意义上的行政行为意义不同，行政法上的行政行为指的是行政主体管理社会公共事务的公共行政。学校与教师之间不是行政法律关系，而是一般的民事法律关系。学校与教师之间所发生的纠纷属于民事法律纠纷而不属于行政法律纠纷，应通过民事诉讼等途径来解决。”② 因此，高校属于民法上的私主体。

观点三：高校系行政法意义上的公主体。由于我国公立高校具有公益属性，因此许多学者认为，高校教师聘任合同与民事合同、劳动合同不同，高校属于国家“法律法规授权的组织”，对教师的管理行为属于行政行为，教师聘任合同属于行政合同的范畴。如赵宏杰、严妍认为：“聘任合同应为行政合同，而非劳动合同。”③ 有学者认为：“教师聘任制合同是行政合同，应受行政法调整。”④ “在国家授权下，高校拥有某些行政权力，其与教师之间的关系属于公法范畴，应将教师视为公务员，教师和高等学校缔结的聘任合同视为公法合同，因此高校教师与高校之间形成了一种行政法律关系，教师对高校所作出的决定具有服从义务。”⑤

观点四：聘任合同属于特殊性质的合同。持该观点的学者大多认为，教师聘任合同是兼有行政合同与民事合同性质的特殊合同。祁占勇认为，“教师聘任合同一方面带有行政管理关系的色彩，双方存在指挥与服从的内部管理关系，具有隶属性和单方面性，这种关系与传统意义上的行政关系不同，而是一种特殊的行政关系；另一方面，该聘任合同又兼有民事关系的性质。意思自治为民事合同的原则，只要不违反法律法规等强制性规定，当事人便享有完全的缔约自由。教师聘任合同与普通的民事合同相比，又具有在一定程度上的相对不自由的特征，合同内容应受到行政法治原则和符合国家教育目的性原则的制约。”⑥ “教师聘任合同兼具普通民事合同、劳动合同、行政合同的某些特征，但又不能完全等同于这三类合同，它是集上述三种合同的部分特征于一身的混合合同。”⑦

对高校与教师之间的聘任合同的定性直接影响我国公立高校的法律地位，现行

---

① 康建辉，王渊：劳动合同：高校教师聘任合同的基本性质，《当代教育科学》2008年第17期。
② 褚宏启：论学校在行政法律关系中的地位，《教育理论与实践》2000年第3期。
③ 赵宏杰，严妍：教师聘任合同之律性质，《国家教育行政学院学报》2006年第4期。
④ 刘璞：实践视域下公立高校教法师聘任制合同的法律性质，《宁夏社会科学》2007年第2期。
⑤ 刁慧娜：高校教师劳动合同法律适用问题研究，吉林大学硕士学位论文，2011年。
⑥ 详见祁占勇：高校教师聘任合同法律性质的论争及其现实路径，《高教探索》2009年第3期。
⑦ 杨挺：论公立学校教师聘任合同的法律性质，《中国教育学刊》2007年第4期。

法律规范对聘任合同的模糊认定使得高校法律属性不明，其究竟是属于劳动法上的用人单位、还是属于国家公权力机关，还是属于一般的民事法人主体，亟待立法机关作出回应。

二、域外高等教育办学治校的制度借鉴

为了明确高校在开展教育教学、科学研究等活动中的法律地位，我们可以通过考察域外有关高校办学治校的制度，从中汲取一些有内涵、有价值的成功经验。

（一）典型国家高校管理体制与运行机制之简介——以德国、法国为例

德国高等教育于诞生之初便开始向国家化进程迈进。它经历了“国家机构”向“国家机构与公法社团”双重法律地位及“公法财团”等其他法人组织形态的演变。德国高等教育最早可追溯到中世纪。“中世纪德国大学主要效仿巴黎大学，大学是教师社团，接受教会的控制。但与法国大学不同，德国大学多由地方政府举办并受其管理。”① 正是由于这样的传统，德国大学通常是由政府设立而非自发设立的。国家给予大学资助和特权，高校获得财政支持后，便成为了国家机构，丧失了自主权。19世纪后，德国高校开始强调管理自主权，法律也明确了德国高校在政府管理下享有自我治理的权利。1976年德国《高等教育总法》第五十八条第一款规定：“高等学校为公法社团，也是国家机构。它有权在本法规定的范围内对本校事务进行管理。”通过政府下放权力，高校拥有了自我管理的权力。然而，德国高校仍属于公法性质的国家机构，其享有的管理自主权属于有限的自主权，自主权的范围仅限于法律的规定。1998年修订后的《高等教育总法》第五十八条第一款规定：“大学是公法社团法人，同时也是国家设施，或以其他法律形式设立，且在法律范围内享有自治权。”② 法律直接废除国家对高校教科研事务、内部管理的统一要求，国家不再干预高校管理的具体事务，进一步扩大高校自主权。法律同时将“效率”“竞争”“评估”等制衡机制引入自治管理模式中，强化国家社会问责与监督。2007年德国联邦议会废除了《高等教育总法》，并颁布了《分发大学名额之国家契约》和《2020年规定学校协定》。这意味着德国公立大学公法人形态全部放开，公法财团法人成为各州公立大学法人形态变革的制度选择。“所谓公法财团，乃国家或其他行政主体为达成公共目的或为特定受益人，以公法上的捐助处分或立法行为所设立，而具有权利能力的公法上的财团法人。公法财团法人最主要的特征在于，经由国家或其他公法社团捐助资产，通过资金或财产的存续以执行公共任务。与公法社团不同之处在于，公法社团是人合组织体，而公法财团是资合组织体。”③ 与此同时，德国高校教师是国家的公务员，享有较高的社会地位，可以终身任职，工资待遇也很高。“德国高校

① 周丽华：《德国大学与国家的关系》，北京师范大学出版社2008年版，第23页。
② 湛中乐（主编）：《大学自治、自律与他律》，北京大学出版社2006年版，第34页。
③ 李昕：《作为组织手段的公法人制度研究》，中国政法大学出版社2009年版，第172~173页。

教师工资待遇执行公务员（C系列）工资标准。高校教师不分性别、地区、专业、学校，执行统一的公务员（C系列）工资标准。该标准规定，工资由基础工资、工龄的不同，年薪有显著的差别，但这种差别并不悬殊，例如：教师中工资最低的助教，年薪也能达到年薪最高的CA级教授的百分之六七十。德国教授中还有些人可得到各种特殊津贴，如住房津贴。”①②

法国高校受本国中央集权政治体制的影响，由中央统一管理。法国公立高校主要指国立综合大学。除了高等商业学校由各地商会开办外，其他大多隶属于教育部和其他政府部门管辖。法国对高等学校的管辖主要表现为国家制定教育方针、颁布教育法规、法令，在财政拨款、师资规模、国家文凭、教育评估等方面实行统一筹划，集中管理。法国高校教师，无论是正式教师或非正式教师，从法律身份上看，均属于国家公务员。这也从侧面反映出法国公立高校具有的公权力属性。与此同时，法国的高等学校却也享有高度的自治。“行政上的僵化同规章制度内的无政府主义般的自由，这两者的结合是法国政府的典型特点，同时也是学术界（大学）的典型特点。”③ 这种体制与大学自治的传统既相互并存又相互矛盾，形成了法国教育管理的一个显著特点。集权和自治在法国高等教育的发展中此消彼长，之间总是保持着某种张力，在对立中找到平衡。中央集权与大学自治逐渐从对立走向统一，并且为大学享有实际自治提供了保障。具体来看，在行政事务、经费使用、教学科研、同社会的联系、对外交流与合作等方面，高等学校则享有更多的办学自主权。1968年以来，法国在高等教育管理方面采取了不少权力下放的措施。1968年出台的《高等教育方向法》规定了大学在教学、财政和行政方面的自治，并规定大学有权“决定本单位章程和内部机构”。1984年出台的《高等教育法》规定，大学可自行决定其教学、科研、人事和财务以及校内的其他重大事项。例如：根据法国《高等教育法》的规定，法国各大学校可以确定各自招生方式。各高校可根据各自办学条件确定学生容量，在国家规定的范围内确定注册费标准，为高中毕业生办理入学注册手续，为没有高中毕业文凭的学生组织专门的入学考试。法国高校的现行管理体制采取“一长制”，即校长治理学校。同时，每所大学都设有各种不同的由教师、科研人员、行政人员、学生及校外人士组成的审议、监督和咨询机构。这些机构同校长的职责既有并行不悖、相辅相成的一面，又能起到监督、促进的作用；既保证了校长在学校管理中的作用，又调动了学校教职员工的积极性，促进了学校管理工作的有效运转。按照《高等教育法》的规定，每所大学都必须有自己的章程和内部规则。章程和内部规则是由校务委员会根据国家有关法律制订，是包括校长在内的校内所有人员必须遵守的最高行为准则。尤其是有关学校的改革和长远发展的重大事项，必须按照国家的法律和校内的章程及内部规则，由校务委员会集体讨论通过。校长虽然

---

① 周丽华：德国高校教师结构及工资制度改革动向，《外国教育研究》2001年第5期。

② 德国高校中有C2、C3、CA三个等级，其中专科学校只有C2级和C3级教授，没有CA级教授。（笔者注）

③ ［加］约翰·范德格拉夫：《学术权利——七国高等教育管理体制比较》，王承绪等译，浙江教育出版社2001年版，第52页。

主持校务委员会的工作，对全校的人员拥有权威，能代表学校对外签署协定和协议，但必须充分听取该委员会的咨询意见，采纳其建议，执行其决议。

（二）域外高校管理体制与运行机制之评析

综合德国与法国公立高校法律地位以及管理体制现状，笔者发现两国都确立了公立高校的公法人地位。德国无论是将公立高校在法律上界定为“国家机构”，还是界定为具有“国家机构与公法社团”双重法律地位的机构，抑或界定为“公法财团”，在从事教育教学活动中，始终包含国家公权力的色彩。法国公立高校的师资规模的设定、文凭发放、教育评估等管理职权由国家掌控，开展教育教学活动的权力来源于国家法律的授权。同时，两国都将高校教师界定为国家公务员，也从侧面肯定了高等学校具有的公权力属性，属于法律体系中公主体的范畴。

在德国与法国的教育法律体系中，都着重提到了公立高校的办学自主权，并强调高校享有的自主权不是无限的，应当以法律所规定的范围为限。法国法律规范还对高校内部管理体制进行了制度设计，对高校校长职权的行使进行多主体的监督，以促进高校能够科学、合理地行使高校享有的自主权。这对于我国高校教学管理法律规范的完善具有借鉴意义。然而，两国教育法律体系未对办学自主权的法律性质予以界定，也未对办学自主权进行体系化细分，办学自主权属于公权力还是私权利，域外法律规范同样并未予以明确。

三、明确公立高校行政协议主体身份

笔者认为，我国公立高校参与市场竞争，享有办学自主权，从设立目的、高等教育任务以及高校公益性来看，公立高校开展教育教学的权力来自于国家法律法规的授权，法律应当将公立高校界定为由政府授权履行高等教育职责的公法人主体，公立高校为实现国家赋予的高等教育任务而聘任教师签署的聘任合同应定性为行政协议。

（一）高校为独立的市场主体，系公法人法律属性

需要明确的是，公立高校不属于行政机关，行政机关是指依宪法或行政组织法规定而设置的行使国家行政职能的国家机关。我国公立高校既不是依照宪法或行政组织法规定而设立的，也不属于国家机关的范畴，因此公立高校不是严格意义上的行政机关。但是，笔者认为，法律应当将公立高校界定为法律法规授权的组织（准行政机关）。

根据《高等教育法》第六条规定：“国家根据经济建设和社会发展的需要制定高等教育发展规划，举办高等学校，并采取多种形式积极发展高等教育事业。”设立高等学校的目的是国家和政府为了发展高等教育事业，实施科教兴国战略，促进社会主义物质文明和精神文明建设。同时，设立高等学校需要经教育行政部门履行一定

的手续后（根据高等教育的不同阶段审批或备案）方能成立。因此，笔者认为，我国公立高校可界定为国家、政府为履行高等教育职责，根据《高等教育法》的授权而成立的组织，高校基于被授权组织的身份，因而具有公法人身份。

我国《高等教育法》为了激发公立高校的竞争活力，赋予了高校一定的自主权，允许市场竞争机制进入高等教育领域。在参与市场的过程中，高校是独立法人主体，有权依据法律规定开展相应的民事活动，并自主管理和使用财产，有权制定招生方案，自主调节招生比例，但市场机制进入高等教育领域并不影响高校的公益性，高校开展教育仍然以符合高等教育发展规划、符合国家和社会公益为前提。“现阶段正在进行的事业单位分类改革目前已基本完成第一阶段任务，从事公益服务的继续保留在事业单位序列，强化其公益属性。保留下来的事业单位分为两类，公益一类和公益二类。承担高等教育、非营利医疗等公益服务的，被确定为公益二类。”①《高等教育法》第三十八条规定：“高校不得将用于教学和科学研究活动的财产挪作他用。”

就我国高校享有的自主权性质而言，除了自主开展科学研究等与学术相关的权利属于私权利，其余的如教学管理权、自主招生权、学科专业设置权等自主权均属于公权力。笔者认为，高校享有的学术自主权彰显了大学的本质属性，该权利起源于西方中世纪大学行会组织及其利益诉求，本源上是一种私权利。正所谓“大学办学自主权的核心是学术的自主权，离开学术谈大学的办学自主权没有任何意义”②。除此以外，“高校办学自主权是通过公务分权及政府委办事务等形式而获得的一系列特定的公权力”③。我国教育法律规范规定，高等学校有权招收学生、对学生进行学籍管理、颁发毕业证与学位证、对受教育者进行处分（包括开除学籍的处分），聘任教师、职工以及对其实施处分等，这些教学管理职权都是源于高校代表国家行使具体的教育职能。由于国家教育权属于公权力，因此教学管理自主权大多具有行政性。与此同时，高校的教育教学内容、招生规模、专业设置、课程开设等事项均需在国家预先核定的前提下才享有一定的自主权，这也从侧面印证了我国高校具有的公法人性质。

此外，公立高校具有行政主体身份也得到了司法裁判的认可。如田永诉北京科技大学拒绝颁发毕业证、学位证案中，法院认为高等学校对受教育者因违反校规、校纪而拒绝颁发学历证书、学位证书，受教育者不服的，可以依法提起行政诉讼。由于高校是《学位管理条例》授权的学位证、毕业证授予机构，高校学位授予权便属于行政权力。

（二）高校与教师间的聘任合同系行政协议

由于公立高校具备公法人性质，属于经《高等教育法》等教育法律规范授权的

① 详见中共中央、国务院《关于分类推进事业单位改革的指导意见》。

② 周光礼：学术自由与大学办学自主权，《科技导报》2002年第6期。

③ 劳凯声：教育体制改革中的高等学校法律地位变迁，《北京师范大学学报（社会科学版）》2007年第2期。

组织，履行国家与政府高等教育的职能，因此在教育教学管理领域，高校属于行政主体。同时，高校只是一个法人实体，无法具体完成国家交付的任务，为实现国家通过法律赋予的教育教学职能，高校便聘任教师作为高校教育教学任务的具体承担者与教育教学计划的实施者。高校与教师通过签订聘任合同的方式确定各自的权利义务。就聘任合同的性质，如前文所述，立法与学术界都存在较大的争议。笔者认为，聘任合同的双方主体——高校和教师在履行合同过程中，都以高等教育事业发展作为共同目标，都必须在国家教育规划的框架下开展教育教学工作，不同于劳资双方在利益上冲突、对立的法律关系，因此聘任合同不属于劳动合同。同时，合同以实施高等教育为内容，具有公益性，因而也不属于民事合同。笔者认为，聘任合同更多地体现高校作为法律法规授权的组织、是为实现国家高等教育目标而与高校教师达成的协议，因而在性质上属于行政协议。

首先，高校在实施教育职能时属于法律法规授权的组织，具有行政主体地位。为了实现行使其行政职权、履行教育职责的目的，通过合同方式聘任高校教师，该行为具有行政性；聘任合同的宗旨、内容涉及高校教师开展教学管理的公共事务，具有公益性。由于聘任合同涉及国家政府高等教育职能的实现，涉及公共利益，内容具有浓厚的公法上的色彩，因此，教师对聘任合同诸多事项无法意思自治，聘任合同的某些条款不由双方当事人约定，而由法律预先规定。例如：聘任合同的期限，聘任合同中教育教学内容、工资报酬等内容，都是由高校根据法律规定直接写入聘任合同，而不与高校教师事先协商。以教师报酬为例，高校教师的工资是按编制、按教师职称职级的高低，由国家财政保障和予以发放，这种“薪俸法定主义”构成政府干预聘任合同的体现；同时，《教师法》明确规定高校教师从事高等教育工作必须取得相应的高等教育教师资格，未取得高等教师资格的人员不具有签订聘任合同的主体资格；高校通过法律法规的授权，有权设置教师岗位、评定教授职称，该事项无法经约定而达成协议。高校在解聘、处分教师时，属于单方行使对行政相对人权利的不利变更的行政权力。此时，高校作为公权力机关，与教师本质上处在不平等地位。

其次，高校在聘任合同某些法律规定事项上尊重教师的双方意思自治。聘任合同属于高校与教师双方平等协商的产物，虽然高校属于被授权组织，具有行政主体地位，但是在聘任合同的某些法律规定事项上尊重教师的意思自治。比如：教师在选择某一所高校作为聘任合同的对方当事人时出于自愿，高校不得在教师不自愿的前提下采取公权力强制缔约，签署聘任合同时以平等自愿为原则。高校教师有权通过履行一定的程序而辞职，也体现了高校教师享有以意思自治的方式解除聘任合同的自由。不过，需要注意的是，聘任合同中能够由教师意思自治的内容很少。

最后，教师聘任合同的订立、履行、变更和解除都必须遵守法律规范。高校与教师订立的聘任合同必须与高校所开展的教育教学活动事务相关，不得超越教学管理权限实施行政活动；教师聘任合同的具体内容不得违反法律的规定，不得超越法律法规授予的教学管理权限实施其他活动。

因此，高校与教师之间的聘任合同满足行政协议行政性、合意性、法定性的特征。聘任合同是高校这一准行政机关（经《高等教育法》授权的组织）以实现政府高等教育职责为目的，与高校教师就教育教学事项经协商一致而成立的一种协议。

专题二 高校视域下人事争议案的可诉性与法律适用问题研究

谌瑜 蒋树

专题概要：保障高校教师权利离不开相应的权利救济机制。遗憾的是，人事争议仲裁受案范围欠合理、仲裁受案范围之外教师权利无司法救济途径、适用法律不一致等问题使得高校教师权利无法得到充分救济。以典型案例切入，结合现行法制环境，对教师权利救济机制进行法理分析，提出明确高校“准行政机关”主体身份并对接行政诉讼制度，高校与教师聘任关系行政协议属性、由此产生的人事争议可视为外部行政行为，进而让其具有可诉性。

关键词：高校教师；人事争议；人事仲裁；法律适用。

一、高校与教师人事争议典型案例与法律困境

（一）【四则典型案例】

【典型案例一】在“倪某与上海政法学院人事争议上诉案”① 中，倪教授认为上海政法学院给其发放的工资、奖金有差额，经过劳动仲裁、法院一审程序，倪某的部分诉求获得支持。倪某不服，提起上诉。法院认为，上海政法学院系事业单位法人，与倪某签订的系聘任合同，故双方形成的是人事聘任关系。事业单位工作人员对涉及本人的考核结果、处分决定等不服的，可以按照国家有关规定申请复核、提出申诉。根据《事业单位人事管理条例》《人事争议处理暂行规定》等规定，人民法院受理人事争议的范围限于辞职、辞退和履行聘任合同所发生的人事争议。倪某关于工资、奖金差额的诉请不属于人民法院受理部分，故裁定驳回倪某的起诉。

【典型案例二】在“杨某诉北京科技大学人事争议纠纷案”② 中，杨某要求北京科技大学支付未签订聘任合同两倍工资差额，并返还从其科研经费及其他教师的科研经费中划走131433.33元的诉讼请求。法院认为，前者属于因订立聘任合同引发的争议，后者属于因科研经费管理、分配而引发的争议，上述事项均不属于《最高人民法院关于人民法院审理事业单位人事争议案件若干问题的规定》第三条所规定的辞职、辞退及履行聘任合同所引发的争议的范畴，故裁定驳回杨某的起诉。

---

① 详见北大法宝：倪乐雄与上海政法学院人事争议上诉案，(2015) 沪二中民三（民）终字第436号。

② 详见法信网：杨霞诉北京科技大学人事争议纠纷案，(2014) 海民初字第11224号。

【典型案例三】在“唐某与广东外语外贸大学人事争议纠纷申请案”① 中，再审申请人唐某认为广东外语外贸大学根据《关于事业单位设置和人员聘任实施工作中若干问题的处理意见》设定岗位时，将幼儿教师岗定为辅系列专业技术岗位，其本应确定为专业十一级，但违背“按现聘职务或岗位进入相应等级的岗位”的原则，变更其工作岗位和内容，将其确定为工勤技能岗位技术工五级等级，侵害其合法权益，请求判令广东外语外贸大学恢复其幼儿园教师职务，确定其为辅系列专业技术十一级岗位。法院认为，唐某的诉讼请求均是对广东外语外贸大学岗位设置、聘任有异议，该争议属于广东省外语外贸大学内部管理范畴，不属于最高人民法院《关于人民法院审理事业单位人事争议案件若干问题的规定》第三条规定的人事争议范畴，二审法院据此认定本案争议不属于人民法院民事案件受理范围，裁定驳回唐某的上诉并无不当。故再审法院裁定驳回唐某的再审申请。

【典型案例四】在“西安电子科技大学与王某人事争议上诉案”② 中，王某于1997年7月入职西安电子科技大学，担任机电工程学院教师，双方建立人事关系。2012年6月起王某出国探亲，2013年5月20日归国。在国外期间，王某曾于2012年8月21日、11月8日通过电子邮件向院领导说明情况并要求延长假期，但院方并无批准类邮件回复。2013年4月15日，西安电子科技大学对王某做出《关于对王某按自动离职处理的决定》。2014年4月，王某提起人事争议仲裁，请求撤销该处理决定，恢复其人事关系。人事争议仲裁委员会裁决撤销西安电子科技大学做出的《关于对王某按自动离职处理的决定》，恢复其与王某的人事关系。西安电子科技大学不服，向法院起诉，请求依法确认《关于对王某按自动离职处理的决定》有效，西安电子科技大学与王某已解除人事关系，并由王某承担诉讼费。

原审法院认为，对事业单位工作人员的处分，应按照《事业单位工作人员处分暂行规定》。根据该规定第二十三条第二款规定，开除处分由事业单位主管部门决定，并报同级事业单位人事综合管理部门备案。本案中，双方均认可王某属于事业编制人员，西安电子科技大学以王某未经请假出国探亲超期不归为由，做出《关于对王某按自动离职处理的决定》，对王某按自动离职处理，但西安电子科技大学并未举证证明其对王某的处理决定报同级事业单位人事综合管理部门备案，也未证明该处理决定是按照法律规定的程序作出，且该处理决定未送达王某，故《关于对王某按自动离职处理的决定》程序不当。综上，依据《事业单位工作人员处分暂行规定》第二十三条、第二十四条，原审法院判决：撤销西安电子科技大学做出的《关于对王某按自动离职处理的决定》，恢复原告西安电子科技大学与被告王某之间的人事关系。西安电子科技大学不服，提起上诉。上诉审法院认为，原审判决正确，应予维持。

---

① 详见法信网：唐秀华与广东外语外贸大学人事争议纠纷申请案，(2014) 粤高法立民申字第35号。

② 详见北大法宝：西安电子科技大学与王宇人事争议上诉案，(2016) 陕01民终5826号。

（二）主要争议焦点

1. 高校与教师人事争议仲裁受案范围欠合理。由上述四则案例可知，无论仲裁机构还是法院均将高校与教师人事争议受案范围控制在辞职、辞退及履行聘任合同所引发的争议，并且该争议一旦与大学内部管理、规章制度、考核关联，便被剔除出受案范围。前三则案例中，法院因此裁定驳回教师起（上）诉。最后一则案例是因法院援引《事业单位工作人员处分暂行规定》，教师的诉求方得以实现。现今，包括高校在内的事业单位普遍实行聘任制，其与工作人员通过签订聘任合同实现人事、用工关系，大量人事争议被排除在《人事争议处理规定》受案范围之外。显然，该规定未能与时俱进、太过局限，无法切实维护高校教师的合法权利。

2. 该人事争议仲裁受案范围之外，其权利无司法救济途径。在上述案例中，法院指出，根据《事业单位人事管理条例》《人事争议处理暂行规定》等规定，人民法院受理人事争议的范围限于辞职、辞退和履行聘任合同所发生的人事争议。事业单位工作人员对涉及本人的考核结果、处分决定等不服的，可以按照国家有关规定申请复核、提出申诉。由于包括高校在内的事业单位不是行政机关，立法也未界定事业单位与其工作人员签订的聘任合同系行政协议，若高校教师对申诉决定不服，无法提起行政诉讼。在前一专题“福州大学教授诉学校违法案”中，法院就以“福州大学系事业单位，不具备行政复议被申请人的主体资格，福州大学聘请林某的行为不属于行政复议法的调整范围”为由，裁定驳回教授的起诉。

3. 高校与教师人事争议的法律适用问题。之所以对高校与教师人事争议应适用何种法律存在分歧，根本原因在于对高校是公法人还是私法人、高校与教师间的人事聘任合同是民事合同、劳动合同还是行政合同存在不同主张。在如前一专题“安徽财经大学诉教师裴某委托培养合同纠纷案”中，法院认为原、被告签订的委托培养合同“是平等主体间的民事合同，应由民法予以调整”。“被告认为，本案属劳动人事争议，要求适用劳动法来调整……”本专题“西安电子科技大学与王某人事争议上诉案”中，法院依据《事业单位工作人员处分暂行规定》的规定，判决撤销原告西安电子科技大学作出的《关于对王某按自动离职处理的决定》，恢复原告西安电子科技大学与被告王某之间的人事关系。显然，《事业单位工作人员处分暂行规定》是将事业单位工作人员当公务员看待的。

二、高校教师人事争议法制环境及其权利救济问题法理评析

（一）人事争议仲裁受案范围欠合理之成因

根据最高人民法院颁布的《关于人民法院审理事业单位人事争议案件若干问题的规定》第三条的规定：“本规定所称人事争议是指事业单位与其工作人员之间因辞职、辞退及履行聘任合同所发生的争议。”上述案例一、案例二、案例三均因当事人

的部分诉求不属于该规则所确定的“人事争议”范围而被法院拒之门外。

自2007年10月1日起施行的《人事争议处理规定》第二条第二项规定：“本规定适用于下列人事争议：……（二）事业单位与工作人员之间因解除人事关系、履行聘任合同发生的争议。……”该规定和上述司法解释对“人事争议”范围的划定基本一致。笔者认为，“事业单位与其工作人员之间因辞职、辞退所发生的争议”与“事业单位与工作人员之间因解除人事关系发生的争议”，就高校与教师聘任合同而言，二者的含义都是指该合同的单方解除，因为协议解除不存在争议问题。

本专题的四则案例均是高校与其工作人员之间的人事争议，但并非所有高校与其员工之间的人事争议都属于人民法院民事案件的受案范围。只有“因辞职、辞退及履行聘任合同所发生的争议”才属于人民法院受理人事争议案件的范围，因此有必要细究一下这里的“人事争议”。

首先，早在1993年，《教师法》便以法律的形式规定“学校和其他教育机构应当逐步实行教师聘任制”，聘任制也是当前高校人事制度改革的核心。较之于事业单位普遍实行聘任制、围绕聘任合同发生的人事纠纷极速增长的现实，《关于人民法院审理事业单位人事争议案件若干问题的规定》第三条规定的人事争议的受案范围显然太过狭窄。大量高校与教师、工作人员围绕人事聘任合同发生的纠纷被拒于司法救济门外，人事争议范围的限制性规定不但不合理、脱离实际，也有碍社会的稳定及包括高校在内的事业单位人事体制改革的推进。

其次，何为“履行聘任合同”？《高等教育法》第四十八条规定：“高等学校实行教师聘任制。教师经评定具备任职条件的，由高等学校按照教师职务的职责、条件和任期聘任。高等学校的教师的聘任，应当遵循双方平等自愿的原则，由高等学校校长与受聘教师签订聘任合同。”关于聘任合同的内容，《中华人民共和国教育法》第三十四条规定：“国家实行教师资格、职务、聘任制度，通过考核、奖励、培养和培训，提高教师素质，加强教师队伍建设。”《事业单位人事管理条例》第十二条规定：“事业单位与工作人员订立的聘任合同，期限一般不低于三年。”第二条第二款规定：“国家对事业单位工作人员实行分级分类管理。”第四条第一款规定：“事业单位应当建立健全人事管理制度。”第五条规定：“国家建立事业单位岗位管理制度，明确岗位类别和等级。”第六条规定：“事业单位根据职责任务和工作需要，按照国家有关规定设置岗位。岗位应当具有明确的名称、职责任务、工作标准和任职条件。”由此可知，高校教师与高校通过签订聘任合同形成人事聘任关系，该聘任合同从订立到合同的内容（如工作岗位、职称职级、薪酬标准、聘任期限、考核、奖励、培养和培训、事业单位规章制度的制订等），以及聘任合同的解除、终止，无不贯穿着法律法规的规定和国家的要求。教师的劳动内容无外乎教学和科研；教师的劳动报酬（工资）是依据高校的规章制度通过考核计算获得。国家针对高校教师实行设岗分级制度，并于每一学年、每一聘期（一般为三年一个聘期）结束时由高校进行考核；考核结果作为其教职员工下一聘期聘任或者解聘、晋升、奖励的依据。从劳动法角度看，每一聘期的“聘任合同”实质上是岗位责任劳动合同，始终与考核、科研经费、岗位设置相关；三年一轮回签订直至教师退休。所以，因订立该岗位聘任合同引发的争议，也应定义为因“履行聘任合同”而引发的人事争议。尤其是以三年为聘期的续聘合同，实际是下个聘期的岗位责任合同。倘若高校教师针对上一个聘期合同的某项内容，如岗位、薪酬标准、职称职级与高校的认定产生争议，本质是高校与教师整个人事聘任过程中的问题，怎能简单地以因“订立聘任合同引发的争议”将其推出法院大门呢？

高校教师聘任合同的履行自始至终与相关法律法规、高校规章制度关联，以及与考核、奖惩、岗位、职称职级与科研经费、劳动报酬（工资）密不可分。从劳动法视角看，考核高校教师教学、科研所依据的高校规章制度，它是教师教学、科研劳动定额与标准的细化，与教师的薪资、职称职级的晋级等切身利益紧密联系。聘任合同（关系）的履行又如何能将其割裂开来？

显然，上述案例中高校教师对劳动报酬的诉求、对科研经费的诉求，被法院以“订立聘任合同引发的争议”或是对“岗位设置、考核、科研经费、聘任有异议”为由，认定该人事争议不属于“履行聘任合同”而被剔除出法院民事案件受理范围，完全脱离实际且有违劳动立法精神。

（二）人事争议仲裁受案范围之外的权利司法救济受阻

《人事争议处理规定》第三条规定：“人事争议发生后，当事人可以协商解决；不愿协商或者协商不成的，可以向主管部门申请调解，其中军队聘任单位与文职人员的人事争议，可以向聘任单位的上一级单位申请调解；不愿调解或调解不成的，可以向人事争议仲裁委员会申请仲裁。当事人也可以直接向人事争议仲裁委员会申请仲裁。当事人对仲裁裁决不服的，可以向人民法院提起诉讼。”由此可知，人事争议仲裁是诉讼的前置程序，即人事争议不可直接向法院提起诉讼，只有经仲裁当事人对仲裁裁决不服的，才可以向人民法院提起诉讼。

而《关于人民法院审理事业单位人事争议案件若干问题的规定》第三条规定的事业单位与其工作人员之间的人事争议，法院的受案范围非常狭窄，只有“因辞职、辞退及履行聘任合同所发生的争议”法院才受理。由上述前三则案例可知，高校教师的诉求一旦与考核、岗位设置、职称职级、科研经费分配相关，或其系聘任合同订立而非履行问题时，该案便被法院拒之门外，建议通过申请复核、提出申诉途径解决。

关于事业单位人事争议的复核、申诉、再申诉的规定，目前主要是《事业单位工作人员申诉规定》。其第二条第一款规定：“事业单位工作人员对涉及本人的人事处理不服的，可以依照本规定申请复核；对复核结果不服的，可以依照本规定提出申诉、再申诉。”其第七条规定：“事业单位工作人员对人事处理不服申请复核的，由原处理单位管辖。”其第八条规定：“事业单位工作人员对中央和地方直属事业单位作出的复核决定不服提出的申诉，由同级事业单位人事综合管理部门管辖。事业单位工作人员对中央和地方各部门所属事业单位作出的复核决定不服提出的申诉，由主管部门管辖。事业单位工作人员对主管部门或者其他有关部门作出的复核决定不服提出的申诉，由同级事业单位人事综合管理部门管辖。事业单位工作人员对乡镇党委和人民政府作出的复核决定不服提出的申诉，由县级事业单位人事综合管理部门管辖。”其第九条规定：“事业单位工作人员对主管部门作出的申诉处理决定不服提出的再申诉，由同级事业单位人事综合管理部门管辖。事业单位工作人员对市级、县级事业单位人事综合管理部门作出的申诉处理决定不服提出的再申诉，由上一级事业单位人事综合管理部门管辖。”

宪法关于公民申诉权利的规定在教师身上的具体体现，可见《教师法》第三十九条的规定：“教师对学校或者其他教育机构侵犯其合法权益的，或者对学校或者其他教育机构作出的处理不服的，可以向教育行政部门提出申诉，教育行政部门应当在接到申诉的三十日内作出处理。”“教师认为当地人民政府有关行政部门侵犯其根据本法规定享有的权利的，可以向同级人民政府或者上一级人民政府有关部门提出申诉；同级人民政府或者上一级人民政府有关部门应当作出处理。”

由上述规定可知，复核、申诉、再申诉，这是事业单位与其工作人员之间人事争议的解决机制，它属事业单位体制内权利救济机制，类似行政机关体制内人事纠纷解决机制。但高校并非国家行政机关，高校教师也不属于国家机关工作人员，高校与教师间的人事纠纷经复核、申诉这种内部纠纷解决机制处理无效后，高校教师权利无法得到后续救济。

目前，我国包括高校在内的事业单位正处于改革改制时期，相关人事争议的处理无“法”可依。为将事业单位与其工作人员之间的人事争议纳入法制轨道，《关于人民法院审理事业单位人事争议案件若干问题的规定》第三条将其部分人事争议纳入受案范围有其积极意义，为及时化解与日俱增的包括高校在内的事业单位与其工作人员之间的人事争议起到了重要作用。但其对人事争议案件受案范围的限制性规定，几乎将绝大多数人事纠纷排除在司法权利救济大门之外。

上述“王某与西安电子科技大学的人事争议案”中，王某仲裁、一审、二审均胜诉。高校教师王某之所以能胜诉，一是因为西安电子科技大学的《关于对王某按自动离职处理的决定》属于《关于人民法院审理事业单位人事争议案件若干问题的规定》第三条规定中因“辞退”所发生的人事争议范畴；而另一方面，也是更重要的原因是，王某具有高校教师（或称“事业单位工作人员”）的身份。针对包括高校教师在内的事业单位工作人员的处分问题，人社部监察部 2012 年颁布了《事业单位工作人员处分暂行规定》。法院依据该规定，认为西安电子科技大学作出的《关于对王某按自动离职处理的决定》属于程序不当，应依法予以撤销，恢复西安电子科技大学与王某之间的人事关系。所以，高校教师王某胜诉得益于《事业单位工作人员处分暂行规定》。

还有一个值得细究的问题，法院依据《事业单位工作人员处分暂行规定》，以该校除名决定程序不合法支持了高校教师的诉求。法院并未针对该高校作出的除名决定的依据——该校的规章制度，进行合法性审查，实为回避了一个行政法的问题，即法院是否可以或应该对高校的规章制度的合法性进行附带审查？

（三）人事争议法律适用莫衷一是原委

前文已有论述，我国高校普遍实行聘任制，通过与教师签订聘任合同建立劳动人事关系。由此产生了该聘任合同系劳动合同、雇用合同（或民事合同）还是行政合同属性的理论分歧，实务界更是莫衷一是；它带来的实际问题是该人事争议应依据什么法律来规范当事人之间的关系，也即按什么法律来解决该人事争议？是劳动法、民法还是行政法？如上一专题中“安徽财经大学诉教师裴某委托培养合同纠纷案”，一方要求适用劳动法，另一方要求适用民法。

高校人事争议法律适用的不同主张，根本原因是我国转入社会主义市场经济后，高校也和诸多事业单位一样，法律地位受到了重大挑战。尤其在《公务员法》颁布后，包括高校在内的事业单位基本脱离行政机关属性，成为法律身份不明的社会组织。加之我国政治、经济体制处在改革时期，高校内外环境都发生了重大变革，模糊了高校公法人、高校教师的法律地位，进而产生了对高校与教师的聘任合同属性的不同认识。在无法可依的情况下，对该聘任合同属性的不同主张自然导致同案法律适用的差异。

本文引例中，法院将与考核、岗位设置、职称职级、科研经费分配相关或系聘任合同订立而非履行问题的人事争议排除在受案范围之外，主要是从民事合同属性来认识该聘任合同，进而认为考核、科研经费分配等与高校规章制度相关，系高校自主权范畴；岗位设置、职称职级等与国家规定相关，按传统公法与私法、民事和行政予以区别对待，这类问题应属公法问题、应采用行政法途径解决。然而，包括高校在内的事业单位正处于改制时期，《中华人民共和国公务员法》自 2006 年 1 月 1 日起施行后，高校不再是参照公务员法管理的事业单位，其法律身份至今无定论，致使高校与教师间的聘任合同到底属民事合同、劳动合同还是行政合同争论不休，进而引发前述案例及实务中的人事争议实体法的法律适用问题，即人事聘任合同双方当事人的权利义务应适用民法、劳动法还是行政法？

三、高校教师人事争议权利救济法律问题之对策

（一）明确高校“准行政机关”主体身份对接行政诉讼制度

公立高校无需办理设立登记，自成立之日起依法取得法人资格。在国家的授权下，公立高校是国家的“法律授权组织”，成为行政主体中的“授权主体”“法律赋

予它行使一定的行政管理职权。”① 公立高校继受了类似行政机关的管理职权。笔者在《论公立高校的法律主体地位》以及《论高校教师法律身份》已专题论述了高校系准行政机关、高校与教师间的聘任合同系行政协议的主张，这里不再赘述。笔者此处着重讨论的是高校人事争议中教师权利救济制度存在的问题和法律适用问题与对策。

事业单位工作人员申诉制度目前已相对完善且与行政复议有异曲同工之效果，笔者主张，事业单位工作人员对人事争议的申诉处理结果不服时，可以向人民法院提起行政诉讼或就争议事项不经申诉直接向人民法院提起行政诉讼。

《事业单位人事管理条例》第三十七条规定：“事业单位工作人员与所在单位发生人事争议的，依照《中华人民共和国劳动争议调解仲裁法》等有关规定处理。”该规定似乎使业已存在的人事争议仲裁按劳动争议仲裁处理有了法律依据。前文已论述，目前人事争议仲裁受案范围狭窄且收效甚微。本专题前三则案例中，高校教师的诉求都被仲裁机关和法院以各种理由剥离受案范围，甚至连劳动报酬的主张都难以得到司法救济，高校教师对岗位设置、职称职级评定、晋级结果不服，或认为高校考核教师教学、科研的规章制度违规或不合理，更是难以得到救济。这些均属人事聘任合同的实质内容，法院也以不属于“履行聘任合同”问题排除于受案范围之外。笔者认为，根本原因在于我国人事争议仲裁是借用劳动仲裁制度，而劳动争议诉讼又是借用民事诉讼的相关法律法规，其本身就存在案件所涉实体法适用民法还是劳动法不同主张的问题。

劳动仲裁解决的主要是围绕劳动合同产生的劳动争议，它和主要围绕人事聘任合同产生的人事争议有实质的区别。包括高校在内的事业单位的人事聘任合同从订立、履行到解除、终止，无不伴随着国家各类法律法规、规章制度。教师与高校并非劳资完全对立的关系，共同为国家服务，以实现国家高等教育目标。这是高校与教师人事聘任关系的本质属性。所以，用民法或劳动法解决事业单位的人事聘任纠纷并不合适，也非长久之计。

由于人事争议仲裁也同劳动仲裁一样系人事争议诉讼的前置程序，人事争议仲裁是随着事业单位改制、推行聘任制后为解决骤增的大量人事纠纷而效仿劳动仲裁创设的临时救急措施，是在无法可依的情况下的被迫之举。也正因此，《关于人民法院审理事业单位人事争议案件若干问题的规定》第三条关于人事争议受案范围的规定才会存在过于狭窄的问题。随着包括高校在内的事业单位改革的进一步推进和法制建设的完善，人事争议仲裁或将退出历史舞台。

事业单位分类改革前，主要存在两种用工形式：一是实行企业化管理的事业单位；一则是参照公务员制度管理的编制职工。前者与职工签订劳动合同，职工与单位发生人事争议的，应当参照劳动法或劳动合同法的相关规定，可以向人民法院提起民事诉讼。对于参照公务员制度管理的编制职工，则应当参照《公务员法》第九

① 详见周卫勇：也谈教育法的地位——兼与李晓燕同志商榷，《教育研究》1997 第 7 期。

十条之规定，向上级管理机关提出申诉，而不属于人民法院审理民事案件的受案范围。在我国，诸如公立大学、公立医院、公立科研机构等这类事业单位，人事争议和实行企业化管理的事业单位与职工发生的人事争议从来都有着质的区别——前者走行政法路线，后者走劳动法或民法之路。

从本文案例四看，原告高校教师王某胜诉是得益于《事业单位工作人员处分暂行规定》。细究该“暂行规定”，它是把事业单位工作人员当作公务人员看待的，并专门针对其处分问题颁布该规定。法院支持原告高校教师王某诉求的主要理由也是依据国务院《事业单位人事管理条例》和《事业单位工作人员处分暂行规定》，认为西安电子科技大学作出的《关于对王某按自动离职处理的决定》有违该规定。

《事业单位人事管理条例》第三十八条规定：“事业单位工作人员对涉及本人的考核结果、处分决定等不服的，可以按照国家有关规定申请复核、提出申诉。”即中央组织部、人力资源社会保障部共同研究制定自 2014 年 7 月 1 日起施行的《事业单位工作人员申诉规定》。因此，目前围绕事业单位人事争议的复核、申诉、再申诉，相关立法相对完善。

始于 2011 年的中国事业单位分类改革目前已基本完成第一阶段任务，从事公益服务的继续保留在事业单位序列，强化其公益属性。保留下来的事业单位分为两类：公益一类和公益二类。承担高等教育、非营利医疗等公益服务的，被确定为公益二类。既然我国高校以及非营利医疗机构等提供公益服务的事业单位已明确属于公益二类事业单位，“公立高校对教师的聘任和管理都属于行政行为，两者之间是一种行政法律关系，或者说是行政合同关系”①。笔者主张，因相对完善的事业单位工作人员申诉制度也可以解决一部分人事争议，这种内部解决机制不但可取，更应强化。在明确高校“准行政机关”主体身份、事业单位人事聘任合同行政协议属性后，便可对接行政诉讼制度；同时取消名存实亡，非民事、非劳动也非行政性质的人事争议仲裁制度。

（二）人事争议可诉性问题之对策

1. 人事聘任合同系行政协议，具有可诉性

2002 年人事部提出《关于在事业单位试行人员聘任制度的意见》，要求除按照国家公务员制度进行人事管理以及转制为企业的事业单位以外，都要逐步试行人员聘任制度。随着我国事业单位人事制度改革的推进，包括高校教师在内的聘任制，均采取聘任合同的形式规范聘任人员与单位之间的权利和义务。这一改革使得事业单位的人事关系逐渐出现某些类似于劳动关系的性质，进而衍生出聘任合同即劳动合同的主张。

在聘任条件下，公立高校的教师聘任权是由政府授予的，高校在教师聘任关系中的法律身份应是行政主体。高校与教师签订的聘任合同本质上应是行政合同，即

---

① 劳凯声（主编）:《中国教育法制评论（第一辑）》，教育科学出版社 2002 年版，第 253~258 页。

“行政主体和行政相对人以协商一致的方式，设立、变更或消灭行政法上权利义务关系的合同，又称公法契约”①。“我比较倾向于将教师作为教育公务员来定位，将教师和高等学校缔结的聘任合同视为公法合同。”②

行政合同主要用以规范、代替行政处分，体现为一种不对等的行政法律关系。而教师对高校具有一定的服从义务，与高校间应属于法律地位不对等的契约关系，聘任合同既非《合同法》所调整的民事合同，也非《劳动法》所调整的劳动合同，其行政合同的法律特征更加凸显。通过对高校与教师之间聘任合同的主体、目的、内容、规则等方面考察，其与行政合同的法律特征高度重合。因此，该聘任合同应界定为行政协议。

笔者认为，扩大现行行政立法中行政协议概念，即除“政府特许经营协议、土地房屋征收补偿协议”外，高校与教师间的聘任合同也应纳入行政协议范畴。如此，将高校与教师间的人事争议纳入《中华人民共和国行政诉讼法》受案范围便顺理成章。

至于《中华人民共和国行政诉讼法》关于行政诉讼受诉范围的排除性规定，如《中华人民共和国行政诉讼法》第十三条第三项规定，人民法院不受理公民、法人或者其他组织对下列事项提起的诉讼：“……（三）行政机关对行政机关工作人员的奖惩、任免等决定；……”自2018年2月8日起施行的《最高人民法院关于适用〈中华人民共和国行政诉讼法〉的解释》第二条第三款规定，“行政诉讼法第十三条第三项规定的‘对行政机关工作人员的奖惩、任免等决定’，是指行政机关作出的涉及行政机关工作人员公务员权利义务的决定。”笔者认为，高校作出的对其教职工奖惩、任免的决定应排除在外。笔者主张，高校作出的对其教职工奖惩、任免的决定系《中华人民共和国行政诉讼法》规定的受案范围，不应沿用《中华人民共和国行政诉讼法》第十三条第三项的除外规定。理由有：第一，高校非国家行政机关，只是准行政机关。即在国家的授权下，公立高校成为行政主体中的“授权主体”，但它不是严格意义上的行政机关。第二，高校作出的对教职工奖惩、任免的决定是基于双方的聘任合同关系，和公务员与国家机关之间的关系有着本质区别。第三，该奖惩、任免决定通常都是在聘任合同履行期间高校根据内部规章制度作出的，不同于行政机关依法照法律法规对公务员进行的奖惩、任免。笔者认为，高校教师不但可以对奖惩、任免以及处分的决定提起行政诉讼，还可以依据《行政诉讼法》第五十三条的规定③对该行政行为提起诉讼时，可以一并请求对该处分决定所依据的规范性文件进行审查。例如：本专题案例四中，原告教师对西安电子科技大学作出的处分决定不服，对该处分行为提起行政诉讼时，同时有权针对该处分决定的依据——该大学

---

① 郭春发：教师聘任制中的两个法律问题，《中小学管理》2000年第6期。

② 劳凯声（主编）：《中国教育法制评论（第一辑）》，教育科学出版社2002年版，第258页。

③ 《行政诉讼法》第五十三条规定：“公民、法人或者其他组织认为行政行为所依据的国务院部门和地方人民政府及其部门制定的规范性文件不合法，在对行政行为提起诉讼时，可以一并请求对该规范性文件进行审查。前款规定的规范性文件不含规章。”

的规章制度的合法性提起附带审查。西安电子科技大学作出处分的依据（高校内部规章制度）不能违背上位法《事业单位工作人员处分暂行规定》的规定，因为该高校规章制度的效力层级低于“规章”。

2. 聘任合同人事争议可视为外部行政行为，具有可诉性

随着教育管理体制改革的推进，中国的大学自主权可谓以办学自主权为名实则从国家权力中不断获取自主空间的权利。这不同于西方大学自治，是一个被国家权力逐渐侵蚀的领域。与此同时，高校自主管理教师的空间也得到了提升。比如：依据其规章制度对教师的处分权。然而，高校的任务是向社会提供公共教育产品。这种公共教育实质上是一种公共事务，高校对教师的管理行为也涉及公权力的行使，如高校对教师的处分权。

解读高校对教师的处分权应把握三点：第一，应在法律法规规定的范围内进行处分。第二，应尊重教师的知情权、申辩权与诉讼权。第三，涉及高校教师就业权、身份权等重要权利应接受司法审查。如果法律不能向高校教师提供最后的救济途径，不允许法院对高校处分教师的决定进行司法审查，最终将演变为社会问题。

传统观点认为，在存在特别权利关系的情况下，当事人之间的争议不能诉诸法院，如公务员不能告政府。但是随着法治的发展，对特别权利关系情形下的争议，部分甚至大部分可以诉诸法院。“特别权力关系”理论起源于拉邦德的国家法理论。整个特别权力关系学说的内涵由于学者们的不断补充而变得异常复杂，这里无法赘述。简言之，拉邦德提出“特别权力关系”的理论基础是“主体封闭说”。他认为国家是一个封闭的不可分割的主体，在该主体内，国家机关和公务员之间并不存在一般法律关系，而仅是一种“特别权力关系”①。但是，近年来，我国法院对行政案件诉讼受案范围基本上采纳类似于重要性理论的衡量标准。②“重要性理论”是德国联邦宪法法院通过判决发展形成，主张在特别权力关系中，只要相对人的基本权利受到重要影响，都应赋予司法救济权。重要性理论并没有否认特别权力关系，只是对其进行修正。即行政主体在依照公共管理目的的需要行事时，对相对人基本权利或称重要权利带来负面影响，则必须接受公法规则约束和司法审查。

无论是高校教师就聘任合同的订立、解除、履行还是考核、晋级、职称职级、处分等所发生的人事争议，都是直接影响、限制和否定了高校教师的就业权和身份权。就这一意义而言，学校对教师的就业权和身份权的处理可定义为特殊的外部行政管理关系，不属于内部管理行为，故依法具有可诉性。

---

① 详见湛中乐：再论我国公立高等学校之法律地位，《中国教育法制评论（第七辑）》，2009年版，第30~73页。

② 详见2014年最高人民法院第三十八号指导性案例。法院在裁判理由中强调：“高等学校与受教育者之间属于教育行政管理关系，受教育者对高等学校涉及受教育者基本权利的管理行为不服的，有权提起行政诉讼，高等学校是行政诉讼的适格被告。”

专题三　我国高校教师社会保险法制研究

严晓①　谌瑜

专题概要：我国高校教师社会保险法律制度属于高校教师社会保障制度的核心内容。《中华人民共和国社会保险法》由《劳动保险条例》发展而来，起初是为企业职工创设，后来扩大到高校教师群体，在适用时难免产生矛盾和立法缺位。我国事业单位的社会保险制度不完善，导致高校教师社会保险法律制度在实践中无法可依，教师的社会保险权无法得到保护。完善高校教师保险制度有利于调动教师的劳动积极性，促进高校人事改革顺利进行。

本专题从高校教师社会保险纠纷典型案例入手，分析我国高校教师社会保险的立法现状，指出高校教师社会保险有别于企业劳动保险，具有一定的特殊性，并明确规制高校教师社会保险制度的必要性。通过考察域外高校教师社会保险制度，对我国高校教师社会保险法律制度的立法启示进行了理论探讨和总结。通过分析学界对高校教师保险立法体例的争议，提出我国应将高校教师社会保险并入公务员社会保险的对策，并就具体保险类目进行制度设计。

关键词：高校教师；社会保险法律制度；立法。

一、问题的提出

高校教师肩负着振兴教育、培养人才的重任。在人事制度改革的背景下，高校教师的职业压力与日俱增，患职业病的概率呈递增趋势。“在2017年对云南省高校教师健康状况的调查中，达到健康状况的教师仅占总人数的39.51%，健康水平一般的教师占总样本的44.03%。其余的16.46%的教师则属于健康状况较差的状态。”② 除患有高血压等常见疾病外，职业病（颈椎病、咽喉炎、肩周炎等）发病率成为影响高校教师健康的主要因素。

高校教师职业病发病率递增导致高校与教师在社会保障问题上的冲突日益加剧。在人事体制改革的大环境下，我们该如何从社会保障层面切实维护高校教师的权益？本专题对高校教师社会保险制度进行分析，指出现行法律制度的不足之处，结合公务员社会保险法律制度，提出将高校教师社会保险法律制度并入公务员保险制度的

---

① 严晓：上海大学法学院2017级法学硕士在读研究生。

② 详见侯晓敏，杨勇：云南省高校教师健康状况与工作压力关系的研究，《教育现代化》2017年第28期。

法律规范，建设系统完整的机关事业单位社会保险法律制度的构想，以期从社会保险方面保障教师相关的合法权益，促进人事制度改革的顺利进行。

（一）高校教师社会保险纠纷的典型案例

【典型案例一】高校教师普遍采用不坐班制，突发疾病等情形应否认定为工伤。

案情回顾："曲某生前系原告鲁东大学交通学院物流教研室教师。2013年5月24日下午，曲某的学生王某要将论文交到学院，但其论文尚未改好，当日7时37分，曲某主动打电话询问王某毕业论文修改情况。至10时25分，曲某与王某先后四次通过电话指导毕业论文。其间的8时35分，曲某因身体不适被送到医院住院治疗。病历记载：发热两天，2013年5月24日10时16分入院，15时23分自行去厕所小便返回病房时，突然意识丧失，经抢救无效于16时55分死亡，诊断为败血症、猝死。2013年10月9日，第三人曲某之女以其父曲某在课外辅导学生修改毕业论文期间突发疾病，经抢救无效死亡为由，向烟台市人力资源和社会保障局提出工伤认定申请，该局认定曲某不是因工死亡。第三人不服，向烟台市人民政府提出行政复议申请。烟台市人民政府受理后，向人力资源和社会保障局发出了《行政复议答复通知书》，要求其在限定的时间内对行政复议申请提出书面答复，并提交当初作出具体行政行为的各类证据材料。烟台市人力资源和社会保障局和鲁东大学在法定期限内向烟台市人民政府提供了相关的证据、依据。其中，烟台市人力资源和社会保障局向烟台市人民政府提交的证据中，有鲁东大学在行政程序中提交的证明材料。证人姜某、宋某、张某、刘某的证言和鲁某［2007］36号《鲁东大学教学与教学管理工作规程》等，认为曲某事发当日没有到物流教研室上班。还有烟台市人力资源和社会保障局于2014年1月26日对曲某的女婿张某所作的工伤调查笔录。张某在笔录中称，事发当天曲某在家中接了很多电话，指导学生毕业论文，本打算去办公室，但因身体不适，在去办公室的途中由其将曲某送至医院。同时，有第三人在行政程序中提交的曲某学生王某的证人证言及网通公司的通话记录，证实2014年5月24日，因王某要交的毕业论文未改好，曲某于当日7时37分主动打电话询问王某毕业论文修改情况，至10时25分，曲某与王某先后四次通过电话指导毕业论文。2014年9月4日，烟台市人民政府对第三人丈夫张某作了调查笔录，张某称曲某一周集体活动的时间最多两个工作日，其他时间在家中办公，并称学院没有给教师配备电脑和固定办公桌椅，曲某生前在家中使用自己的电脑。对原告没有给教师配备电脑和固定办公桌椅的事实，原告予以了确认。

另查，根据鲁某［2007］36号《鲁东大学教学与教学管理工作规程》第四十条、第四十二条、第四十三条规定，提倡教师网上布置和批改作业，课外辅导和答疑是课堂教学的辅助形式，是整个教学过程的组成部分，辅导与答疑的方式和时间由教师根据课程类型和教学条件确定，可以深入班级教室或在固定地点有针对性地召集部分学生进行辅导或答疑，提倡进行网上辅导和答疑。

法院判决：原审法院认为，鲁东大学的复议程序合法。《工伤保险条例》第十五条第一款第一项规定，职工在工作时间和工作岗位突发疾病死亡或者在四十八小时之内经抢救无效死亡的，视同工伤。关于此项规定的“突发疾病”，劳动保障部2004年第256号《关于实施若干问题的意见》已作了明确规定，即“突发疾病”是指各类疾病。鲁东大学关于曲某“突发疾病”“工作”“死亡”之间关系的辩解，不符合相关法律、法规的规定，本院不予采纳。高校教师实行不坐班制是我国普通高校的普遍做法。这种做法在鲁东大学制定的大学教学与教学管理工作规程中也得到充分的体现。该规程明确规定了课外辅导和答疑是课堂教学的辅助形式，是整个教学的组成部分；辅导与答疑的方式和时间由教师根据课程类型和教学条件确定。在鲁东大学没有为教师配备电脑和固定办公桌椅的情况下，曲某于事发前的2013年5月24日上午7时37分至10时25分多次用电话指导学生完成毕业论文，不违反原告上述规程的规定，应视为工作时间和工作岗位的延伸。其在指导学生完成毕业论文过程中突发疾病在四十八小时内经抢救无效死亡，符合《工伤保险条例》第十五条第一款第一项之规定，应当认定为工伤。人力资源和社会保障局作出的《工伤认定决定书》认定事实不清，证据不足。烟台市人民政府依据各方当事人提供的证据，经调查核实，依据相关法律规定做出的《行政复议决定书》认定事实清楚，证据确凿，程序合法，适用法律正确。故法院判决驳回原告鲁东大学的诉讼请求。鲁东大学提起上诉，二审法院判决驳回上诉，维持原判。①

本案中，鲁东大学因教师不坐班，在突发疾病死亡或者在四十八小时之内经抢救无效死亡，否认高校教师工伤的认定。最终二审法院将“工作时间”定义为法律规定的或者单位要求职工工作的时间，包括加班加点时间及为开展正常工作所必需的与工作有关的预备性或收尾性工作时间。“工作岗位”是指职工日常所在的工作岗位和本单位领导指派所从事工作的岗位，即在工作场所从事或者履行与工作有关的活动的空间。虽然高校教师实行不坐班制，不在校内办公，但是其他空间若符合相应条件仍可视为工作岗位的延伸。实务中，高校往往以不符合工作时间和工作地点为由否认工伤的认定申请。笔者认为，高校教师因其职业特点，不可与企业职工的办公方式一概而论，实践中工伤的认定申请应符合现实情况。现有法律规定过于笼统，法院裁量空间较大。

【典型案例二】 劳动关系解除前高校未及时缴纳社会保险，劳动关系解除后高校与教师就社会保险费的缴纳与医疗费用的承担发生争议。

案情回顾：徐某于2011年10月开始在新疆师范大学从事教师工作。新疆师范大学未与徐某签订劳动合同，未给徐某缴纳社会保险费。2013年6月新疆师范大学给徐某颁发荣誉证书，该证书载明：徐某老师在2012年9月至2013年7月自治区临聘学前双语教师培训工作中，认真负责，被评为“优秀班主任”。2014年1月徐某感到身体不适，被送至医院治疗，后被诊断为癌症晚期。2014年3月开始，徐某以个人

---

① 详见山东省烟台市中级人民法院行政判决书（2016），鲁06行终178号。

名义缴纳社会保险费。2014 年 5 月，徐某向劳动人事争议仲裁委员会申请仲裁，要求：1. 解除与新疆师范大学的劳动关系，并由新疆师范大学出具解除劳动关系证明书；2. 新疆师范大学支付解除劳动合同的经济补偿金；3. 新疆师范大学支付未签订书面劳动合同的双倍工资；4. 新疆师范大学支付徐某治病期间的生活补助、医疗费及相关费用；5. 新疆师范大学补缴 2011 年 9 月至 2014 年 5 月的社会保险。人事争议仲裁委员会裁决驳回徐某的全部仲裁请求。徐某不服，向法院提起诉讼。

法院判决：新疆师范大学的抗辩理由无充分证据予以证明，故对徐某提交的优秀班主任证书的真实性、合法性、关联性予以确认。新疆师范大学给徐某发放证书的行为可证明双方之间存在管理与被管理关系，结合新疆师范大学长期按月给徐某发放劳动报酬的事实，原审法院认定徐某和新疆师范大学之间虽未签订书面劳动合同，但存在事实劳动关系。针对社会保险内容，原审法院认为劳动关系存续期间，新疆师范大学给徐某缴纳社会保险费是其法定义务，未予缴纳，应当补缴其养老保险费、失业保险费，并承担其间利息。根据我国现有政策，工伤、医疗、生育保险属于现收现支，不能补缴，故对于徐某要求新疆师范大学补缴 2011 年 9 月至今的社会保险费的诉讼请求，部分予以支持。二审法院认为，2011 年 10 月至 2014 年 5 月徐某与新疆师范大学存在劳动关系。在此期间，徐某患病住院治疗，由于新疆师范大学未给徐某缴纳医疗保险费，致使徐某无法享受医疗保险待遇，新疆师范大学应当支付徐某劳动关系存续期间就医产生的属于医保报销范围内的医疗费用，因徐某转院治疗产生的飞机票、住宿费不属于医保报销范围，故其要求新疆师范大学支付上述费用于法无据。2014 年 5 月，徐某向劳动人事争议仲裁委员会申请仲裁，要求解除与新疆师范大学的劳动关系，此后徐某产生的医疗费，新疆师范大学再无义务承担，徐某上诉要求新疆师范大学支付双方解除劳动关系后的医疗费的理由不能成立，本院难以支持。综上，原审法院认定事实清楚，适用法律正确，本院应予维持。①

本案中，因高校未及时给教师缴纳医疗保险费用，与教师聘任关系解除后无承担教师医疗保险的义务，故造成教师巨大的经济负担。实践中，高校因未及时缴纳社会保险给教师带来的经济损失，法律只对劳动关系存在期间的教师社会保险权进行保护。如果教师自身维权意识不强，劳动合同解除后，教师的经济损失往往索赔无门。

（二）高校教师社会保险的法制困境

高校教师社会保险立法散见于《中华人民共和国社会保险法》《工伤保险条例》《国务院关于机关事业单位工作人员养老保险制度改革的决定》等法律法规中。我国

① 详见新疆维吾尔自治区乌鲁木齐市中级人民法院民事判决书（2015），乌中民五终字第 178 号。

高校属于公益二类的事业单位①，作为公益性和自主性并存的单位，高校教师社会保险法律制度存有不足之处。

学者最早研讨高校教师保险问题是从社会学和经济学的角度展开的，目前对高校教师社会保险研究欠缺法学视角。高校教师社会保险制度既涉及社会经济制度，又涉及法律制度。以法制视角探讨高校教师社会保险法律制度对教师权益的保障、推进教师人事制度改革具有重要意义，健全的教师社会保险法律制度是衡量一个国家社会养老保障体系完善与否的重要标志。目前，我国高校教师社会保险的法律规定缺乏系统性和完整性，存在的主要问题有：一是未明确立法基本理念。高校教师保险法律制度是以维护社会公正与社会稳定为立法理念，还是吸收发达国家长期协调发展的战略观？还是二者兼有？二是高校教师社会保险立法工作落后，尤其是基本立法不足。我国仅有一部涵盖社会保险全部内容的社会保险基本法，缺少社会救助、社会福利、社会优抚等方面的法律规定，缺乏社会保障法律体系的主干骨架。况且《社会保险法》的前身是《劳动保险法》，专为企业职工而设。高校教师若对社会保障发生争议进行仲裁或诉讼时，大多只能挂靠适用《社会保险法》，造成了对高校教师适用上的脱节。三是有关高校教师保险的法律规范性文件层级较低，缺乏较高的法律效力。即国家立法机关制定的法律较少，国家行政机关、地方政府部门制定的法规、政策相对较多。四是高校教师保险立法内容不完备。现有的大量社会保障法规在立法原则、内容和保障范围等方面带有浓厚的计划经济色彩，难以适应经济体制改革的要求。立法内容不完备，造成管理体制不统一、不协调、覆盖面窄、程度低、费用负担不平衡的问题。五是执法机制薄弱，缺乏相应的法律责任规定。现行的社会保障法律法规未严格划分社会保险的监督机构与管理机构，法律责任规定的缺失使得社会保险制度难以有效实施。

二、高校教师社会保险制度的现状与问题分析

高校社会保险制度主要包括高校教师的社会保险制度和高校学生的社会保险制度。本专题主要讨论的是高校教师的社会保险制度。

高校教师的社会保险，指国家通过相关立法，运用从多种渠道筹集的社会保险基金，使教师在年老、疾病、工伤、失业、生育时获得物质利益，保障其基本生活的一种社会保险制度。

---

① 详见中共中央、国务院在《关于分类推进事业单位改革的指导意见》中指出："根据职责任务、服务对象和资源配置方式等情况，将从事公益服务的事业单位细分为两类：承担义务教育、基础性科研、公共文化、公共卫生及基层的基本医疗服务等基本公益服务，不能或不宜由市场配置资源的，划入公益一类；承担高等教育、非营利医疗等公益服务，可部分由市场配置资源的，划入公益二类。具体由各地结合实际研究确定。"

（一）立法现状：高校教师社会保险有别于企业劳动保险

1. 历史原因：立法进度不同，改革不能一蹴而就

中华人民共和国成立初期，基本沿用国民政府时期的社会保险制度。保险内容主要是工矿企业的劳动保险，内容主要涉及医疗和工伤，国家并未出台统一规定。这便导致了保险制度存在诸多矛盾，立法迫在眉睫。1951 年《中华人民共和国劳动保险条例》（以下简称《条例》）应运而生。鉴于《条例》制定时我国的经济建设还在恢复初期，其适用范围仅限于国有企业和部分集体企业，农民、国家机关和失业单位人员并不在调整范围之内，高校教师的社会保险制度仍处空白。

在计划经济时代，高校由国家和政府进行管理。《高等学校任用教、职、工人的暂行规定》正式确立了中央集权的教师任命制，并首次将高校教师明确界定为国家工作人员，应该根据国家需要，严格服从国家调动。此时，高校教师实行的是有别于企业职工的另一套社会保险，"主要包括养老保险、病假期间生活待遇、生育保险和公费医疗等"①。这一时期的保险待遇与企业职工持平甚至略低。保险所依据的法律并不统一，而是依据中央不定期出台的各项法律规范。1958 年国务院修改通过的《国务院关于工人、职员退休处理的暂行规定》将包括高校教师在内的国家机关、人民团体的工人、职员纳入其中，从形式上开始实行退休制度的统一和并轨。这也是劳动保险向社会保险过渡的标志。

随着我国从计划经济向市场经济的转变，为适应新经济形势下对于人才的需求和保障，高校教师的社会保险制度也在变革。1992 年国家教委发布《关于国家教委直属高校内部管理体制改革的若干意见》，主要内容包括"校内人事制度、分配制度及校内住房、医疗、退休保险制度三大改革内容，并明确了学校内部管理的权限、改革工作的领导和实施"②。"1993 年发布了《中国教育发展和改革纲要》要求各地逐步建立教师保障制度，这表现在医疗、退休保险等方面。"③《中华人民共和国教师法》对教师应该获得的工资待遇、医疗和养老保险等方面做出了明确的规定。"教师的工资待遇和所享受到的医疗保险都应当等同于当地公务员的工资待遇和医疗保险水平，国家对教师所享受的养老保险进行了明确的规定，即规定了教师的退休或者退职待遇。"④ 2008 年，国务院通过并印发《事业单位工作人员养老保险制度改革试点方案》，决定在山西省、上海市、浙江省、广东省、重庆市先期开展事业单位工作人员养老保险改革试点，与事业单位分类改革试点并行。未进行试点的地区仍然执行现行事业单位退休制度。此次改革的主要内容是实行社会统筹和个人账户相结合

---

① 毛瑞杰：当代中国社会保险制度研究，中共中央党校硕士学位论文，2014 年。

② 国家教委：《关于国家教委直属高校内部管理体制改革的若干意见》，1992 年 8 月。

③ 国家教委：《中国教育发展和改革纲要》，1993 年。

④ 中华人民共和国主席令第十五号，《中华人民共和国教师法》，1993 年 10 月。《中华人民共和国教师法》（2009 年修正）第二十九条规定："教师的医疗同当地国家公务员享受同等的待遇。"第三十条规定："教师退休或者退职后，享受国家规定的退休或者退职待遇。"

的基本养老保险制度。基本养老保险费用由单位和个人承担。单位缴纳基本养老保险费的比例具体由省（市）人民政府决定。个人的缴费根据其工资情况可以灵活运用，由单位代扣。2011 年，国务院出台了《关于事业单位分类的意见》，对事业单位进行了重新划分。高等教育为公益二类事业单位，可以部分由市场配置资源。2008 年的《事业单位工作人员养老保险制度改革试点方案》适用于分类改革后从事公益服务的事业单位及其工作人员。2011 年国务院的《事业单位职业年金试行办法》出台，作为养老保险制度的补充在上述五个省市实行。职业年金由个人和单位共同负担，适用于分类推进事业单位改革后从事公益服务的事业单位及其编制内工作人员。职业年金个人账户资金的转移较为灵活，这在一定程度上完善了事业单位的养老保险制度。

综上所述，从历史来看，起初我国只有关于企业职工的社会保险，高校教师社会保险的立法滞后于企业职工。高校教师与企业职工的社会保险历来实行“双轨制”。虽然《社会保险法》的出台致力于将其统一化，但适用于企业职工的《劳动保险法》在转换为“广覆盖”的《社会保险法》，该进程不可能一蹴而就。我国地区发展差异大，各行业、各类单位情况复杂。比如：养老保险的“双轨制”到“统一化”，国务院《决定》是上位法，具体到某个地区、某个行业，还要依据实际情况细化政策措施。“老人老办法、新人新制度、中人逐步过渡”的原则在涉及各个层级、任职时间的不同情况也要平稳衔接，这都需要各地区、各部门在统一制度安排下制订具体实施办法。

2. 主体原因：高校教师社会保险法律问题的特殊性

高校的性质不同于企业。我国的《民法总则》以是否将盈利分配给股东等出资人为依据，将法人划分为营利法人和非营利法人。① 事业单位与国外社会公益性组织类似，主要是为适应经济发展的需要，提供公共服务而设立。1999 年《中华人民共和国公益事业捐赠法》将事业单位定义为：“本法所称公益性非营利的事业单位是指依法成立的，从事公益事业的不以营利为目的的教育机构、科学研究机构、医疗卫生机构、社会公共文化机构、社会公共体育机构和社会福利机构等。”“根据最新的事业单位改革方案，从事公益服务的事业单位可划分为‘承担义务教育’、基础性科研、‘公共文化’、公共卫生及基层的基本医疗服务等基本公益服务，不能或不宜由市场配置资源的，划入公益一类；承担高等教育、非营利医疗等公益服务，可部分由市场配置资源的，划入公益二类。”② 由此可见，高校作为事业单位，具有以下特征：一是法人独立性。《教育法》和《高等教育法》均认可高校独立法人的法律地

① 《中华人民共和国民法总则》第八十七条规定：“为公益目的或者其他非营利目的成立，不向出资人、设立人或者会员分配所取得利润的法人，为非营利法人。非营利法人包括事业单位、社会团体、基金会、社会服务机构等。”

② 详见《中共中央国务院关于分类推进事业单位改革的指导意见》。

位。① 二是社会公益性。高校不从事营利性活动，主要产品是教师和学生的智力成果，运营经费主要由国家财政给予补贴。设立高校本身即具有社会公益性，不以追求个别群体或个人利益为目标。三是人才密集和流动性。高校作为高素质人才集中的地方，人口流动较一般事业单位更加频繁。

高校教师法律地位具有特殊性。我国高校教师的法律身份尚存争议，影响着高校与教师之间法律关系定性。一种观点认为，我国高校和教师之间为行政法律关系，杨建顺认为“由于学校和具体教师之间的关系实质上是非平等主体之间的关系，所以不是一般民事合同；由于教师地位的特殊性，决定了教师聘任合同也不是一般劳动合同”②。学者赵宏杰、严妍也认为，“就聘任合同的主体、目的、内容、规则等方面而言，聘任合同都符合行政合同的构成特征。因此，聘任合同应为行政合同而非劳动合同”③。一种观点认为，高校和教师之间的关系为劳动合同关系，适于劳动法调整。“由于教师与学校的聘任关系属于劳动合同关系，因此，两者之间的劳动合同纠纷属于广义上的民事纠纷。”④ 还有一种观点认为，高校与教师间的聘任合同是一种介于行政合同和民事合同之间的特殊合同，兼具民事和行政的双重性质。“教师聘任合同同时兼具普通民事合同和行政合同的某些特征，但又不能完全等同于这三类合同，它是集上述三种合同的部分特征于一身的混合合同。”⑤ 高校与教师的纠纷问题单纯适用劳动法规或行政法规都不能对教师的权益予以全面救济。《中华人民共和国高等教育法》第四条规定：“高等教育必须贯彻国家的教育方针，为社会主义现代化建设服务，与生产劳动相结合，使受教育者成为德、智、体等方面全面发展的社会主义事业的建设者和接班人。”第二十四条规定：“设立高等学校应当符合国家高等教育发展规划，符合国家利益和社会公共利益，不得以营利为目的。”因此，高校与教师间的聘任合同具有一定的公务性质，不可完全照搬企业与职工之间的《劳动合同法》进行调整。另外，若完全适用公务员法对教师进行管理，也会增强高校的行政化色彩，一定程度上损害了高校的自主性。鉴于以高校为代表的这一类主体法律地位的特殊性，完善高校教师社会保险的立法乃实践之需要。

高校教师社会保险有其特殊性。一是保险待遇的优越性。平等的社会保险权并不意味着平等的社会保险待遇。高校属于事业单位，高校教师的社会保险待遇相较于其他非事业单位的劳动者应有所区分。如为吸引人才，促进教育发展，高校教师的社会保险待遇要比一般的企业职工更加优越。但是为维护社会稳定，强调社会公平，也不应过分拉大与企业职工社会保险待遇的差距。二是保险种类的不完全性。

---

① 《中华人民共和国教育法》第三十一条规定：“学校及其他教育机构具备法人条件的，自批准设立或者登记注册之日起取得法人资格。”

② 申素平：论我国公立高等学校与教师的法律关系，《高等教育研究》2003年第1期。

③ 申素平：论我国公立高等学校与教师的法律关系，《高等教育研究》2003年第1期。

④ 周光礼，彭静雯：从身份授予到契约管理——我国公立高校教师劳动制度变迁的法律透视，《高等教育研究》2007年第10期。

⑤ 杨挺：论公立学校教师聘任合同的法律性质，《中国教育学刊》2007年第4期。

虽然我国社会保险的种类有养老、医疗、工伤、失业、生育等种类，但是具体到高校教师，保险项目的设置并不齐全。失业保险和生育保险缺少具体法律规制。教师养老保险方面的立法虽然较多，但是先试后改的立法模式并不能普及到各个地区。

（二）问题分析：高校教师社会保险法制的不足与成因

1. 政策法规方面：法律体系不完善，社保政策不统一

（1）《社会保险法》的立法不足

立法理念不清。法律的制定受制于一定的立法理念。《社会保险法》中第一条明确了立法理念："为了规范社会保险关系，维护公民参加社会保险和享受社会保险待遇的合法权益，使公民共享发展成果，促进社会和谐稳定，根据宪法，制定本法。"规范社会保险关系的理念放在了维护公民社保权益之前，主次之分显而易见。规范社会保险关系更加强调行政机关的行政职能，而社会保险法的设立宗旨理应以维护公民的社会保险权为重点。《社会保险法》作为典型的社会法，在制度设计上首先考虑的是规范社会保险关系，立法理念有失偏颇。

覆盖面较窄，统筹层次低。从覆盖面来看，《社会保险法》的前身是《劳动保险条例》。如前所述，《条例》主要适用于企业职工。《社会保险法》虽然坚持"广覆盖"的方针，但是从具体条文规定来看，其覆盖面仍然较窄。如第十条："公务员和参照公务员法管理的工作人员养老保险的办法由国务院规定。"将公务员和参照公务员法管理的工作人员排除在该法的适用范围之外，有失公平。同时，对没有在用人单位参加基本养老保险的非全日制从业人员也没有可以参照的法律条款适用。截至目前，我国的养老保险主要是省级统筹，保险的社会化程度相对较低。虽然从资金筹集来看，社会保险收大于支，但是由于统筹层次较低导致保险基金不可以有效流动。"依照统计数据，我国城镇职工的基本养老保险人数从1989年的5710.3万上升至2015年的85833.4万，医疗保险参保人数从1994年的400万上升至2015年的66581.6万。其他险种参保人数增长显著。"① 从劳动人事争议仲裁情况来看，从2011年起，有关社会保险争议的案件每年达16万起。如果统筹层次不提高，必然会引起相关利益主体的冲突，影响社会和谐与稳定。

授权条款过多，可操作性不强。我国的《社会保险法》全文共98条，不足1.1万字。这样的篇幅不可能对社保制度进行详细的规制，法律条文授权条款过多。其中明示授权条款10条，有6条立法授权给国务院，其余授权给省级政府和社会保障、卫生行政部门。在15条默示授权条款中，立法采取的是"参照国家规定""参照国务院规定"和"参照当地规定"方式。国家规定并不是指现行法律，而是一些行政法规和部门规章，法律层级较低。这些授权条款涉及缴费标准和待遇标准，理应成为社会保险法最为核心的内容。过度的授权使得《社会保险法》的可操作性大打折扣，仅仅成为一种宣誓性法律规范。

---

① 详见2016年《中国统计年鉴》。

监管运营的有效性有待提高。《社会保险法》只是笼统地规定了基金的监管运营，没有进行详细的规范约束，难以适应我国社会保险覆盖广泛、复杂多样的特点。“在《社会保险法》出台前，中国也只有《企业职工基本养老保险基金实行收支两条线暂行规定》《社会保险费征缴暂行条例》《社会保险基金行政监督办法》《社会保险基金财务制度》《社会保障基金财政专户管理暂行办法》《全国社会保障基金投资管理暂行办法》和《全国社会保障基金境外投资管理暂行规定》《关于企业职工养老保险制度改革的决定》这几部有关社会保障的‘条例’‘规定’‘办法’来规范社会保险体系的运行。这些层次低、效力小的法规、规范明显与社会保险在国家社会中‘稳定器’‘安全网’的地位不相符。法律效力不够，威慑力就差，所以各地的社保案件也是频发不止。”① 有效性的监管运营是社会保险保值、增值的前提，关系到本身功能的发挥。

（2）具体保险类目立法不完善

①养老保险制度。养老保险项目是目前立法规制较多的保险项目。除《社会保险法》对养老保险进行规制外，国务院还颁布了一系列行政法规。我国的养老保险制度实行的是先在某些省市试点、最后推广到全国的制度实施模式。这种模式的设立初衷是为了规避风险，但是实践中会造成立法滞后的问题。养老保险立法带有强烈的地方特色，全国范围内缺乏统一规制，阻碍高校人事制度改革进程。目前我国大部分高校的在编教师仍然适用的是高校离退休制度，只有合同制的教师参加基本养老保险。高校在编教师仍然没有脱离“铁饭碗”的旧制度限制，养老金的缴纳完全归高校和国家财政负责。事实上，适用离退休制度的高校教师所享受的养老保险待遇要高于合同制职工适用基本养老保险的待遇。为了平衡两个群体的权益，这一部分差额由高校补贴。这增加了高校的负担，也给国家财政带来了巨大压力。

②医疗保险制度。我国的医疗保险已经覆盖了城镇所有用人单位，具有普遍性的特点，但是仍缺少对高校教师明确的法律规制。虽然国务院于 1998 年颁布《关于建立城镇职工基本医疗保险制度的决定》，将事业单位公费医疗制度改革为社会医疗保险制度，适应了社会主义市场经济体制的要求，充分考虑了事业单位的财政能力。2007 年国务院又发布了《关于开展城镇居民基本医疗保险试点的指导意见》，扩大了保险对象的范围。2010 年《社会保险法》对我国的医疗保险做出了原则性的规定。但是，有关事业单位基本医疗保险的规定也是过于原则和笼统。这就导致地方在做出具体规定时灵活性过大，地区之间差异明显，使得高校教师跨地区就业时保险项目续转困难。

③失业保险制度。首先，《失业保险条例》的适用范围模糊。《失业保险条例》的前身是《国有企业职工待业保险规定》，由于历史原因，适用对象主要为企业职工。虽然条文明文规定为“城镇企事业单位”，但是“职工”一词源于《劳动法》，也就是说在单位与职工建立劳动合同关系的前提下才适用本法。对于正在进行人事

---

① 张丽：中国社会保险基金监管制度的完善探析——以长春市为例，吉林大学硕士学位论文，2013 年。

改革的事业单位人员来说，这种说法显然不能将编制内的事业单位人员包含在内。而且事实表明，有些地方立法已经明示适用范围为合同工。其次，按照《失业保险条例》相关规定，对于高校未聘或者落聘教师，应该向社保机构领取相应的失业保险费。现有高校人事制度改革还在进一步完善，一些高校富余人员并未享受到相应的失业保险；他们只能由高校内部消化，给高校财政带来负担的同时，也不利于正常的高校人才流动。再次，《社会保险法》与《失业保险条例》不一致的地方也带来了法律适用难题。《社会保险法》在调整失业保险金确定标准、失业保险关系转移手续、失业保险基金统筹层次、失业保险待遇中止情形等方面均与《失业保险条例》做出了不同的规定，《社会保险法》的出台使得《失业保险条例》诸多条款面临“合法性”的诘问，也让高校教师在适用法律时陷入两难困境。

④工伤保险制度。工伤保障的二元格局影响了《工伤保险条例》对高校教师的适用。《中华人民共和国劳动法》第七十三条规定：“劳动者在下列情况下，依法享受社会保险待遇：(三）因工伤残或者患职业病。”这一基本法以法律的形式保障了工伤者及其亲属享受工伤保险待遇。原劳动部于1996年颁布了《企业职工工伤保险试行办法》，第一次将工伤保险作为单独的保险制度统一组织实施。工伤保险起初都是为保障工人的权利而创设的，具有干部身份的工作人员因公负伤参照《军人优抚条例》执行。《公务员法》颁布以后，机关工作人员改称为公务员，事业单位工作人员与机关工作人员分野。公务员以及参照公务员管理的工作人员仍然参照《军人优抚条例》执行，事业单位工作人员不能按照《军人优抚条例》享受待遇。由于事业单位工作人员与用人单位存在人事关系，也不能享受工伤保险待遇。正因为如此，事业单位工作人员的工伤保险待遇就处于不伦不类的尴尬境地。“国务院于2010年对《工伤保险条例》进行了修改，新条例虽将事业单位纳入工伤保险，扩大了工伤保险的覆盖范围，改变了单纯以劳动关系作为确定工伤保险覆盖范围的做法，但该条例第六十五条规定：公务员和参照公务员法管理的事业单位、社会团体的工作人员因工作遭受事故伤害或者患职业病的，由所在单位支付费用。这意味着从建国以来我国工伤保障的二元格局还将继续存在，公务员和参照公务员法管理的事业单位、社会团体的工作人员工伤保障仍将游离在工伤保险之外。”① 《工伤保险条例》参保范围不明。《工伤保险条例》仍然参照使用“职工”一词，这就同《失业保险条例》一样，在适用范围上使得事业单位人员陷入尴尬境地。究其原因，最主要的是社会对于高校、医院等事业单位工作环境认识不足。以高校为例，职工除面临科研压力和日常教学活动所带来的职业病患病风险外，在教学管理中亦有可能面临工伤伤害。加之高校学生呈现年轻化的特点，老一辈教师在教育观转变过程中难免与学生需求发生冲突。若发生不利后果，风险承担问题着实需要考量，需要法律规制。工伤保险不属于商业保险，而是设立在劳动部门下面的公益性社会保险。需要获得工伤保险，就首先得到劳动部门认定为工伤。而事业单位工作人员因公负伤，系由人事主

---

① 于欣华：机关事业单位工作人员工伤保障问题探讨，《理论导刊》2011年第10期。

管部门认定，人事部门认定的是因公伤亡。工伤和因公伤亡属于针对两种不同法律关系主体而设立的社会保险体系，至少在法律意义上不能相通。这些制度就成为阻碍事业单位工作人员享受工伤保险待遇的障碍。对于高校教师来说，工伤保险实施前后的适用衔接问题、改革后工伤保险金的发放与部门利益之间的平衡问题、缴费费率设置问题，都是保障教师权益过程中亟待解决的问题。教师职业虽然不是高危行业，但是职业病频发，实务中关于工伤认定①、保险赔偿纠纷不在少数，不利于高校人事制度改革的顺利进行。

⑤生育保险制度。针对高校教师生育保险，我国并没有单独的立法规定。《社会保险法》将生育保险作为独立险种，对其适用范围、基金来源、生育待遇、管理与监督等作了全面规定。总的来看，我国的生育保险是职工生育保险，其覆盖对象主要是城镇就业女职工。包括高校教师在内的事业单位人员生育险散见于各地规章和政府条例，如《生育保险办法（征求意见稿）》《生育保险和职工基本医疗保险合并实施试点方案》等。各地的规定主要侧重于城镇女职工的保护，对于高校教师生育险的规定凤毛麟角，男性在生育保险中的权利和责任更是缺失。这在高校人才聘任过程中极易导致性别歧视。随着试点的开展，生育险能否作为独立险种存在，《社会保险法》中对于生育险原则性规定的效力问题目前仍未可知，实践操作中困难重重。

（3）社会保障机制不完善，社保政策不统一

当前，高校教师社会保险的法律规定并没有单独列出，高校社会保险相关制度都是参照事业单位社会保险的规定。高校作为特殊的事业单位，事业单位的法律法规在具体适用于高校和教师时难免产生利益冲突。加之社会保险的相关政策并没有落实，一些教师对于学校过分依赖。一旦走向社会，各方面的衔接并不完善，权益极易受到损害。另外，社会保险制度的城乡二元化机制已根深蒂固，部门利益之间互相冲突，地区之间的政策差异使得教师在进行岗位流动时衔接困难，不利于高校教师的个人发展和高校教职工的人才优化。特别是近些年，教师的流动性明显增大，保险制度的不衔接在教师转岗时带来了极大不便，如2016年浙江树人大学与刘文琦人事争议议案。案中由于刘文琦与树人大学签订的聘任合同约定了履行期限，期限届满之前刘文琦提出辞职，转入其他学校进行教学，树人大学以刘文琦未达合同约定的履行期限为由拒绝其辞职要求和包括社会保险转移手续的要求。法院最终认为刘文琦享有解除聘任合同的权利，但须履行相应的违约责任。② 笔者认可这种观点。从该案例也可以看出，教师岗位流动过程中必须进行地区之间的社会保险衔接。一旦与高校发生争议，保险的衔接问题就会切实影响到教师的切身权利。与此相似的案例还有2016年渤海大学与张跃伟人事争议纠纷一案③，尚超与中央财经大学人事

---

① 详见山东省烟台市中级人民法院行政判决书（2016）鲁06行终178号。

② 详见浙江省杭州市中级人民法院民事判决书（2015），浙杭民终字第3772号。

③ 详见辽宁省锦州市中级人民法院民事判决书（2016）辽07民终1559号。

争议、财政争议纠纷一案①等。这些案件大多起因于人事调整。因此，处理好社会保险地区的衔接问题、解决好政策冲突，对解决高校人事争议纠纷大有裨益。

2. 其他方面：运行机制、高校自身和社会环境等合力使然

（1）运行机制方面：筹资机制尚需完善，监管机制亟待加强

筹资机制主要有筹资、基金征收和运营。首先是筹资立法方面。高校教师社会保险的筹资渠道是社会保险费，收缴依据是国务院颁布的《社会保险征缴暂行条例》。《社会保险征缴暂行条例》属于行政法规，虽然具有法律效力，但是立法层次较低，法律约束力不强，强制力相对较弱。其次是社会保险基金征收主体方面。《社会保险征缴暂行条例》规定，基本养老保险费、基本医疗保险费和失业保险费三项社会保险费实行的是集中、统一征收体制。社会保险费由省一级人民政府规定，可以由税务机关征收，也可以由劳动保障行政部门征收。资料表明，税务机关的社会保险征收率比社保经办机构征收率高五到十个百分点。笔者认为，这种保险金的收缴办法只是权宜之计，虽能在一定程度上缓解高校社会保险支出压力，但是不能从根本上解决问题。如果法律不明确基金的收缴方式，税务机关征收社会保险费的难度会进一步加大。另外，高校教师社会保险的财物模式不健全。以养老保险为例，我国的养老保险财物模式从 1997 年开始，由现收现付制向部门积累制过渡。经过十几年运行，现在仍存在社会统筹账户和个人账户定位不清、混合管理使用的问题，部分高校的个人账户也缺乏相应的管理制度，大部分地区在财物模式上还是实质的现收现付制。

高校教师社会保险的保值、增值也是教师社会保险资金的重要来源。目前我国法律法规所规定的基金运营渠道很少，而且设有多重限制，缺乏合理的激励机制。在严格的制度约束下，有关部门即使具备了很高的投资运营管理水平，也无发挥的空间。高校社会保险基金投资的运营渠道单一，地方政府大多把基金存入银行管理，虽然保障了安全性，但是很难规避通货膨胀的风险。为了保值、增值，一些地方政府采取变通方式的违规行为，以谋取较高收益率，突破现行政策的投资限制。在高校社会保险基金的管理方面，信息披露不充分，透明度低。

社会保险主要由国家权力机关、国家行政部门、专门机关及社会组织、社会公众依法对社会保险事业进行监督检查。当前，我国形成了人力资源和社会保障部主导，财政、司法、审计和社会监督并行的社会保险监督体系，监督内容有对单位和个人遵守社会保险法律法规的监督和对社会保险基金的收支、管理和运营情况实施监督检查，可以说监督体系较为完善。但是，我国目前的监管立法相对滞后，《社会保险法》主要是对有关机构的信息保密责任，组织和个人对社会保险制度中违法行为的举报、投诉以及相关的救济途径予以宏观规制，缺少相应的配套法规。由于政策缺失，在监督机构进行实际操作时阻碍增大，加之高校教师对社会保险认识不足，

---

① 详见北京市海淀区人民法院判决书（2016）京 0108 民初 39972 号。

也难以形成有效的社会监督，极易导致监管机构的腐败行为。

（2）高校自身方面：高校负担过重，教师保险意识薄弱

一是高校需要补贴合同制工人的养老保险。高校人事制度改革正在进行，编制内的教职工与合同制的教职工并存，合同制职工养老保险与离退休人员退休费的差额部分一直由高校负责补贴，直至职工死亡，现今这部分差额的财政支出一直由高校承担。从政策依据来看，学界有关解释是："从对管理的意义上说，学校为合同制工人参保，就是要社会保障其退休后的养老问题，因此学校就不应该再负担其补贴差额部分，而由社会保险来解决。但从学校现在对合同工管理的实际情况来说，合同工在职期间的管理和退休待遇上，国家并未出台不同于全民固定工的政策，因此，学校负担其补贴的差额也无过错（现实际情况即如此）。"① 笔者认为，既然实行聘任制改革，相应的保险待遇就应该和编制内的教师保持一致。随着退休金和养老保险的差距逐渐拉大，如何实现改革时期的良性过渡、减轻高校的负担，是政策制定时首先要考虑的问题。高校教师作为高校社会保险制度的受益对象，待遇相对稳定。对于事业编制的人员，退休费由高校承担。对于工伤等费用的承担，由于没有具体政策作为依据，一般也是由高校财政承担。这种相关保险待遇由政府和高校统一包揽的模式已经固化，一时难以改变，受体制影响，教师本人对社会保障措施的认识不够深入，就容易导致各种保险待遇不公正时教师无法及时进行权利救济。

（3）社会环境方面：人才缺乏，人口老龄化

随着社会专业化分工日益明显，人才竞争日益激烈。和其他行业一样，社会保险制度的完善离不开人才的推动。目前，社会保险行业人才比重较少，很多事业单位的社会保险人员专业知识并不多，在社会保险具体工作中难以履行相应职责。

当前，中国正进入人口老龄化的时期。对于高校教师来说，切实规范好养老保险制度和医疗制度是保证教师群体合理待遇的前提。我国人口老龄化是在经济不发达、就业不充分和社会保险不完善的背景下提出的。社会保险基金作为应对人口老龄化的储备基金，显示出越来越重要的地位。但是，高校的社会保险基金还存在规模小、投资环境尚待改善和投资渠道尚待完善的问题。

（三）完善高校教师社会保险法制之必要性

1. 高校教师社会保险制度建设的理论基础

（1）符合现代保险制度的理论基础

社会保险制度使得公民的社会保险权成为法定权利。社会保险权主要是指公民在年老、生育、失业、工伤和疾病时，国家提供一定物质帮助的权利。这一权利具有丰富的理论来源。

①社会保险权来源于宪法中的社会保障权。我国《宪法》第四十四条规定："国家依照法律规定，实行企业事业组织的职工和国家机关工作人员的退休制度。退休

① 陶秀丽：高等学校现行社会保险问题初探，吉林大学硕士学位论文，2004年。

人员的生活受到国家和社会的保障。”第四十五条规定：“中华人民共和国公民在年老、疾病或者丧失劳动能力的情况下，有从国家和社会获得物质帮助的权利。国家发展为公民享受这些权利所需要的社会保险、社会救济和医疗卫生事业。国家和社会保障残废军人的生活，抚恤烈士家属，优待军人家属。国家和社会帮助安排盲、聋、哑和其他有残疾的公民的劳动、生活和教育。”我国宪法对社会保障权已作出具体明确的规定。由于社会保险是社会保障体系的核心，社会保险权亦为社会保障权的下设权利。高校教师的社会保险权是宪法明文规定的法定权利。

②社会保险权符合社会公平的思想。商品经济背景下，市场在资源分配中占据主导地位。由于市场本身存在无法克服的缺点，资源首次分配时难免产生分配不公的问题，社会保险制度的存在就是对社会资源的再分配，通过对社会资源的再一次整合，最大限度地纠正初次分配所带来的收入不均、贫富分化问题。社会保险制度正是体现社会公平的补偿性制度，如养老保险。参加养老保险的劳动者达到一定年龄时可以领取一定的养老保险金，使其丧失部分劳动能力时基本生活水平能有保障。

③社会保险权的确立体现了社会连带主义法学思想。“狄骥将这种社会连带关系划分为两种。一种是人们基于‘相似性’而相互关联。人们都具有求生和减轻痛苦的本性，且有相同的需要和愿望，必须通过共同生活、相互帮助才能够很好地生活下去。另一种是人们基于‘劳动分工’而相互关联。人们除了具有相似性，还同时具有完全不同的思想、愿望和需要。随着文明的进展，这种差异也越来越大。所以，人们必然处于一种分工的连带关系中。而且，由于人们之间的差异越来越大，交换的需求和动力会越来越大，人们在更大的范围内连成一个整体以相互服务的欲望也更加强烈。”① 社会保险制度是商品经济的产物，而商品经济强调分工和协作。因此，人与人、人与社会的相互依赖性加强。个体的权益问题如果处理不好，极有可能引发一系列社会问题。社会保险正是为促进人与人、人与社会之间的协作而产生的一种保障制度。

社会保险权的内容符合马斯洛的需求层次理论。“马斯洛理论把需求分成生理需求（Physiological Needs）、安全需求（Safety Needs）、爱和归属感（Love and Belonging）、尊重（Esteem）和自我实现（Self-Actualization）五类。”② 依次由较低层次到较高层次排列。社会保险制度正是基于人们的生理需求和安全需求而产生。在一定程度上，社会保险可被认为是一种社会激励机制。只有保证了外部条件中人们的基本需求，如提供完善的医疗保险、养老保险待遇等，社会成员才有可能进行内部的自我实现，从而促进社会整体的发展。

（2）规制高校教师社会保险的理论意义

有利于增进高校教师社会保险制度的规范效益。从法律供求理论和法律成本效益理论的角度看，规范高校教师社会保险制度可以增进其社会保险制度的规范效益。

---

① 魏波：狄骥社会连带主义法学思想研究，首都经济贸易大学硕士学位论文，2016 年。

② A. H. Maslow：A Theory of Human Motivation，*Psychological Review*，1943，P370~396.

法律供求理论是指法律的供给来源于实践的需求，当人们迫切需要法律来维持社会秩序和调整社会生活时，法律便有产生之必要。① 在高校社会保险制度实际应用中，由于不同法规之间的冲突和法律规制的不完善，高校社会保险领域的一些行为合法性与否无法认定，以至于纠纷发生时找不到适当的法律依据予以解决。基于此，社会对于高校教师社会保险制度的立法需求更加强烈。

在法律成本效益理论中，成本指的法律规定的义务。效益指的是法律赋予的权利。二者结合，规范人们的行为，进而左右着人们的社会活动。② 对高校教师社会保险制度进行规制，从成本方面看，利用现存的法律并对高校社会保险制度加以完善，立法成本会大大降低。从效益方面看，对高校教师社会保险制度进行立法方面的规制，可以充分调整当前的立法冲突，切实保护高校教师的社会保险权，为高校进一步的人事制度改革扫除障碍。由此可见，高校教师社会保险制度的法制化所带来的收益要高于成本。

有利于减少高校教师社会保险法制内在冲突。在我国高校教师社会保险制度相关立法规范中，存在着效力冲突和位阶冲突，法律体系不完善，无法适应实际情况的需要。不论教师人才流动机制的畅通，还是各种社会保险制度的完善，都离不开统一的社会保险政策。而且，对于高校教师这一职业来说，高校职业资格的取得需要投入大量的人力、物力。在知识经济时代，社会对高素质人才的需求和要求增加，完善的社会保险制度更能激发其创造力。如果保险制度落实不到位，必将损害其创造性，极易造成人才流失。

2. 规制高校教师社会保险的实践意义

一是有利于明确各主体之间的权利义务。在高校社会保险制度的运行过程中，立法、筹资和监管机制都需要各个主体的参与。在社会保险法律制度中，高校、教师、相关社保机构等主体权利义务关系复杂，任何一方的权利义务规制不明确，都易造成责任主体不明、机制运行效率低下、主体权益得不到救济的风险。

二是有利于提高社会保险管理服务水平，建立多层次的社会保障体系。目前，各高校的社会保险制度缺少法律的明文规定，各地的政策不统一，办理机构和办理流程不同，社会保险管理呈现混乱状态。对以高校教师为代表从事公益服务的事业单位人员制定社会保险制度，有利于提高社会保险的管理服务水平。通过对高校教师群体作区别于公务员和企业职工的保险管理，有利于维护高校教师法律身份的特殊性，建立与公务员和企业职工平行的社会保障体系。

三是有利于缓解高校负担，集中力量进行教育发展。高校主要任务是培养社会需要的人才，人才的培养离不开教育资金的投入。虽然我国目前财政对教育事业的拨款逐年增加，但是相比发达国家的教育投入仍然相差甚远。仅社会保险这一项，高校每年都要承担巨额的资金负担。一方面是由于历史原因，即对在编职工实行的

---

① 详见冯玉军：《法经济学范式》，清华大学出版社2009年版，第273~274页。

② 详见冯玉军：《法经济学范式》，清华大学出版社2009年版，第231页。

离退休制度和工伤内部解决机制改革尚未完成，另一方面也和教师对社会保险认识不足、事业单位体制固化等实际问题有关。因此，建立完善的高校教师社会保险机制，对于缓解高校财政负担、发展高等教育都具有深远的意义。

三、高校教师社会保险制度的比较法考察

（一）代表性社会保险制度

由于历史背景和国家政策的差异，各国对社会保险的规定千差万别。研究具有代表性的域外社会保险制度，对完善我国高校社会保险制度具有重要意义。总体来说，主要有三类保险制度模式。一是选择性的社会保险模式，代表国家有美国、日本、德国等。这种模式的基本内涵为：不同人群有不同选择性标准，缴费主体为国家、社会成员和单位，并且成员保险待遇的标准与个人缴费情况挂钩。二是全面性的社会保险模式，代表国家有英国、挪威等。此种模式的基金全部由国家财政负担，各项保险待遇完善，从摇篮到坟墓，每个人所享受的社会保险标准一致，待遇相同。三是存取性社会保险模式，代表国家有新加坡、马来西亚等。在这种模式下，保险金的筹资是由单位与劳动者按照一定比例进行，劳动者需要建立属于自己的个人账户用于基金存储。一旦劳动者需要使用此基金时，经过相应程序即可取走存储金额的本金和利息。

1. 德国：公平分配与协作管理

（1）德国社会保险制度简介

德国社会保险制度深受社会公平理论和福利国家思想的影响。德国实行的经济制度是社会市场经济制度，在经济发展的同时尤其注重社会公平。“德国的社会保险制度是迄今为止发展最早、最为完善的国家之一。其主要的保险内容有：医疗保险，养老保险，工伤保险，失业保险和护理保险。其中，医疗保险参保率达到90%以上，保险费的缴纳是单位和劳动者五五分配，但是如果月收入不足一定水平，是可以免于缴纳社会保险费的。这种对不同收入人群采取不同措施缴费的方式，具有社会资源的二次分配、促进社会公平的作用。养老保险也是由高校和教师各承担一半。德国法律规定养老金采用即收即用模式，养老金开始领取年龄为65周岁，可领取退休前工资70%的退休金。缴纳人过世后，如果他的配偶没有固定收入，是可以免费领取一定额度的遗属养老金。”① 因此，德国养老保险金制度基本上已经达成了统一。在失业保险方面，德国的失业保险不仅涵盖在职职工，而且也包括正在进行职前培训、还没走向工作岗位的教职工。德国对事业单位保险的保障范围规定十分详尽，单位的职责还包括促进劳动者的再就业。工伤险的承保范围亦包括全体劳动者。在职工患有职业病或遭受其他工伤的情形下，单位还承担着向其遗属提供遗属养老金、丧葬费和孤儿抚恤金的义务。德国的护理保险是从属于医疗保险的，保险对象仅限

---

① 高扬：德国社会保障制度中的社会公平理念分析，河北师范大学硕士学位论文，2014年。

于有护理需求的人群，而且根据针对不同的需求将护理划分为不同等级。

（2）德国社会保险制度分析

德国社会保险制度体现了公平的思想。首先体现在保险待遇给付方面。德国的社会保险制度覆盖面广泛，保险的范围也比较全面。此外，德国还设置了妇女养老金，对包括教师在内的女职工给予倾斜保护，体现了德国在性别平等方面所做的努力。针对东部和西部保险给付差异，德国实行了基金调剂制度和财政转移支付制度，逐步消除了地区间保险给付的差异，促进了区际公平。德国的保险制度，尤其是失业保险制度，特别注意对弱势群体的倾斜保护。针对高校教师这一群体，对于残疾或在生活上有其他困难的教师，失业保险制度给予其比一般教师群体更优的保险待遇。其次体现在保险制度的管理方面。“包括高校教师在内的保险制度的管理，实行的是社会管理为主导、政府协助的管理模式，如：养老保险基金由十七家养老保险机构运营管理，联邦劳动与社会事务部对整个流程进行监管。”① 医疗保险费纳入七大医疗保险机构的管理范围，联邦保险监事会（BVA）对医疗机构进行监督，州政府负责医院的基础设施建设，费用由公共开支支付。事业保险也是由联邦就业机构负责管理，联邦劳动和社会事务部对整个流程进行监管。在保险费用的筹集方面，主要是单位和劳动者组成自己的代表机构进行自主化管理，政府直接参与的保险费征收项目较少，参保时实行社会保险经办机构竞争机制。一旦参保人达不到一定要求，将会直接威胁到社保经办机构的存续。这促使经办机构提供更加优质的保险服务。这种自治性的社会管理模式带有一定的自治特色，更能充分尊重参保人的意愿，分散政府管理的压力。在资金筹集的方式上，德国实行现收现付与政府的调剂相结合的体制。现收现付的筹资方式具有灵活方便的特点。因人口老龄化严重，难以维持社会保险的收支平衡，为了解决这一问题，德国政府采用对社会保险金进行调剂的方式来促使保险金的正常流通。这种自治管理下政府适当调剂的筹资模式弥补了市场经济下机构自治的缺陷，使得社会资源的再分配更加合理，彰显了社会公平的理念。

2. 美国：定位清晰与责任共担

（1）美国社会保险制度简介

美国的社会保险制度在欧美国家中起步较晚。发展趋势是社会保险的覆盖范围增大，保险待遇水平提高，在政府履行应有的保险责任的同时，适当给政府“减重”，逐步强调在保险中的个人责任。

在美国，高校教师的法律身份界定为公务雇员。高校在性质上属于公法人，受联邦宪法和州法律的约束。高校教师通过一定的培训获得教学资格，根据教学期限分为终身受雇人和试用期受雇人。有学者认为，“如果从法律上赋予高校教师公务员身份，教师的聘期将会因为立法废除职位而被突然终止，而不管聘任期限有多长，如果将其纳入公务雇员，即基于合同关系下的雇员，当在规定的聘期之前被任意解

---

① 陈佳贵，王延中（主编）：《中国社会保障发展报告（2010）No.4》，社会科学文献出版社2010年版，第302页。

雇时高校教师可以获得相应的救济”。[①] 因此，这种公务雇员的身份与公务员相区别，也和一般意义上的企业雇工相区别。这就使得高校和教师间的关系包含有公法关系和契约意义上的私法关系。高校教师的身份定位决定了其在美国所享有的社会保险待遇。

高校教师作为公务雇员，其保险待遇由作为雇主的地方教育委员会代收代缴。“高校教师所享有的保险类别，除国家强制性的社会保险缴费外，还设有补充保险和具有高校自身特点的福利待遇。社会保险的费用由作为雇主的地方教育委员会与教师本人共同缴纳，教师的缴纳比例相对较低，缴纳的费用用以支付医疗、养老等保险费用。补充保险包括工伤、生育保险等，覆盖面包括了社会全体成员。在高校自身的福利待遇方面，不同的高校体现出了不同特色。美国高校的这些补充社会保险和福利计划大部分采用共同基金形式，由雇主单方或与雇员共同投资建立，由专门委员会管理运作，教师自愿参加这些计划，包括养老金计划、医疗保险计划、健康服务计划、牙保险、残废补助、个人进修、子女教育、家庭援助计划、意外受害补助及各种带薪休假。美国高校教师的各种带薪假期主要是学术休假、家庭假（子女出生等）、病假、工伤假、节日假，等等。”[②] 多种多样的福利待遇以满足不同教师的不同需求。

以养老保险为例，“美国建立了典型的三支柱体系：社会养老保险计划、公共部门或雇主养老金计划和个人储蓄养老金计划。社会养老保险计划为‘老龄、遗属和残疾人保险（QASDI）’，资金来源为工薪税和自雇者税，由国家强制征收，多余部分以购买国债的方式增值。QASDI 是美国养老保险体系的基础，是一半以上退休者主要或唯一收入来源”[③]。公共部门养老金计划面向政府公职人员、教师以及私营企业的劳动者。个人储蓄养老金计划则带有更多自愿性质，国家可以给予一定税收优惠。高校教师的养老保险制度从属于公共部门养老计划，按照运营方式可以分为确定收益型（DB）计划、确定缴费型（DC）计划和混合型计划三种。DB 计划的养老保险待遇稳定，不会随教师工作岗位的变动而变动；DC 计划的特点是流通性强，可以随高校教师工作岗位的变动而变动。养老保险金的价值随市场变化波动，高校教师承担着一定的投资风险。近年来，高校教师养老保险的运营方式开始由 DB 计划向 DC 计划转变，意味着个人在保险责任中承担的比重增大。

（2）美国社会保险制度分析

美国高校将教师的身份定位为公务雇员，清晰的定位有利于在各种保险关系中明确社会保险制度的法律适用，切实保障高校教师这一特殊群体的利益。在社会保险体系方面，美国建立了相当完善的社会保险制度，各个制度之间互相配合，有利于对社会保险权进行全面保护。在保险责任方面，强调国家、高校和个人三方共担。

---

① 陈佳贵，王延中（主编）：《中国社会保障发展报告（2010）No.4》，社会科学文献出版社 2010 年版，第 302 页。

② 龚钰淋：美国公立高校教师社会保障制度研究—以公务雇员法律身份为核心，《河北法学》2013 年第 11 期。

③ 陈佳贵，王延中（主编）：《中国社会保障发展报告（2010）No.4》，社会科学文献出版社 2010 年版，第 291 页。

强调个人责任，客观上有利于教师对社会保险制度认识的深入。另外，在高校教师社会保险制度的实施过程中突出了高校特色，有利于教师灵活选择，保证不同需求的教师获得对于自身来说相对完善的保险待遇。

3. 英国：覆盖全面与体系健全

（1）英国社会保险制度简介

英国是世界上最早建立社会保障制度的国家之一。20世纪80年代起，英国开始鼓励雇员参加私人养老保险。2008年，《社会保障法》规定所有符合条件的雇员均需加入雇主设立的养老金计划或开设个人养老金账户。经过政府批准的个人账户基金管理人提供各式各样不同风险水平的养老金投资工具，职工可在其中自由选择。“英国的社会保险实行一站式缴费，雇员缴纳收入的11%，雇主缴纳收入的12.8%，自雇者定额缴费。保费的15%进入提供免费医疗的国民保健制度（NHS），其余部分涵盖养老、工伤和失业保险，由关税总署（HMRS）负责运营。养老保险由工作与年金服务局负责监管养老金事宜，就业中心监管工龄计算事宜。”① 国民保健制度向全体居民提供基本免费的医疗服务，费用除社会保险捐税外全部由公共开支承担。

英国高校教师的身份也是公务雇员，参与社会保险是强制性要求。教师的保险费用同样由政府、高校和教师三方承担，保险项目涵盖了失业、养老、工伤、医疗等方面。此外，还有各种津贴，如寡妇津贴、伤残津贴等。

（2）英国社会保险制度分析

与欧洲大陆国家相比，英国社会保险的行业性差别较小、保险覆盖面较大、标准相对较低、维持投保人的基本社会需要。英国还建立了庞大的社会福利和社会援助体系，与社会保险体系相互补充，向所有满足条件的人提供现金支持和社会服务。在这种社会保险制度中，政府居于主导地位。高校教师与其他社会成员平等对待，均纳入社会保险体系之中。教师与政府、高校一样，在强制性的社会保险中承担着相应的责任。

4. 日本：公务员制与概率计费

（1）日本社会保险制度简介

日本社会保险体系覆盖全体公民。养老保险、医疗保险等均设立了不同的险种。投保人缴纳的费率不同，资金的管理机制也不同。但是，几乎所有险种都可以得到公共财政补贴，补贴比例依照各险种不同需要而确定。

“日本的养老保险主要包括面向自由职业者、农民、学生等‘非受雇人员’的‘国民年金’、面向企业员工的‘厚生年金’和面向公务员、学校教职工的‘共济年金’——后两种年金覆盖投保人所抚养的配偶，效益较好的企业给员工增设的‘企业年金’。”② 前两种年金由国家负责运营和管理，保费由政府和投保人、受益人按照

① 陈佳贵，王延中（主编）：中国社会保障发展报告（2010）No.4，社会科学文献出版社2010年版，第298页。

② 详见陈佳贵，王延中（主编）：中国社会保障发展报告（2010）No.4，社会科学文献出版社2010年版，第310页。

一定比例缴纳。在某些情况下，厚生年金和共济年金可对国民年金进行转账支持。年金可以通过投资证券或基金等形式实现保值、增值。日本医疗保险主要有两种：一是面对企业雇员和公务员的健康险；二是面向农村、家庭妇女和自由职业者等群体的市町村国民健康保险。两类保险在资金管理和资金流动方面均有差别。工伤保险方面，雇主依据行业风险的差别进行投保，财政给予一定比例的补贴，劳动基准署负责征缴、鉴定、待遇支付等工作，劳动基准局进行监管和宏观管理。工伤保险的行业费划分十分精细。日本实行费率浮动制度，按照工伤率进行费用的调整，有效减少了事故的发生。日本失业保险为雇用风险，费用由雇主和雇员分别承担。保险待遇不仅包括失业补助金，还包括雇用福利三项事业，即雇用安定事业、能力开发事业和雇用福利事业，其目的是预防失业和促进再就业。

针对高校教师，日本将其纳入行政公务员范畴，相应的社会保险制度也从属于国家公务员的相关制度，享受的公共年金包括养老金和退休金。“据日本《国家公务员退职补助法》规定，教育公务员等退职时可按个人连续工作年限一次性领取退职补助金。退职补助金必须以现金形式一次性全额支付给退职者本人，享受条件是强制个人投保。55 岁开始领取；投保 20 年可以享受全额退休金；全额约为退休前一年工资的 40%，每超过投保期一年，增发 1.5%。”①

（2）日本社会保险制度分析

日本保险制度虽然与欧美发达国家相比起步晚，起点低，但是社会保险制度的规定较为完整和细致，具体适用时有法可依。在工伤保险领域内根据工伤概率计算费用的缴纳和失业保险中促进再就业的措施，对我国高校社会保险制度的制定不失为一种有益的借鉴。

（二）代表性社会保险制度给我国高校教师社会保险法制建设的启示

1. 明确高校教师的法律身份以对接公务员社会保险制度

我国高校教师的法律身份定位不明，学界对此争议较大。“有学者认为，高校与教师之间的法律关系为行政法律关系，适用法律时参照行政法律规范。也有学者将教师与学生之间的雇用合同关系类比企业与劳动者的合同关系，适用法律时参照《劳动法》或《劳动合同法》。”② 笔者认为，高校教师与学校之间的雇用关系兼具高等教育的公益性和保障教师基本生活的私益性，不能完全照搬行政法或劳动法律规范，可以参照美国公务雇员制度，在性质上保证其公益性但与公务员有所区分，以实现与公务员社会保险制度的良好对接。

2. 建立完善的包含高校教师的公务雇员社会保险体系

高校的社会保险运行机制离不开完善的社会保险体系。纵观世界各国社会保险制度的发展，要切实保障高校教师的社会保险权，就要掌握先进的立法技术，完善

---

① 详见薛梅青：国外高校教师社会保障制度比较及启示，《经济师》2011 年第 11 期。

② 详见谌瑜，蒋树：论中国高校教师的法律身份，《皖西学院学报》2017 年第 3 期。

我国有关高校教师社会保险法律法规，做到有法可依。我国的《社会保险法》对高校教师的社会保险权并未作出具体规定，现阶段对高校教师社会保险权的保护主要根据有关事业单位的相关规定。由于立法过于笼统，导致实际上操作困难。立法应注意法律规制与社会效果的统一。笔者认为，可以效仿日本对工伤保险的规制，将工伤保险费用的缴纳与发生工伤的概率挂钩，既能对教师遭受工伤伤害进行救济，又可以引起高校对保障职工安全问题的足够重视，使得法律法规真正符合立法目的，取得良好的社会效果。

3. 合理分配政府、高校和教师的责任

在我国社保机构、高校与教师的多方法律关系中，针对事业编制内的教师，退休金的缴纳主要是政府和高校承担；对于合同制教师，社会保险金的来源主要为高校和教师。我国要进行全面的人事体制改革，不同主体责任承担的差异将影响改革中教师由编制用工向合同制用工的衔接和过渡。因此，明确各个保险项目中不同主体的责任承担是保证教师社会保险制度合理实施的前提。不管德国还是英国，社会保险制度中主体的责任承担很明确。在社会保险基金筹集和管理方面，明确政府的职责是宏观管理，对自治主体的权限予以明确划分。这样既明确了自治主体的权责，又可避免自治主体的权力滥用。笔者认为，我们可以借鉴德国立法，对社会保险实行社会化管理为主导、政府宏观调控的管理模式，将缴费等职能下放，引入不同社会保险经办机构参保竞争机制，弱化政府的领导权。在保险制度的设计上，既要有法律的强制性规定来保障教师基本的社会保险权，还要给予高校适当的自治权，使其根据自身特点为教师定制不同的保险待遇供教师自由选择，保险形式多样化，以满足不同教师的实际需求。

四、人事体制改革下我国高校教师社会保险法制问题之对策

（一）高校教师保险制度合并公务员保险制度的可行性分析

随着高校人事体制改革的深入，完善我国高校教师社会保险法律制度、保证改革顺利进行具有一定的紧迫性。笔者认为，可将高校教师社会保险制度与公务员保险制度合并，按照养老、医疗、工伤等类目进行规制。鉴于高校在国家宏观管理下具有一定程度自治权、区别于严格按照行政法规范规制的政府和公职人员，在制定具体保险制度时可以有所区分，合并高校教师保险制度与公务员保险制度具有可行性。

1. 理论层面可行性分析

（1）将高校教师保险制度与公务员保险制度合并是现实需要。一是我国《社会保险法》设立之前的《劳动保险条例》是专为企业职工所设，由于历史原因，在《社会保险法》适用于高校教师时，在保险项目和具体制度规定方面不能适应实践的需要。二是我国目前尚无关于高校教师社会保险法律规范的直接规定，根据《社会

保险法》和事业单位社会保险立法对高校教师的社会保险进行规制，难免会出现立法缺失。《社会保险法》规定："公务员和参照公务员法管理的工作人员养老保险的办法由国务院规定。"这就为合并高校教师保险制度与公务员制度留下了立法空间。三是将高校教师保险制度并入公务员保险制度符合我国当前的保险政策，是统一我国社会保险的必由之路。中国共产党第十九次全国代表大会上，习近平代表第十八届中央委员会向党的十九大作报告时明确指出，现阶段我国要加强社会保障体系建设，"全面建成覆盖全民、城乡统筹、权责清晰、保障适度、可持续的多层次社会保障体系。全面实施全民参保计划"①。笔者认为，现阶段风险保障法制不能满足以高校教师为代表的公务雇员社会保险领域。社会保险资源不足、配置不合理是新时期的主要矛盾在公务雇员社会保险法制领域的主要表现。因此，完善公务雇员社会保险法制是保障高校教师合法权益的需求，更是时代的需求。

（2）将高校教师保险制度与公务员保险制度合并符合我国高校教师的职业特点。"高校教师不仅是高等教育活动的主体，也是高校人事管理体制中的主要要素。高校教师作为社会组织的成员之一，是具备深厚专业知识技能和丰富生活经验的一个特殊群体。他们具有学历高、专业学识深、知识更新快等特点。高校教师为了获得丰富的知识和较高的学历，一般需要经过很长时间的学习。无论是为获得高学历的前期投入还是为更新知识的后期投入，都是比较大的，高校教师应该获得较为丰厚的回报。高校教师在我国高等学校中担负着教学工作和科学研究工作的双重责任：一方面要为国家培养下一代人才，另一方面要为国家创新体系的建立和发展做出自己的贡献。在我国，教师资格的认定、聘任与管理的主体都是政府。这就决定了我国高校教师带有公职人员的性质。"② 建立充分体现高校教师职业特色的社会保险体系，才能建立和完善整个社会保障体系，促进经济和社会协调发展。

2. 实践操作可行性分析

（1）以我国现行的社会保险立法为基础，可操作性强。我国社会保险方面的立法可以为合并高校教师与公务员社会保险提供借鉴。如《中华人民共和国教师法》对教师应该获得的工资待遇、医疗和养老保险等方面做出了明确的规定。其中，教师的工资待遇和所享受到的医疗保险都应当等同于当地公务员的工资待遇和医疗保险水平。国家对教师所享受的养老保险进行了明确的规定，即规定了教师的退休或者退职待遇。我国《国务院关于机关事业单位工作人员养老保险制度改革的决定》涵盖了高校教师和公务员的养老保险制度。我国在企业职工工伤、失业保险方面立法较早，立法经验丰富，在制定社会保险的法律法规时可以参考相关规定。我国《社会保险法》虽缺少规范细则，但是《社会保险法》的原则和体例也可为高校教师社会保险并入公务员社会保险提供参考，比如保险法制度的构建、保险原则的确立等。我国社会保险的单行立法丰富，在已有的法律基础上进行制定可以大量节约立

---

① 详见党的十九大报告。

② 王凯凤：加快建立社会保险制度，《经济论坛》1995 年第 6 期。

法成本，也可以吸取以往立法的不足，提高立法效率。比如：在对教师的保险制度具体项目的规定时，一方面可以参照《工伤保险条例》《失业保险条例》等单行立法和其他国家针对高校教师社会保险权的先进的法律规范；另一方面，可以充分考虑学校自治性，赋予高校一定的保险制度制定权。

（2）外国的先进立法经验可供参考。公务雇员的法律制度早已出现在美国、英国等国家立法中，我国理论界的学者也曾有过关于公务雇员法律性质的介绍。在这些国家中，公立学校的教师在法律上具有政府受雇人身份，教育行政部门与教师签订雇用合同。我国高校教师身份可以参照这些国家有关公务雇员的法律规定。日本直接将高校教师纳入公务员保险立法之中，将其视为行政公务员，也为我国立法提供了借鉴。当然，国外有关高校教师的社会保险立法也有可供参考之处，如：加强社会对高校社会保险基金运营的监管，在政府宏观调控下给予高校教师一定的自治权，按照工伤率或者职业病发病率对医疗保险和工伤保险的缴费比率进行调整，等等。

（二）高校教师保险制度并入公务员保险制度的具体思路

在将高校教师并入公务员保险制度时，应注意考虑高校自身的特殊性，在具体类目规定上可以与公务员保险制度有所划分。

1. 养老保险：将现有规定进行完善纳入立法

改变高校目前养老金和退休金存在差额的现状，建立统一的教师基本养老保险制度。在过渡阶段逐步建立在编教师和聘任制教师同等适用的高校教师养老保险金制度。在费用的缴纳上，根据缴纳时间和比例来计算最终的养老金所得。养老金和其他基金由筹资机构进行运营，促进资金的保值、增值。由高校和教师组成自治机构，如教职工保险金委员会，负责对资金的筹集进行监管。政府起到协调各机构保证基金平稳运行的宏观管理作用。除基本养老保险制度外，高校可以根据自身情况设立补充养老保险制度，由高校和教师按照一定比例缴纳补充养老保险费。金融机构通过竞争机制获得基金的运营，从而增加基金的流通力度，构建多层次的养老保险体系。针对我国高校社会养老保险项目缺失的问题，还应参照事业单位社会保险制度和企业职工社会保险制度进行具体立法。我国现行《国务院关于机关事业单位工作人员养老保险制度改革的决定》自颁布实施之日起已近三年，具体操作中的问题和应对方法都可为并入公务员养老保险制度条款的制定提供思路。

2. 医疗保险：弥补高校医疗保险立法空白

关于公务员的医疗保险制度，我国仅在《社会保险法》和《公务员法》中做出了原则性规定，具体的立法制度尚处于空白状态。依据《教师法》，医疗保险的制定应该参照公务员的相关制度，改变当下医疗保险空白乃法制与现实所需。笔者认为，高校教师的医疗保险制度并入公务员医疗保险制度时，可以参考针对城镇职工的《国务院关于开展城镇居民基本医疗保险试点的指导意见》进行具体规制，改革医疗费用不均等问题，充分考虑事业单位的财政能力，合理调整医疗费用。针对地区间差异明显、续转困难的问题，建议在立法中进行统一，以便人才的正常流动。

3. **其他险种：统一规定也要有所区分**

我国《工伤保险条例》将公务员和参照公务员法管理的事业单位、社会团体工作人员排除在参保范围之外。要解决我国工伤保障的二元格局，首先要统一公务员与包括高校教师在内的工伤保险制度。高校教师与公务员工作环境不同，工作性质也有所差异，制定具体条款时可以根据教师职业特点进行工伤认定，与公务员不妨区别对待。对于失业保险和生育保险，笔者认为可以与公务员等同。在立法时考虑现行的法律规定，避免重复立法；同时要谨慎适用授权性规范，避免降低立法的可操作性。在基金监管和运营方面，可以结合互联网，建设统一的社会保险服务平台；行政机关监管运营的同时，更要强调发挥单位和社会的力量进行保险机制的有效运营。

此外，要建立高校教师社会保险法律制度的权责对应关系。只有明确各个主体的法律责任，才能保障法律规范的有效适用。首先要明确高校的责任，即高校违反规定义务所应承担的法律后果。如：针对工伤保险和失业保险，可以根据高校发生工伤的概率和违约的比率来对高校所应缴纳的保险费进行一定比例的调整，使高校增强保障教师社会保险权的法律意识。其次要明确教师的责任。针对不缴或延期缴付的教师，若无正当理由，可以加收其欠缴部分的利息，以明确教师所应承担的义务。另外，要注意对社会保险经办机构和其他相关机构的法律责任进一步规制。针对机构不作为等对教师社会保险权利造成损害的，可以实施一定的赔偿和处罚。

引入高校与教师平等协商机制。前专题已有论述，高校和教师之间的法律关系是行政协议关系。基于该法律关系，高校处于管理者的地位，涉及教师权益时，高校要与教师平等协商。协商内容包括社会保险费用的缴纳、权利的救济等事项。为使协商顺利进行，可以推选教师代表组成教师代表委员会，就教师的社会保险权益对高校提出意见或建议。平等协商机制在一定程度上能弥补教师自我保护意识不足和高校处于强势地位可能给教师带来的保险权益损害。

健全筹资机制和监管机制。在筹资机制方面，明确资金的收缴方式，缴费的责任由教师、高校和国家财政合理分担。高校有权根据教师的具体情况进行具体调整，如针对家庭困难或有其他特殊情况的教师在政策上可予适当倾斜。明确个人账户和社会统筹账户的界限和管理方式，社会统筹的一部分用以增加教师的薪酬待遇，使教师不因缴付社会保险费用而致生活水平下降。拓宽保险基金的投资渠道，促进基金的保值、增值，增大资金运营的透明度。在监管机制方面，内部监督和外部监督相结合，逐步实行监督管理的社会化。在内部监督方面，社保经办机构可以在部门之下设立社会保险监督管理机构，对社会保险制度的运营进行监管。在外部监督方面，一是加强教师群体的监督，因为教师的社会保险权与教师群体的利益息息相关，有利于提高教师维权意识；二是社会舆论的监督，发挥新闻媒体等的监督作用，促使高校教师社会保险法律制度的良性运行。

专题四　高校职业年金法制研究

谌瑜　郑志恒①　王玉②　蒋树

专题概要：职业年金作为补充养老保障制度，对维护高校教师生存权利、改善生活具有重要意义。由于高校职业年金与社会保险制度存在衔接问题，且与企业年金、公务员社会保险存在一定差异，高校未建立统一的职业年金制度。厘清高校职业年金与其他机关事业单位职业年金以及基本养老保险制度的关系，对高校职业年金投资实行税收优惠，完善高校职业年金运行、投资和监管机制，以期建立公立高校与民办高校相统一的高校职业年金制度。

关键词：高校；职业年金；统一；法制。

一、高校职业年金制度的发展现状

（一）典型案例分析

【典型案例】③ 安某系事业单位工作人员，2012年4月28日因受刑事处罚被烟台市监察局给予行政开除处分。2015年7月24日，安某向烟台市社会保险服务中心（以下简称“社保中心”）申请将社会保险关系转移至烟台市人才服务中心。后，社保中心依据《事业单位工作人员处分暂行规定》第三十一条规定、原烟台市人事局《关于印发〈烟台市机关事业单位工作人员社会养老保险暂行办法实施细则〉的通知》，因安某属于受刑事处罚被开除公职的情况，故对其1995年4月至2012年4月缴纳养老保险金的年限不予计算，所缴纳养老保险金予以吊销，不予转移。安某认为，其符合《事业单位工作人员处分暂行条例》第三十一条规定：“事业单位工作人员受到开除处分后，事业单位应及时办理档案和社会保险转移手续。”社保中心不执行上述规定，而以本市的旧规定为由不给自己转移社保关系，是行政不作为行为，侵犯了自身的生存权利，请求法院依法判决安某将三十一年的社保关系予以转移。

法院认为，社保中心具有办理社会保险转移接续手续的职权，是本案的适格被告。《事业单位工作人员处分暂行规定》第三十一条规定：“事业单位工作人员受到

① 郑志恒：上海大学法学院2017级法律硕士在读研究生。

② 王玉：上海大学法学院2015级法学硕士研究生。

③ 详见裁判文书网：安邦超与烟台市社会保险服务中心不履行法定职责二审行政判决书，(2016) 鲁06行终83号。

开除处分后，事业单位应当及时办理档案和社会保险关系转移手续，具体办法按照有关规定执行。”《〈烟台市机关事业单位工作人员社会养老保险暂行办法〉实施细则》规定：“因受刑事处分被开除公职的，其缴纳养老保险金的年限不予计算，所缴养老保险金予以吊销。”安某被开除公职，社保中心对其1995年4月至2012年4月养老保险金予以吊销，不予转移，并无不当。故法院判决驳回安某的诉讼请求。安某不服，后经二审、申请再审，均被法院驳回。

本案主要争议是社保中心处理事业单位社保转移手续的法律依据问题。我国法律、行政法规并未规定社保转移手续的具体要求，而是由各省、市制定社会保险的实施细则。这就使得各省市有关社会保险的规定易违背《社会保险法》的立法精神，并进而引发各省市规定不一、社会保险难以统筹的法律难题。

高校作为事业单位同样涉及上述问题，省级统筹一定程度上影响了高校教师的全国性流动，不利于保障高校教师的合法权利。对高校社会保险全国范围内横向流动进行制度构建难免动作过大，本专题主要以高校的补充社会保险——职业年金制度为讨论对象，探讨其中存在的法律问题，论证高校建立统一的职业年金制度的可行性，并为今后高校社会保险制度整体改革提供一定的思路。

（二）高校职业年金制度建立的必要性

多元化的社会养老保障体制是预防社会老龄化风险的重要手段之一。针对社会养老保障体制的建设，世界银行研究报告——《防止老龄危机》提出了三支柱的建议；之后又在《21世纪的老年收入保障——养老金制度改革国际比较》报告中丰富了这一建议，提出多支柱养老金应由五个基本要素组成。在我国，社会养老保障体系是：基本养老保险制度为第一支柱、补充养老保险制度为第二支柱、个人养老保障为第三支柱的三层次相结合的制度。其中，第二支柱补充养老保险即年金制度，企业中称之为“企业年金”，而在事业单位被称为“职业年金”。

高校承担着人才培养、科学研究、知识传播、服务社会等职能，这些职能的实现依靠高校教师。维护教师权益、改善教师待遇、体现教师价值是高校的责任。养老保险作为教师薪酬福利体系的一部分，理应成为高校重点建设的一大环节。建立和完善高校职业年金制度有利于保障多层次养老保险体系；兼顾高校分配的公平与效率；有利于高校的可持续发展；有利于实现教师“去身份化”，减轻国家财政负担。

（三）高校职业年金制度建立面临的困境

传统认为，按办学体制，我国高校可分为公办高校和民办高校（新体制下的独立学院）。我国《高等教育法》明确了①由政府举办并由公共财政经费维持的高等学

① 《高等教育法》第六条规定：“国家根据经济建设和社会发展的需要，制定高等教育发展规划，举办高等学校，并采取多种形式积极发展高等教育事业。”

校即为公立高校；《民办教育促进法》明确了①由非国家经费举办的高等学校即为民办高校。在“共建、调整、合并、合作”方针的指引下，许多“公办民助”“民办公助”等多元混合的新型高校，也即独立学院的出现，使得办学体制更加多样化；同时也使得学校结构更加混乱，界限愈加模糊。基于历史原因，“我国现有的法人的划分仍然沿用过去单位体制的分类基础，将法人分为企业法人、国家机构、事业单位和社会团体。但是从单位向单位法人的改革过程中，却并未将法人的具体制度贯彻实施，依然是单位体制下的业务主管部分的基本管理模式”②。2011年《中共中央国务院关于分类推进事业单位改革的指导意见》（以下简称《指导意见》），高校为从事公益服务的事业单位。因此，公立高校属于事业单位法人。民办高校根据《民办非企业类单位登记管理暂行条例》笼统地归属于“民办非企业单位”。独立院校虽然根据《教育部办公厅关于编报省级〈独立学院五年过渡期工作方案〉的通知》进行了“撤”“并”“转”改革，但是“大部分的独立学院仍处在“公办”“民办”的中间“灰色地带”，使得独立学院的法律地位和性质模糊。③

高校不同办学体制决定了高校教师不同的薪酬待遇与福利机制。公办高校教师属于事业编制，工资待遇由国家财政负担，待遇有保障，而且在职称评定、生活补贴、医疗保险、退休养老等方面也享受一定的政策倾斜。“公办学校的教师薪资一般主要由基本工资、绩效工资、校内津贴、福利、社会保险几个部分组成。基本工资、绩效工资主要来源于国家财政和地方补贴；校内津贴、福利和社会保险部分主要来自社会创收。需要特别指出的是，校内津贴部分由于与职称、职务和科研等指标挂钩，在整个工资收入中所占的比例较大。”④ 民办高校教师属于“企业”编制，待遇取决于高校自身经营状况，收入无切实保障。“目前民办高校教职工工资主要是采用职务工资体系，基本上由基本工资、课时费、各种补贴、保险、奖金、福利构成，实施工资绩效改革后有的学校也建立了绩效工资。在这一工资体系中，专职教师的课酬工资达到工资总额的70%以上。这种工资比例结构具有较强的社会化特征，使得许多教师有临时工的感觉。相对于公办高校来说，民办高校教职工工资中福利部分非常少。”⑤ 部分民办高校的办学者认为，高校与教师之间的法律关系是雇用关系而非劳动关系，高校未完全履行保障教师权利的义务，致使部分民办高校教师的合法权利受到损害。加之现有法律法规对民办学校教师缴纳社会保险未做出专门规定，造成了民办学校无法为教师正常缴纳社会养老保险等费用。“即便是有些学校缴纳了社会养老保险，但也是按照企业职工的标准缴纳的；退休时，民办学校教师享有的

---

① 《民办教育促进法》第二条规定：“国家机构以外的社会组织或者个人，利用非国家财政性经费，面向社会举办学校及其他教育机构的活动，适用本法。本法未作规定的，依照教育法和其他有关教育法律执行。”

② 张义清，尹瑾：公办高校与民办高校“划界立法”机理分析，《湖南社会科学》2015年第4期。

③ 张义清，尹瑾：公办高校与民办高校“划界立法”机理分析，《湖南社会科学》2015年第4期。

④ 何玉婷：基于教职工薪资构成的视角探讨公办高校与民办高校的发展模式，《经营管理者》2014年第3期。

⑤ 何玉婷：基于教职工薪资构成的视角探讨公办高校与民办高校的发展模式，《经营管理者》2014年第3期。

养老金不足公办学校教师的一半。”① 具体到年金制度，公办高校适用“职业年金”制度，民办高校仅可适用“企业年金”机制。同属高校教师，因办学体制的差异便使得教师待遇差别如此之大，并不利于我国高校的发展建设。

二、构建高校统一职业年金的法制障碍

（一）高校职业年金与社会保险的制度衔接问题

1. 社会保险制度无法实现并轨，基金缺乏可持续性

目前，我国企业职工社会保险制度已完成改革，社会保险覆盖面扩大，职工拥有个人账户，可在全国企业之间自由流动且个人账户可随之转移。然而，我国高校社会保险制度却未完成改革，教师无法像企业员工一样在保证社保不受影响的前提下自由流动。由于高校教师的社会保险实现的是省级社保部门的统筹，一旦跨省流动，社会保险的转移手续就会受到影响。同时，高校教师的社会保险均由国家统一管理和发放，社会保险基金实行现收现付制，没有基金累计，无法实现基金的可持续性。另外，伴随我国人口老龄化的发展以及退休人口的不断增多，极易出现支付危机。

2. 高校社会保险制度改革面临阻力和困难，无法顺利进行

2008 年国务院的《事业单位工作人员养老保险制度改革试点方案》颁布后，并未对退休金的建立和责任分担进行详细明确规定，导致此改革方案并未取得实质性进展。新的试点方案和企业职工目前推行的方案基本上一致，引起了高校教师的困惑，不免担忧自己未来的退休金水平。该文件在出台前并未在理论界充分探讨，也未充分征求意见，极易产生改革的适应性不足等问题。此外，高校社会保险制度改革需要大量前期启动资金来运转，又会加重国家财政压力。

传统的高校社会保险制度严重制约了我国高校自身的发展，高校社会保险制度的改革已势在必行。从已出台的改革方案以及试点情况来看，高校职业年金制度与社会保险制度仍然在待遇衔接、制度建设等方面存在一定的问题和障碍。

（二）高校职业年金制度不同于企业年金

劳动和社会保障部 2004 年 1 月颁布的《企业年金试行办法》规定：“本办法所称企业年金，是指企业及其职工在依法参加基本养老保险的基础上自愿建立的补充养老保险制度。建立企业年金，应当按照本办法的规定执行。”劳动和社会保障部于 2016 年 6 月发布的《企业年金规定（征求意见稿）》（以下简称《征求意见稿》）中提出了企业年金的两种定义：“方案一：本办法所称企业年金，是指企业及其职工在依法参加基本养老保险的基础上自愿建立的补充养老保险制度。建立企业年金，

---

① 张义清，尹瑾：公办高校与民办高校“划界立法”机理分析，《湖南社会科学》2015 年第 4 期。

应当按照本规定执行。方案二：本规定所称企业年金，是指国家制定政策、企业自主建立、市场化运营管理、政府行政监管的补充养老保险制度。企业及其职工在依法参加基本养老保险的基础上建立企业年金，应当按照本规定执行。”方案一的定义沿用了《企业年金试行办法》中的规定，方案二则是突出体现了企业年金特点。2017年12月颁布的《企业年金办法》第二条则指出：“本办法所称企业年金，是指企业及其职工在依法参加基本养老保险的基础上自主建立的补充养老保险制度。国家鼓励企业建立企业年金。建立企业年金，应当按照本办法执行。”这一条沿用了《企业年金试行办法》和《征求意见稿》规定，但将“自愿建立”改为了“自主建立”，更强调了企业在年金中的自主性。

《征求意见稿》系统规定了企业年金的缴纳和管理制度。建立企业年金，企业应当与职工一方通过集体协商确定，并制定企业年金方案。企业和职工建立企业年金，应当订立企业年金专项集体合同（以下称“企业年金方案”），确定企业年金受托人，签订受托管理合同。费用缴纳方面，企业年金所需费用由企业和职工个人共同缴纳。企业年金基金实行完全积累，为每个参加企业年金的职工建立个人账户，按照国家有关规定投资运营。企业年金基金投资运营收益并入企业年金基金。在缴费额度方面，企业缴费每年不超过本企业上年度职工工资总额的8%。企业和职工个人缴费合计不超过本企业上年度职工工资总额的12%。具体所需费用，由企业和职工协商确定。企业缴费列支渠道按照国家有关规定执行，职工个人缴费由企业从职工个人工资中代扣代缴。《企业年金办法》第十五条也肯定了该做法。在账户管理方面，《征求意见稿》第十七条给出了两套方案。一是企业缴费应当按照企业年金方案确定的比例和办法计入职工企业年金个人账户，职工个人缴费计入本人企业年金个人账户。二是企业缴费应当按照企业年金方案确定的比例和办法计入职工企业年金个人账户，职工个人缴费计入本人企业年金个人账户；职工企业年金个人账户资金及其投资运营收益全部归属于职工个人。《征求意见稿》还明确企业应当合理确定本单位当期缴费计入职工企业年金个人账户的最高额与平均额的差距。《企业年金办法》采用了《征求意见稿》中第一种方案，肯定了个人账户的最高额规定，同时在第十九条强调，职工企业年金个人账户中个人缴费及其投资收益自始归属于职工个人。职工企业年金个人账户中企业缴费及其投资收益，企业可以与职工一方约定其自始归属于职工个人，也可以约定随着职工在本企业工作年限的增加逐步归属于职工个人，完全归属于职工个人的期限最长不超过八年。

当前我国关于民办学校的职业年金的尝试还很有限，主要成果体现在上海和广州等地。上海市于2014年8月成立了全国首家由政府倡导、民办学校联合发起的“民办教育发展基金会”。该基金会的一项重要工作就是资助民办学校教师教学科研和提高待遇，并奖励为民办教育做出贡献的单位与个人。广东省各级政府也都根据各地实情，积极制定相应政策与措施，为支持民办教育职业年金制度建设做出了不少努力与探索。东莞市及下属各镇为鼓励民办学校试点年金制度，积极探索制定了全市民办学校教师工资指导标准和设立民办学校长期教师津贴专项资金，引导各民办学校提高教师待遇。其中，长安镇于2014年从镇财政预算拨出八百万元作为民办教育扶持基金，推出“民办教育提质工程”，对民办教龄较长的老师们给予补助，最高每年超过一万元。深圳福田区于2011年就推出了民办幼儿园教师年金奖励办法，规定为在同一幼儿园工作三年以上、具备中专以上学历、有教师资格证的教师，政府每年给予一次性年金奖励。据此可知，我国民办高校还未真正建立起职业年金制度，即便是适用企业年金的相关规定。这与企业年金的自主性是分不开的。笔者认为，应当建立统一适用于高校的职业年金制度，而不区分“民办”或“公办”。

（三）高校职业年金制度有别于公务员社会保险

我国国家公务员社会保险制度的前身是国家机关干部的保险制度，在几十年的发展过程中，成功解决了机关干部的基本社会保障问题。特别是经过改革试点和探索，我国在公务员社会保障制度建设方面取得了较大进展，建立了主要包括生育保险制度、养老保险制度、疾病保险制度、伤残保险制度和死亡保险制度的国家公务员保险制度体系。具体内容包括：公务员因公负伤、致残、死亡的保险待遇；公务员非因公负伤、致残、死亡的保险待遇；公务员疾病的公费医疗和保险待遇，包括公务员因患病暂时丧失劳动能力时，从国家或所在单位获得物质帮助，主要由患病期间的医疗待遇和治疗期间的生活待遇两部分组成；公务员生育的保险待遇，即国家对女公务员在怀孕和分娩时所给予的照顾和物质帮助的制度；公务员退职退休的保险待遇，即公务员离休、退休、退职的保险制度，包括生活待遇、福利待遇和其他待遇等内容；公务员待业期间的保险待遇；公务员供养直系亲属的保险待遇；公务员集体保险待遇。

2011年《中共中央国务院关于分类推进事业单位改革的指导意见》首次指出，高校属于从事公益服务的事业单位。因此，高校要建立事业单位工作人员职业年金制度，该制度显然有别于公务员社会保险。2011年7月国务院颁布《事业单位职业年金试行办法》（以下简称《年金试行办法》）规定：“本办法所称职业年金，是指事业单位及其工作人员在依法参加事业单位工作人员基本养老保险的基础上建立的补充养老保险制度。”其后，国务院分别于2015年1月和3月公布了《关于机关事业单位工作人员养老保险制度改革的决定》（以下简称《决定》）和《机关事业单位职业年金办法》（以下简称《年金办法》），二规定均于2015年10月1日起实施。二规定明确机关事业单位与城镇职工将实行统一的基本养老保险制度，在参加基本养老保险的基础上，建立补充养老保险制度即职业年金；职业年金与基本养老保险制度同步建立。职业年金适用的单位和工作人员范围与参加机关事业单位基本养老保险的范围一致。《年金办法》沿用了《年金试行办法》中关于职业年金的定义。这也意味着高校教师从2015年10月起要缴纳养老保险费和职业年金费用。

我国在建立企业年金及职业年金时采用的是缴费确定型计划。《年金办法》规定，职业年金所需费用由单位和工作人员个人共同承担。单位缴纳职业年金费用的比例为本单位工资总额的8%，个人缴费比例为本人缴费工资的4%，由单位代扣。单位和个人缴费基数与机关事业单位工作人员基本养老保险缴费基数一致。

我国最初的《年金试行办法》确定了职业年金基金“实行完全积累，采用个人账户方式管理”，《年金办法》进一步明确了这一规定。《年金办法》规定，职业年金基金采用个人账户方式管理，个人缴费实行实账积累。对财政全额供款的单位，单位缴费根据单位提供的信息采取记账方式，每年按照国家统一公布的记账利率计算利息，工作人员退休前，本人职业年金账户的累计储存额由同级财政拨付资金记实。对非财政全额供款的单位，单位缴费实行实账积累。实账积累形成的职业年金基金实行市场化投资运营，按实际收益计息。单位缴费按照个人缴费基数的8%计入本人职业年金个人账户；个人缴费直接计入本人职业年金个人账户。“完全积累是年金资金筹集方式的一种常见模式，优点是激励作用较强，多缴多得，对年金基金的积累较为有利，不容易出现养老金缺口。因此，许多国家采用的补充养老金计划都选择了完全积累的资金筹集方式。”① 这一模式也正适合我国刚刚起步的职业年金计划的实施。

从我国现阶段的发展状况来看，企业职工初步建成了养老金的三支柱体系。而在行政事业单位领域，三支柱体系的建立仍处在摸索阶段，职业年金体系的建立更是进程缓慢。职业年金制度自2015年颁布《年金办法》以来，尤其在事业单位分类改革，高校作为从事公益服务的事业单位，积极探索适合自身发展方向的大背景下，不断涌现新的问题。由于“事业单位”身份限制，“民办”高校和“公办”高校之间存在人为分离的情况，从而导致以“公办”或“民办”身份来区别适用的年金制度。

三、构建高校职业年金制度的可行性与对策

高校职业年金与企业年金、公务员社会保险差异明显。同为高校教师，民办高校与公办高校教师在薪酬待遇、社保福利、年金制度等均有较大差异。因此，改革现有年金机制，将民办与公办高校教师的年金制度纳入统一管理，建立统一的职业年金体系显得尤为必要。

学者纷纷对构建高校职业年金制度献计献策。有学者提出，“借鉴发达市场经济国家的经验，逐步将公益性事业单位改为政府和社会力量共同支持的非营利机构，参照OECD国家的养老金模式，在我国的事业单位分类改革过程中，同时在部属高校领域内建立职业年金制度”②。也有学者提出，针对独立院校资金方面的劣势，先为部分高层次人才教职工建立职业年金，逐步建立起强制性的职业年金制度。部分年金制度是为吸引并留住高层次人才而设计的，暂时为具有副高以上职称的或是具有博士学位的员工建立职业年金制度，并在制度中对其解除劳动合同关系进行约束，

---

① 杨铮：高校建立职业年金制度的思考，《中国证券期货》2012年第10期。

② 刘经纬，刘阿钢：部属高校建立职业年金制度的必要性和可行性分析，《国际商务——对外经济贸易大学学报》2010年第3期。

“若员工在规定的年限内与学院解除劳动合同关系，必将丧失已缴年金收益”，待以后视资金充裕，再行实施完整的年金制度。这是针对独立学院人才频繁流动，促进人才保留而提出的。而强制年金制度，是为推动单位的养老金改革，减小与公办高校单位的差距而提出的。民办高校建立职业年金制度应该由政府引导、自发的慢慢转变到强制年金制度。有学者建议，各级各类民办院校（教育机构）应成立组织共同研讨各级各类民办学校（教育机构）的教育职业年金的具体办法，制定一个切实可行的实施方案，经过全体教职员工代表大会表决通过后试点运行，继而全面推广。把民办教育职业年金纳入国家总体机关与事业单位职业年金的范畴共同落实，加大对民办教育的扶持力度，组织管理部门服务好民办教育机构的职业年金制度建设。

这些意见往往只从某一主体的立场讨论建立职业年金制度，并没有立足于整个高校层面，存在片面之处。从我国的实践来看，实行的是“分管”模式下的多层次年金计划。《年金办法》规定，职业年金的经办管理工作，由各级社会保险经办机构负责。《企业年金办法》规定企业年金的管理工作由企业年金理事会管理，企业年金理事会由企业和职工代表组成，也可以聘请企业以外的专业人员参加，职工代表应不少于三分之一。因此，我国年金计划有国家层面和地方企业层面两个不同层级。国外的教师职业年金计划由公务员年金发展而来，承载着与公务员年金相同的作用。我国存在机关事业单位职业年金制度和企业年金制度两种制度，公立高校教师年金参照机关事业单位年金制度运行，民办高校教师年金参照企业年金制度运行。同为承担教书育人职责的高校教师，职业年金制度却被置于不同的计划之下。为建立统一的高校教师职业年金制度，笔者认为，可从以下五个方面入手。

（一）民办与公立高校应实行统一的职业年金

现今，民办高校教师和公办高校教师仍未享有同等法律地位。民办高校教师无事业编制，使得民办高校与公立高校适用不同的年金制度。这易加剧公立高校教师与民办高校教师待遇差别的后果。因此，在构建高校年金制度时，首要的问题就是处理好民办高校和公办高校之间的关系。这就需要在年金制度的建设过程中，高校积极配合事业单位分类改革等措施，逐步拉近甚至消除公办学校教师与民办学校教师之间的差距。赋予高校教师公务雇员身份，是实现该目标的有效手段。在国外，高校教师作为公共部门雇员（Public Sector Employee）制度由来已久，运行顺畅，值得我们学习借鉴。[①] 针对民办高校教师的编制问题，有学者提出，“虽然政府部门无法决定民办教育机构教师的工资水平，但至少可以为这些老师安排编制，让他们感受到政府的关怀，增加归属感”[②]。“不管是民办教育还是公办教育都是教育，只是投资主体不同而已。政府把这部分教师纳入编制，工资仍由教育机构主办方发放，政

---

① 有关高校教师公务雇员身份，可详见本书第五专题《论中国高校教师的法律身份》，此处不再赘述。

② 详见金羊网（广州）：粤教师工资与本地公务员相当民办教师待遇仍需提高，http：//news.163.com/14/0911/09/A5RQBFCB00014AEE.html，2018年12月10日访问。

府不需要支出太多，却可以促进民办教育的发展。”① 为解决上述问题，对高校教师实行公务雇员制，实施统一的教师职业年金制度就是一个切实可行的突破口。

但是，统一的体系不代表年金缴费数额相当，仅是缴费基数、缴费比例相当。职业年金作为薪酬的组成部分，其缴费水平应当与不同高校的经济状况同步。在高校收入来源稳定、办学效益较好时，可适当提高单位缴费额度；当高校经济状况不佳时，在合理合法的范围内，可灵活降低用人单位和职工的缴纳标准。同时，也可以在设计职业年金方案时应对不同岗位、级别采取差异化资源配置和计费方法，并将教职员工的业绩、工作态度、纪律性等方面的考核与年金缴费挂钩，以此突出职业年金制度的激励作用。

（二）厘清教师职业年金和其他机关事业单位职业年金的关系

在发达国家，高校教师是公共部门雇员，高校教师职业年金起源于公务员职业年金。教师职业年金的建立时间普遍要早于全国性的养老保险计划。在国外，教师职业年金和政府雇员职业年金的发展密切相关，两者具有相同的作用和性质。我国要建立的统一的教师职业年金制度，这与机关事业单位年金制度在功能上相同，但在具体制度设计时又有差异。机关事业单位的年金由各级社会保险经办机构负责，而高校的年金应体现高校的特色，通过高校教师的参与，在公务雇员制体系下多一些民主协商、公众参与的内容。这些内容正是区别于机关事业单位职业年金制度之处。因此，在改革和完善教师职业年金制度时应该统筹兼顾，协调好其与其他机关事业单位职业年金的关系，不能顾此失彼。同时，年金体制的改革要兼顾公平和效率，体现职业年金的激励效应。改革要循序渐进，不能一蹴而就，不能在基础制度尚未建立之时一味强调年金的缴纳数额，要配套实施，同步进行，相互促进。年金制度的建立应有利于养老金分配的合理化，避免不同岗位级别、新旧养老体系之间出现待遇差距过大的问题。在保证公平的前提下，应体现出不同人力资源贡献率、不同专业层次之间的差别。

（三）理顺高校教师职业年金和基本养老保险制度的关系

基本养老保险制度是社会保障体系中的第一支柱，而职业年金是第二支柱，是补充养老计划。改革是查漏补缺，是纠正偏颇，不是一味推翻，也不能本末倒置。高校社保制度改革的一个趋势就是在参加基本养老保险的同时，逐步加入到统一的职业年金制度中来，减少以致最终消除碎片化、差异化，建立统一的社保制度，促进社会和谐有序发展。

---

① 详见金羊网（广州）：粤教师工资与本地公务员相当民办教师待遇仍需提高，http：//news.163.com/14/0911/09/A5RQBFCB00014AEE.html，2018年12月10日访问。

（四）对高校职业年金投资实行税收优惠

借鉴发达国家经验，国家应为事业单位职业年金基金的征缴、投资提供相关税收优惠政策，如：允许高校或者教师个人职业年金缴费金额从税前收入中扣除，享受免税优惠政策；减免部分或全部职业年金投资收益所得税；或在年金缴费、投资收益环节减免税收，而在员工领取退休金时征收所得税。同时，要防止滥用企业年金的税收优惠政策偷税或避税，加大监管力度。

（五）完善高校职业年金运行、投资和监管机制

职业年金的运行、投资和监管是现有规定中的薄弱环节，亟待解决。教师职业年金的资产安全和适当的投资回报率对保障退休教师生活、促进教师职业年金发展至关重要。完善的治理结构是实现这一目标的基本条件，职业年金资产的独立性是建立良好治理结构的前提。要切实做到与投资管理人和托管人的自有资产或其他资产分开管理，保证职业年金财产独立性。其次，职业年金的经办管理应当由年金理事会负责，而年金理事会的产生和运行机制就是治理结构中的挑梁柱，对年金的运行至关重要，要设置合理的分权架构，妥善尽好年金理事会的职责。在选择职业年金受托人时应本着小心谨慎、分散风险的原则。职业年金作为补充养老金，对退休职工的生活水平起着决定性作用，确定受托人时应当本着审慎、分散风险的原则选择诚信可靠、专业性强、符合国家规定的机构作为职业年金受托人，保证职业年金基金的安全性。最后，积极组织相关的利益群体公平参与是建立良好治理结构的重要保障。教师职业年金涉及教师整体利益，教师职业年金的决策机构应该具有广泛代表性，能为不同群体表达意见、维护权益，只有这样才能从制度基础上保证职业年金的公平性。职业年金方案的设计应当采取平等协商、广泛参与的方式。《年金试行办法》和《征求意见稿》均规定，年金方案的制订必须由单位与职工一方进行民主协商，只有提交职工代表大会或职工大会讨论通过的职业年金方案才能生效。在职工的广泛参与下，职业年金方案才能全面考虑不同的职工利益，保证职业年金制度的公平性。

高校教师职业年金对教师个人、高校甚至整个国家而言都起着巨大作用。首先，教师职业年金是保障教师退休生活的重要机制。职业年金从本质上说是一种延期支付手段，是教师薪酬的重要组成部分。缴纳年金是一种储蓄积累行为，对保障教师晚年生活意义重大。其次，教师职业年金是高校人力资源管理的重要手段。建立教师职业年金有利于吸引优秀的青年教师，留住高水平的骨干教师，有利于促进高校人才合理流动，也是促进公立高校和民办高校具有同等法律地位的有效手段。最后，教师队伍建设关系到国家教育事业的发展。职业年金是完善多层次养老保障制度的关键一环，是保障教师权益的重要手段。多层次养老保障体系的建设能够有效应对不同风险，有利于减轻国家财政负担。

中　篇

高校与教职工劳动人事法律关系研究

专题五　论中国高校教师的法律身份①

谌瑜　蒋树

专题概要：高等学校教师法律身份直接关系到教师与学校法律关系的定性。该法律关系性质不明确，将使得司法在处理教师与高校纠纷时采取谨慎介入甚至消极不介入态度，导致高校教师权利无法得到应有救济。为保障高校教师权益、保证其职业的公益性、公务性与专业性，结合当前法制环境，我国应构建公务雇员法律制度，将高校教师等提供公共服务的事业单位工作人员纳入其中，确立高校教师公务雇员法律身份，明确教师与高校、教育行政管理部门之间权利与义务关系，进而完善各类事业单位行业规范及监管等相关配套规章制度。

关键词：法律身份；劳动者；公务雇员；聘任合同。

明确高校教师法律身份和法律地位，是现代高校建设中人事体制改革的必由之路。由于各类高校人事制度改革进程不尽相同，高校内部劳动人事法律关系表现为多元和差异性特点。由身份到契约的转化使高校劳动人事关系主体和利益分化，劳动人事纠纷日益激增。这些都迫使高校改革内部管理体制，变身份管理为岗位合同管理。准确定位高校教师法律身份，有助于科学合理地界定教师与学校、政府三方之间的权利义务。随着包括高校在内的事业单位人事制度改革的逐步推进，增强高校竞争力，促使高校自主权不断扩大，进而作为独立主体与教师形成聘任关系。

同时，随着我国民事立法“非营利性法人”概念的确立②，意味着包括高校在内的各事业单位具备法人条件的便可获得“非营利性法人”的法律身份，高校可作为独立主体与教师形成聘任关系。这种聘任关系显然有别于作为“营利性法人”的企业与劳动者所形成的劳动关系，两种法律关系之间存在着本质区别。

将教师与高校、教育行政管理部门之间关系纳入现有法律体系，势必需要消除法律障碍，将高校教师身份准确定位。本文梳理了国内关于教师法律身份的诸多观点，通过对比分析，针对目前我国政府雇员法律制度的空缺，为保证高校教师职业的公务性、专业性，同时也为避免将高校教师定位为公务员、普通劳动者抑或自由职业者，笔者提出构建我国公务雇员法律制度的大胆设想，将诸如提供公共服务的

---

① 本文原载《皖西学院学报》2017年第3期。

② 关于非营利性法人的概念，详见第十二届全国人民代表大会第五次会议通过的《中华人民共和国民法总则》（2017年10月1日起施行）第八十七条。

事业单位的高校教师等工作人员纳入其中，将高校教师身份重新定位，赋予其公务雇员的法律身份，明确教师与高校、教育行政管理部门之间的权利义务关系，完善各类事业单位行业规范及监管等配套制度，以期将高校人事制度改革纳入法制轨道，为高校教师提供有效法律保障。

一、中国高校教师法律身份亟待明确

（一）明确“身份”是法律调整的前提

著名历史法学家亨利·梅因先生说：“所有进步社会的运动，到此处为止，是一个“从身份到契约”的运动。”① 这一著名论断似乎构成了人类社会从自给自足的自然经济时代向以市场交换为特征的商品经济时代过渡与转变的最为精练、准确而又深刻的概括。身份社会最早是由古代“家族”权力与特权演变而来。扎根于自然经济的“家族”权力主导的社会倡导亲疏有别，讲究尊卑与贵贱。与之对应的是梅因所处的商品经济社会，它讲究“契约自由”，打破了家庭、血缘、种族等限制，社会生活由此发生了巨变。出于巩固新兴资产阶级政权的需要，《法国民法典》于 1804 年应运而生。它着眼于发展资本主义商品经济，贯彻了契约自由原则和意思自治理念。近代资产阶级立法、法学的出现，标志着中世纪以神权为核心的世界观开始动摇，取而代之的是以平等、自由、人权与法治为核心的法权世界观开始登上历史舞台，促使人类向我们今天的“依法治国”进化。

法律身份，也称法律人格。它源自罗马法上的人格，指法律上的权利义务主体。②《法国民法典》的体系是以罗马法的《法学阶梯》为蓝本设置的。其第一编的各项制度即是围绕民事主体身份的规定。进入 20 世纪以后，西方资本主义国家的民法典体系均受到了罗马法的影响，均涉及调整人身关系的内容。其中，1907 年通过的《瑞士民法典》一共四篇，首篇便是人格法。“身份社会”是一个“人治社会”，正如梅因所言：“在‘人法’中所提到的一切形式的‘身份’，都起源于古代属于“家族”所有的权力和特权。”③ 我们其实不难发现，这种现象甚至延续至今。

法律身份体现主体在法律上的地位。在我国，同是企业，公司在法律上具有“法人”资格，合伙企业则没有“法人”地位。两者的权利义务及对外承担责任等均有诸多不同。法律身份也是主体在法律上享受权利、承担义务的前提。因此，合理、准确定位高校教师法律身份，不仅关系到高校教师权利的保障，更重要的是还关系到我国现代高校建设中人事体制改革的法治化进程。

---

① 梅因：《古代法》，商务印书馆 1959 年版，第 110~112 页。

② 古罗马时期，权利义务经历了单纯由贵族家长享有扩展到由自由人享有的过程。罗马法除了确立了人格的概念，还规定了详细的人身关系制度。

③ 梅因：《古代法》，商务印书馆 1959 年版，第 83~85 页。

（二）中国高校教师法律身份之争

关于我国高校教师的法律身份如何定位，学界争论颇多的是其性质属于公务员抑或一般劳动者。也有学者认为，教师与高校之间签订的聘任合同不同于一般意义上的用人单位与劳动者签订的劳动合同，而是属于特殊性质的合同，或称混合合同。

观点一：中国高校与教师之间属于行政法律关系。在聘任条件下，公立高校的教师聘任权是由政府授予的，高校在教师聘任中的法律身份是行政主体，公立高校对教师的聘任和管理都属于行政行为，两者是行政法律关系。这种观点的理论基础之一是，公立高校虽然自成立之日起取得法人资格，但它同时也是国家的“法律授权组织”，“法律赋予它行使一定的行政管理职权”。在国家的授权下，公立高校成为行政主体中的“授权主体”。[①] 该观点的法理依据是，“公立高校无需办理设立登记，成立之日依法取得法人资格，能够以自己的名义从事民事活动。但与之相对应的是，作为法律授权组织，高校便继受了类似行政机关的管理职权”[②]。公立高校“行使以下行政权力（利）：聘任教师及其他职工并实施管理；招收学生及对其进行管理和处分”[③]。“将教师作为教育公务员来定位，将教师和高等学校缔结的聘任合同视为公法合同。”[④] 学者杨建顺认为：“由于学校和具体教师之间的关系实质上是非平等主体之间的关系，所以不是一般民事合同；由于教师地位的特殊性，决定了教师聘任合同也不是一般劳动合同。”[⑤] 学者赵宏杰、严妍也认为：“就聘任合同的主体、目的、内容、规则等方面而言，聘任合同都符合行政合同的构成特征。因此，聘任合同应为行政合同，而非劳动合同。”

观点二：聘任制下的高校教师为《劳动法》中的劳动者。该观点认为，高校教师法律身份应界定为《劳动法》中的劳动者。有代表性的论点有：“事业单位与其职工的关系，包括学校与教师的关系，本质上也是劳动雇用关系，应该可以适用劳动法。《教师法》对于教师聘任制的规定与《劳动法》中有关劳动合同的规定是一致的。”[⑥] 该观点将聘任制下作为事业单位的聘任合同等同于劳动合同，将学校与受聘教师间的关系界定为劳动关系，并通过劳动法调整。该观点认为，“教师与高校签订了聘任合同，二者之间就形成了基于聘任而发生的劳动合同关系”[⑦]。“由于教师与学校的聘任关系属于劳动合同关系，因此，两者之间的劳动合同纠纷属于广义上的民

---

① 周卫勇：也谈教育法的地位——兼与李晓燕同志商榷，《教育研究》1997 年第 7 期。
② 刘香菊：公立高校教师法律定位研究：回顾与展望，《现代大学教育》2004 年第 4 期。
③ 秦惠民：当前我国法治进程中高校管理面临的挑战，《清华大学教育研究》2001 第 2 期。
④ 祁占勇：高校教师聘任合同法律性质的论争及其现实路径，《高教探索》2009 年第 3 期。
⑤ 申素平：论我国公立高等学校与教师的法律关系，《高等教育研究》2003 年第 1 期。
⑥ 吴开华，覃伟桥：论教师聘任制的法律性质，《教育评论》2002 年第 5 期。
⑦ 毕雁英：教师法律身份及其与学校纠纷的解决，《中国高等教育》2005 第 19 期。

事纠纷。”① 从2008年实施的我国《劳动合同法》第二条第二款②来看，法律已正式将“实行聘任制的事业单位与劳动者建立的劳动关系纳入了调整范围。这对消除脑力劳动与体力劳动的法律身份区别以及保护事业单位劳动者的合法权益将起到积极的作用。”③

观点三：教师聘任合同是一种特殊性质的合同或称混合合同。该观点认为，教师聘任合同既有别于行政合同，也不同于劳动合同或一般民事合同，主张其是一种特殊性质的合同或称混合合同，教师与高校间是一种独立的聘任关系，教师聘任合同是兼有行政合同与民事合同性质的特殊合同。祁占勇认为，“教师聘任合同一方面带有行政管理关系的色彩，双方存在指挥与服从的内部管理关系，具有隶属性和单方面性。这种关系与传统意义上的行政关系不同，而是一种特殊的行政关系。另一方面，该聘任合同又兼有民事关系的性质。意思自治为民事合同的原则，只要不违反法律法规等强制性规定，当事人便享有完全的缔约自由。教师聘任合同与普通民事合同相比，又具有在一定程度上的相对不自由的特征，合同内容应受到行政法治原则和符合国家教育目的性原则的制约”④。“教师聘任合同同时兼具普通民事合同和行政合同的某些特征，但又不能完全等同于这两类合同，它是集上述合同的部分特征于一身的混合合同。”⑤

二、解读与评析：中国高校教师法律身份现状

关于高校教师法律身份定位的上述各观点均结合现行相关立法，通过对教师与学校关系特质的分析，阐释了其不同主张，都有一定道理。之所以会形成上述诸观点及理论分歧，根本原因在于：一是因为我们正处于一个多元的社会，即身份社会、契约时代转向法治社会的阶段；二是现阶段我国正在大力推进包括高校在内的事业单位人事体制改革。

1993年《国家公务员暂行条例》颁布后，教师与公务员随之在法律上开始分立。该条例明确规定了公务员的法律概念⑥，而并未将教师纳入其中。根据1997年10月1日生效的《刑法》第九十三条规定，教师也不属于刑法界定的从事公务的国家工作人员的范畴。自此，在现行立法中，教师既非“国家公务员”也非“国家工作人员”。

① 周光礼，彭静雯：从身份授予到契约管理-我国公立高校教师劳动制度变迁的法律透视，《高等教育研究》2007年第10期。

② 《劳动合同法》第二条第二款规定：“国家机关、事业单位、社会团体和与其建立劳动关系的劳动者，订立、履行、变更、解除或者终止劳动合同，依照本法执行。”

③ 林雪卿：公立学校教师维权的仲裁与民事诉讼途径，《南通大学学报（教育科学版）》2008年第2期。

④ 详见祁占勇：高校教师聘任合同法律性质的论争及其现实路径，《高教探索》2009年第3期。

⑤ 杨挺：论公立学校教师聘任合同的法律性质，《中国教育学刊》2007年第4期。

⑥ 1993年《国家公务员暂行条例》第三条规定：“本条例适用于各级国家行政机关中除工勤人员以外的工作人员。”

但是，根据1995年施行的《劳动法》第二条的规定①，未签订劳动合同的高校教师与作为事业单位的高校间的人事关系被明确剔除于《劳动法》；另一方面，这也为教师与高校之间的聘任合同系行政合同的主张从侧面提供了法律支持。同时，《教育法》第二十八条授予学校和其他教育机构的九项权利②也使得高校在国家的授权下成为行政主体的主张，在法律上得到了印证——学校是属于比照实行公务员制度的事业单位。从我国《教师法》及相关法律规定看，高校教师的待遇、薪酬等事项也是比照公务员制度来设计和安排的。

涉及高校教师身份及相关制度的两部法律——《教师法》以及《教育法》③，都明确了学校对教师的录用实行聘任制度，过去实行的教师任命制被取而代之。随着高校教师聘任制改革的推进，如何界定高校教师的法律身份，高校与教师间的“聘任合同”属于何种法律性质，日益成为理论与实务界亟待明确的问题。

为解“燃眉之急”，《劳动合同法》第九十六条④就上述问题做出了相应的回应。从中我们可以得知：其一，它并未将“聘任合同”定性为“劳动合同”，只是将聘任合同中的一些问题“暂时”借用《劳动合同法》；其二，反面看，它也认可“聘任合同”有别于“劳动合同”，并将关于包括高校在内的“事业单位与实行聘任制的工作人员”的法律规制问题留给“法律、行政法规或者国务院”另行规定。同时，明确在这些规定出台前，相关案件的部分问题暂时依照《劳动合同法》的相关规定处理，从而使这类纠纷不至于无法可依。遗憾的是，该规范至今未出台。

主张高校教师法律身份为《劳动法》上的劳动者，其与高校间的“聘任合同”属于“劳动合同”的观点，其积极意义就是将包括高校教师在内的实行聘任制的事业单位教育教学人员、将教师与校方的聘任关系从“无法”状态拉入“劳动法”，使其有法可依；教师便成为劳动法上具有独立地位的权利主体，依法享有法律所赋予的劳动者的各项权利；运用趋于完善的《劳动法》的法律法规，当权益受到侵害时能够有效地得到保障和救济，也有利于监督该聘任合同双方履行合同义务。

然而，这也带来另一方面的问题，就是教师劳动权行政救济渠道的丧失。例如，在陆某某与复旦大学人事争议纠纷一案中，复旦大学经校长办公会议（党政联席会议）审议，最终决定给予陆某某以行政开除处分。上海市二中院认为复旦大学对该

---

① 《劳动法》第二条规定：“在中华人民共和国境内的企业、个体经济组织（以下统称‘用人单位’）和与之形成劳动关系的劳动者，适用本法。国家机关、事业组织、社会团体和与之建立劳动合同关系的劳动者，依照本法执行。”

② 1995年9月1日起施行的《中华人民共和国教育法》第二十八条规定：“学校及其他教育机构行使下列权利……”此处运用的是“权利”而并非“权力”，该“权利”具有权力（行政权）的色彩。因此，行使这些权利的学校可以看作行政机关经法律授权的组织，具有行政主体资格。

③ 1993年颁布的《中华人民共和国教师法》第十七条规定：“学校和其他教育机构应当逐步实行教师聘任制。教师的聘任应当遵循双方地位平等的原则，由学校和教师签订聘任合同，明确规定双方的权利、义务和责任。”1995年通过的《中华人民共和国教育法》再次明确规定学校实行教师聘任制。

④ 《劳动合同法》第九十六条：“事业单位与实行聘任制的工作人员订立、履行、变更、解除或者终止劳动合同，法律、行政法规或者国务院另有规定的，依照其规定；未作规定的，依照本法有关规定执行。”

教师做出的处分属于行政处分，故不属于人民法院民事案件受理范围，致使陆某某劳动权救济渠道缺失。

当然，近年来针对事业单位人事争议，国务院及各部委也在加紧出台各类相关规范。如：国务院制定的2014年7月1日起施行的《事业单位人事管理条例》虽对教师与作为事业单位的高校基于聘任合同而形成的聘任关系的法律性质仍未做出界定，但明确了关于“人事争议”可依照《中华人民共和国劳动争议调解仲裁法》处理，以及高校教师对本人考核结果或处分决定等不服，可通过复核与申诉等途径予以救济。[①] 由此可知，该条例也认为聘任合同不完全等同于劳动合同，只想“借用”劳动争议的调解、仲裁程序解决事业单位的部分人事纠纷，并以另一条文（第三十八条）规定涉及“考核结果、处分决定等”的“人事争议”“可以按照国家有关规定申请复核、提出申诉”，将这类“人事争议”的处理剥离出《劳动争议调解仲裁法》。而对是否可以就该类“人事争议”以提起行政诉讼的方式予以救济，其仍未作出规定。同时，为更好地实施上述行政法规，中央组织部、人力资源和社会保障部共同出台《事业单位工作人员申诉规定》，已于2014年7月1日起施行。此外，由人力资源和社会保障部部务会、监察部部长办公会审议通过的《事业单位工作人员处分暂行规定》已于2012年9月1日起施行。从这两部部门规章的相关规定来看，仍将事业单位人事聘任关系视为行政关系。

至此，高校教师的法律身份以及高校教师与学校之间的聘任合同的法律性质至今尚无法律作出明确界定。人事聘任合同能否完全等同或视为劳动合同，高校人事聘任纠纷的司法救济是按普通的劳动纠纷还是按行政纠纷处理等问题，至今也无法律、行政法规或者国务院相关的规定做出明确规定。这不但使上述理论纷争继续，也给从事人事纠纷审判工作的法官带来了事实性质认定与法律适用上的困扰。

高校聘任制改革不仅涉及教师的权利义务，更涉及教师与政府、学校等多方主体的法律关系，以及由此带来的纠纷解决和权利救济机制等诸多问题，而明确教师法律身份与法律地位是其核心。就教师与高校签订人事聘任合同的性质以及高校教师的法律地位，在现有立法存在空白的情况下，究竟应当将该人事聘任合同纳入劳动合同法的调整范围而舍弃公务员的身份，还是应着眼于高校教师的公务员或类公务员身份出台专门规范教师聘任事项的法律法规，已成为亟待解决的法律课题，需要做出立法选择。

本文主张，我国应建立涵盖高校教师的公务雇员法律制度。它有别于《劳动法》《公务员法》，是专门适用于提供公共服务，为社会整体利益、国家利益工作的人们。

---

① 自2014年7月1日起施行的《事业单位人事管理条例》第三十七条规定：“事业单位工作人员与所在单位发生人事争议的，依照《中华人民共和国劳动争议调解仲裁法》等有关规定处理。”第三十八条规定：“事业单位工作人员对涉及本人的考核结果、处分决定等不服的，可以按照国家有关规定申请复核、提出申诉。”

三、建立涵盖我国高校教师的公务雇员制度之设想

（一）明确我国高校教师的公务雇员法律身份

本文提出，构建我国公务雇员制，高校教师法律身份可定位为公务雇员。理由主要是，高校教师聘任合同订立的根本目的是为了开展国家高等教育事业、实现特定的国家教育管理目标。① 从这一意义而言，该人事聘任合同是为履行公法上的权利和义务而签订的；高校教师是为了公共利益而执行公务。因而从本质上看，教师与高校间的人事聘任合同实为国家实现其高等教育管理目标不可缺少的必要手段。它的法律性质和“行政合同”更类似，可谓“准行政合同”。笔者基本赞同上述观点三，但应舍弃利用现有立法勉强适用的思想与做法。我们不能因为聘任合同纠纷的成因有可能包括合同的诚实信用、显失公平、不可预见、不可抗力等因素，就笼统地将其认定为劳动合同或民事合同，从而在解决教师与高校之间的人事争议时也就当然地类推适用解决劳动争议的法律机制。

2016年，就事业单位人事制度改革，人力资源和社会保障部新闻发言人李忠表示，“现阶段正在研究制定高校、公立医院不纳入编制管理后的人事管理衔接办法”。② 而办法中涉及的“不纳入编制管理”，实质是取消事业单位编制管理制度，同时肯定了事业单位所具有的公益的性质。③ 值得注意的是，改编制管理为合同管理和学校所具有的公益性、教师职责所具有的公务性是两个问题。若人事制度改革进行顺利，未来高校和公立医院将会实行全员合同聘任制。由此，高校与教师订立的聘任合同具有公益属性得以明确。

一方面，公立高校是由国家设置的、通过公共财政维持的公共服务机构；另一方面，由于中小学教师是国家教育责任的具体担当者，教育本身所具有的公共产品属性需要通过中小学教师的工作才得以实现，因此中小学教师的职业特征除了专业性之外，还具有公务性质。《教师法》第三条所规定的教师的教育教学职责相当一部分内容都由国家通过法律、政策予以规定，而不是在学校和教师的合意性基础上协议产生的。因此，教师所实施的教育教学活动是一种具有公务性质的活动，具有典

---

① 1998年颁布的《中华人民共和国高等教育法》第四条规定：“高等教育必须贯彻国家的教育方针，为社会主义现代化建设服务，与生产劳动相结合，使受教育者成为德、智、体等方面全面发展的社会主义事业的建设者和接班人。”第二十四条规定：“设立高等学校，应当符合国家高等教育发展规划，符合国家利益和社会公共利益，不得以营利为目的。”

② 刘邓：四问高校和公立医院事业编制改革，http：//news. xinhuanet. com/2016-08/11/c_ 1119377815. htm，2017年4月9日访问。

③ 始于2011年的中国事业单位分类改革目前已基本完成第一阶段任务，从事公益服务的继续保留在事业单位序列，强化其公益属性。保留下来的事业单位分为两类，公益一类和公益二类。承担高等教育、非营利医疗等公益服务的，被确定为公益二类。现在改革编制实际是事业单位改革的第二阶段。

型的国家性（强制性和公益性）、连续性和稳定性等性质。① 正是由于高校教师聘任合同的公益性，要求聘任合同的内容必须符合法律、法规的规定，合同双方都不具有完全自由处分的权利。从聘任合同的内容看，教师对高校具有一定的服从义务，教师与高校间应属于一种法律地位不对等的契约关系。就这点而言，它类似于行政法律关系。而劳动合同的内容只涉及劳资双方私法上的权利与义务，这些与人事聘任合同都有着本质的区别。高校教师法律身份性质上也不属于《劳动法》上的劳动者。教师作为具有劳动能力并从事劳动（工作）的人，仅指一般意义上的劳动者；而具有这种劳动者身份并不代表教师就当然应受劳动法规范，因为《劳动法》上的劳动者是特定的主体。从另一角度看，《劳动法》调整的劳资关系的性质与教师和高校在实施教育职责过程中形成的关系也有本质区别。在保障受教育者受教权、履行教育教学职责、向社会提供公共教育服务这一公共产品等方面，高校和教师是通力合作关系，也是双方共同的职责，明显有别于传统劳动关系中劳资的对立与冲突的特质。

探讨教师的法律地位，我们可以从教师的职业性质、薪资来源，以及其与相关法律规范的性质、内容是否衔接和吻合中寻找到答案。《教师法》明确指出教师职业性质，并对其工作内容的特殊性给予了立法上的肯定。② 高校教师作为提供公共服务的人员，教师劳动者身份在取得和存续上均有其特殊性。

就教师劳动权的取得而言，现今主要是教师通过与学校签订聘任合同从而获得劳动权。教师的这种聘任合同与一般劳动者签订的劳动合同相比，取得教师身份依照法律尚需一些特殊要求：一是具备相应的教师资格与条件（如上岗前取得教师资格证），二是和学校签订聘任合同，三是履行教育教学职责。教师劳动权行使也不同于一般劳动者，主要是基于其专业人员的身份享有学术自由和专业权利而不是一味服从雇主命令；同时，基于教育公共性，教师劳动权行使也受到一定限制。如教师法等相关法律法规对教师教育教学职责的强制性规定远多于劳动法对劳动者的规定；再如，各国均对教师罢教（罢工）权予以限制。

在高校人事聘任合同中，教师和国家及学校之间并不是纯粹的平等主体。例如：高校教师的工资是按编制、按教师职称职级的高低，由国家财政保障和予以发放。这种“薪俸法定主义”本身即是政府干预合同的体现。即便改编制管理为合同管理，薪酬协商也是排除在集体协商权之外的。这也是聘任合同不同于劳动的合同一个明显体现。

（二）构建我国公务雇员制的法理基础

笔者认为，构建我国公务雇员法律制度，首先应制定一部有别于《劳动法》和

---

① 劳凯声：教育部已经出台《中小学教师职业道德规范》，为何还要制定本办法？http://klcb.k618.cn/news/news/201312/t20131201_4310944.htm，2017年4月24日访问。

② 《中华人民共和国教师法》第一章第三条规定：“教师是履行教育教学职责的专业人员，承担教书育人、培养社会主义事业建设者和接班人、提高民族素质的使命。”

《公务员法》的“公务雇员法”。它适用于包括高校教师、医生等提供公共服务的人员。据此，高校教师的法律地位可定位为公务雇员。“公务雇员法”可成为我国公务雇员法律制度的基本规范；配合我国正在推进的公务员分类管理，公务雇员亦可参照该管理方法。制定与之配套的“行业规范”（简称“行规”），作为“公务雇员法”的第二层级规范。加之作为其第三层级规范的各事业单位内部规章制度，就可构成完整的公务雇员法律制度。

在制度设计上，我国可以借鉴域外的有关政府雇员的制度规定，改由教育行政部门聘任教师为学校聘任教师，与教师签订聘任合同。① 这种做法的实质是把教师变成政府雇员，强调教师与政府之间的公法关系。从政府履行职责角度看，将某些公益性职能或者经营性活动授权或委托给诸如高校、医院等具有专业管理能力的事业单位，有助于效率最大化和节约纳税人成本。高校通过与教师签订的聘任合同以实现对教师的岗位管理，进而实现高校管理目标。所以，高校人事聘任关系的实质是行政权力关系和契约关系的结合。它虽然没有按照我国现有公法、私法区分理论从根本上解决有关教师法律身份问题，但可以确保教师职业的公务性，避免把教师沦为自由职业者。由于高校教师只是通过与学校之间的合同与政府建立雇用关系，合同主体并不直接涉及政府，就与传统意义的公务员存在较大差异。正因如此，国家公务员的某些福利待遇并不覆盖高校教师。这也从侧面减轻了政府财政压力。同时，较之公务员，教师拥有更多的私权利。如：高校与教师之间聘任合同的某些内容允许意思自治，双方可以谈判和平等协商，达成共识便可写入合同。

关于高校教师的法律身份，我们不妨效仿日本。日本于2000年进行独立法人化改革后，法律确立了国立大学的独立法人资格，大学教师法律身份也发生了改变。“国立大学成为行政法人之后，不再隶属于国家政府，而转变为以国家名义设立的以从事教育服务、实现社会公益为目的的行政法人；国立大学教师也不再是国家公务员，而成为为达成行政法人设立目的的公务人员，与所在大学形成紧密的公法契约关系。”②

“高校人事制度的改革是在我国事业单位改革的大背景下推进的，在国际发展的潮流下，中国事业单位的改革正朝着自主性和公共性两个方向发展。”③ 增强高校的竞争力并不断扩大高校的自主权，势必会使政府、高校管理权受到相应限制，抑或使得高校教师权利相应地缩减。因此，应建立公务雇员法制，制定专门法律法规来界定和规范诸如教师与政府、高校间的关系及各方的权利义务，将这种“人事聘任合同”——新的契约关系纳入法制轨道。

---

① 在美国、英国等英美法系国家，公立学校的教师在法律上具有政府受雇人的身份。教师由教育行政部门任用并签订雇用合同。

② 申素平：对我国公立学校教师法律地位的思考，《高等教育研究》2008年第9期。

③ 清华大学公共管理学院副教授邓国胜认为：未来中国事业单位的改革方向是不断提升自主性和公共性，高校人事制度的改革也应当顺应这一趋势［详见邓国胜：高校人事制度改革的方向与路径，《清华大学教育研究》2009年第5期］。

（三）对构建我国公务雇员法制的可行性思考

1. 现有法制环境已具备构建公务雇员制条件

笔者认为，目前构建我国公务雇员法律制度，我国的立法环境与条件应当是具备的。根据《刑法》第九十三条对国家工作人员的界定，其外延比现行《公务员法》所确立的公务员概念的范围更大。作为承担一定公共服务职责的教师，完全可以归入“国家工作人员”这一范畴。此外，考虑到诸如高校、医院等事业单位人事聘任合同与劳动合同相比具有的差异性、复杂性，《劳动合同法》以及《劳动争议调解仲裁法》已为规范人事聘任关系留下了独立立法的空间。①

就教育系统实际情况而言，对教师与高校之间的聘任合同和涉及该聘任合同争议的处理，我国一直未出台专门的法律法规或特别规定。这使得该聘任合同实务大多按照《劳动合同法》的规定执行；教师与高校之间的相关争议也大多按照《劳动争议调解仲裁法》的规定执行。② 这种法律挂靠的做法应尽快随着专门法律法规的出台而摈弃。

从现有教育法的相关规定来看，《教师法》虽然没有确认教师的公务员身份，但在多处规定中强调了教师职业所具有的特性，即专业性和公务性。同时，还在教师工资以及福利待遇等若干方面参照公务员有关规定处理。③ 这也为高校教师法律身份定位为公务雇员留下了立法空间。

根据《公务员法》的规定，高校教师不属于公务员范畴。但按照《教育法》的相关规定，对高校教师的管理制度多是参照公务员确定的，或是法律授权国务院及其所属部门——教育部出台有关强制性规定，学校在该事项上不享有自主决定权，且受到相关公法规范所制约。例如：在我国，行政处分是国家机关对公务员违反行政法律规范而实施的内部惩罚制裁手段。也就是说，具备与国家机关有行政隶属关系工作人员的法律身份是承担行政处分责任的前提条件。否则，只能是行政处罚责任。但我国教育法对教师违反教师教育管理规定的行为设置了大量“行政处分”的责任，还有专门的《事业单位工作人员处分暂行规定》部门规章。这也都说明教师是具有公职人员身份的。

此外，由于现行《公务员法》没有把教师规定为国家公务员，如果确立高校教师具备公务员的法律身份，势必要对公务员概念和相关制度从根本上予以变动，在

---

① 《劳动合同法》第九十六条规定：“事业单位与实行聘任制的工作人员订立、履行、变更、解除或者终止劳动合同，法律、行政法规或者国务院另有规定的，依照其规定；未作规定的，依照本法有关规定执行。”《劳动争议调解仲裁法》第五十二条规定：“事业单位实行聘任制的工作人员与本单位发生劳动争议的，依照本法执行；法律、行政法规或者国务院另有规定的，依照其规定。”

② 详见《事业单位人事管理条例》第三十七条的规定。

③ 《教师法》第二十五条规定：“教师的平均工资水平应当不低于或者高于国家公务员的平均工资水平，并逐步提高。建立正常晋级增薪制度，具体办法由国务院规定。”第二十九条规定：“教师的医疗同当地国家公务员享受同等的待遇；定期对教师进行身体健康检查，并因地制宜安排教师进行休养。医疗机构应当对当地教师的医疗提供方便。”

立法上可能面临的代价过大。因此，建立我国公务雇员制，既保障了教师、学校等事业单位所提供服务的公务性质，又保证了教师职业所要求的专业性以及契约关系所承载的自由自主特质。把高校教师性质界定为公务雇员，在现行立法框架内已具备相应条件。

2. 引导我国高教行业建章立制，完善我国公务雇员法制体系

（1）制定教育、教师等行业“行规”，明确行业标准。笔者认为，各类公立机构、事业单位，如公立大学、公立医院、公立科研机构等都应有本行业的行业规范，这是构建我国公务雇员法制的重要组成部分。同时，应在“公务雇员法”里明确建章立制的部门与职责，以及执行、监督部门的职责、规范等。把教师纳入公务雇员制度，学校行业应有统一的“行规”规范教师行为以及学校与教师关系，作为基本行为准则。完善诸如《教师法》《高等教育法》等配套法规，明确行业准入条件、标准等，制定涉及高校教师切身利益与身份关系的行业管理规范与实施细则，如对聘任合同基本条款进行规范和推介聘任合同示范文本等。高校教师行业应建立统一行业标准，如：建立高校教师准入门槛；推行教师资格认证等；建立健全全国统一的高校教师职称、职级和工资标准，以及教师职称职级评聘的基本行为规范，对职称职级评定中的造假、舞弊行为进行规制。这既便于教师的流动、增强高校活力；又方便对教师的管理、接轨当前契约管理，也可保护教师利益；侧面还起到明确教育行政管理部门职责的作用；更起到杜绝高校权力滥用、滋生腐败的作用。

（2）设立管理委员会，进行专业化管理。举办高等学校是政府履行国家教育责任，发展高等教育事业的一种主要方式。在我国，无论公立还是私立高校，高校教师都是在其中从事公务的专业技术工作人员，对高校教师进行专业化管理实为其职责所要求。笔者主张，包括高校的各类事业单位都可设立相应的专业或行业管理委员会，对诸如教师行业、高等教育行业等进行专业化管理，各学科也可设置相应的管理委员会并聘请有名望的专业人员进行专业化管理。我国高校教师可以根据不同的学科大类设置相应的管理委员会共同对高教行业进行管理。专业化管理并不是垄断管理，也并不绝对排斥多个领域的专业人士的共同管理。若涉及交叉学科，可以考虑通过不同的专业人员进行协同管理，共同促进该学科水平的进步。各个学科的管理专家各司其职，根据不同学科的高校教师需求和教学方法，让高校教师人尽其才。

（3）完善人事聘任法制，加强师资、学校等行业考核，建立健全监督机制。根据《中华人民共和国高等教育法》的规定，高校教师与高校之间属于聘任关系。① 这意味着双方是一种平等的雇用关系。高校作为特殊形式的法人，它享有教师聘任权、奖惩权等自主权力。这些并非高校自身天然取得的权力。国家只是将该公权力赋予

---

① 《高等教育法》第四十八条规定：“高等学校实行教师聘任制。教师经评定具备任职条件的，由高等学校按照教师职务的职责、条件和任期聘任。高等学校的教师的聘任，应当遵循双方平等自愿的原则，由高等学校校长与受聘教师签订聘任合同。”

高校行使，为防止权力滥用，有必要明确学校自主权的范围，划定权利界限。有效的做法可以是完善现行高校聘任行为基本规范，保护处于弱势地位的被聘任者，即高校教师，最终促进教师与高校之间实质上不平等的隶属关系转化为平等的雇用关系。无论教师与高校还是其他提供公共服务的事业单位，聘任制改革中聘任合同的签订、履行等制度建设都是重点，制定聘任合同的基本规范不可或缺。在高校人事制度改革的进程中，聘任合同是由身份到契约转化的产物，改革的重点也随之变身份管理为岗位合同管理。聘任合同是师资考核的主要依据，也是考核办学单位重点关注的内容。从法制视角看，这又要求对聘任合同建章立制，并构建相应的考核、监督机制。

专题六　高校管理教师行为规范性探讨

蒋树　谌瑜

专题概要：高校管理教师行为构成高校人事制度改革的重要组成部分，对高校、高校教师、学生等多方主体权益产生重要影响。不可忽视的是，高校管理教师行为的内容以及程序等规范性尚需进一步完善：结合现行高校对教师管理的法制现状，提出高校管理教师行为应依法依规依约；构建与完善内部权力制衡机制；对教师管理规章制度引入有限司法审查制度；设定高校管理教师的法定程序等对策。这些对规范高校管理教师的行为具有积极意义。

关键词：高校；管理行为；教师；规范性；法律对策。

现阶段，高校人事制度改革正如火如荼地进行。高校对教师的管理行为是高校人事管理的重要环节，法治化改革势在必行。高校在我国法律体系中属于事业单位，但与医疗机构、文化、体育等普通事业单位不同，是具有行政管理职权的特殊事业单位。根据《高等教育法》第二十二条第二款①、《教育法》第二十九条第一款②规定的高校所具有的九项权利等相关法律法规，高校依据法律法规的授权，可在一定条件下向教师、学生等行政相对人行使行政管理职权，具有行政主体地位。具体表现为高校有权对教师奖励、处分、职称评定；对学生授予学位、作出开除处分决定；依据高校章程和规章制度对教师进行管理。

所谓高校对教师的管理，“它是高校为实现学校教育工作的目标，依靠一定的机构和制度，采用一定的措施和手段，发挥管理和行政的职能，带领和引导教师，充分利用各种资源，有效地完成学校的工作任务，实现预定目标的组织活动”③。规范高校管理教师的行为，是推进高校依法治校的重要体现。这既有利于高校科学管理内部工作人员，维持和保障教学秩序，促进高校及高等教育的可持续发展，也有利于维护和保障高校教师的合法权利，避免因高校不当管理行为损害教师的合法权利。

---

① 《中华人民共和国高等教育法》第二十二条第二款：“公民通过接受高等教育或者自学，其学业水平达到国家规定的学位标准，可以向学位授予单位申请授予相应的学位。”

② 《中华人民共和国教育法》第二十九条第一款：“学校及其他教育机构行使下列权利：（一）按照章程自主管理；（二）组织实施教育教学活动；（三）招收学生或者其他受教育者；（四）对受教育者进行学籍管理，实施奖励或者处分；（五）对受教育者颁发相应的学业证书；（六）聘任教师及其他职工，实施奖励或者处分；（七）管理、使用本单位的设施和经费；（八）拒绝任何组织和个人对教育教学活动的非法干涉；（九）法律、法规规定的其他权利。”

③ 详见严清：高校行政管理存在的问题与对策，《经济师》2009年第5期。

高校管理教师行为的依据，主要是《教师法》《高等教育法》《事业单位人事管理条例》等法律法规和高校内部规章制度，以及其与高校教师签订的聘任合同。虽然现有法律规定总体上操作性较强，但高校管理教师行为仍存在诸多问题。例如：高校在管理教师过程中行政化倾向严重，缺乏有效的内部治理监督机制，教师管理规章制度合法性存疑，管理程序缺乏法定要求，等等。这些问题都需要从制度层面加以完善和解决。

本专题从法制视角解读和分析高校管理教师过程中面临的法律问题，从高校管理教师行为的内容与程序问题着手，结合现行高校的法制现状和实际案例，提出高校管理教师时应依法依规依约、构建与完善内部权力制衡机制、对教师管理规章制度引入有限司法审查制度、对高校管理教师设置法定程序等法律对策，以期对高校人事制度改革提供一定的借鉴与参考。

一、高校对教师管理的典型案例及相关法律问题

（一）典型案例简述

【典型案例】① 在“河南L大学与杜某某人事争议纠纷一案”中，被告杜某某是原告河南L大学聘任的工作人员。河南L大学、杜某某分别于2015年10月29日、11月2日向山阳区人民法院提起诉讼，山阳区人民法院于2016年1月21日作出【（2015）山民劳初字第00116号】民事判决。河南L大学、杜某某均不服，向河南省焦作市中级人民法院提起上诉。二审法院经审理后认为，双方当事人的上诉理由均是部分成立并予以支持，对一审判决不当部分应予纠正，遂作出终审判决【（2016）豫08民终722号民事判决】。杜某某不服河南省焦作市中级人民法院对本案的终审判决，向河南省高级人民法院申请再审。

本案二审民事判决生效后，杜某某作为申请人向仲裁部门提出了仲裁申请；仲裁裁决【焦劳人促案字（2016）220号】作出后，杜某某仍不服，向河南省焦作市山阳区人民法院提起民事诉讼。其中，杜某某的诉讼请求中包含申诉内容。

本案再审法院认为，杜某某的再审申请不符合《中华人民共和国民事诉讼法》的相关规定，遂裁定【（2017）豫民申1718号民事裁定书】驳回杜某某的再审申请。

本案原审法院查明：被告杜某某2010年6月到原告河南L大学工作。双方依据2010年3月11日签订的《协议书》，河南L大学应为被告杜某某提供住房补贴、科研启动基金等款项；被告为原告服务年限为八年，如果被告服务年限不够则按比例退还上述款项并承担退回款项同等数额的违约金。原告向被告支付了住房补贴，科研启动基金是以项目费用的方式拨付的。2013年1月18日原被告双方签订《河南L大学自费出国（境）进修协议书》，约定被告出国进修返校后服务年限为三至八年，若与学校签有其他服务协议，服务年限累加计算。因家庭原因，被告于2015年7月

① 详见北大法宝：河南理工大学与杜静静人事争议案，（2016）豫08民终722号。

29日向原告邮寄了《解除劳动合同申请》，原告认可双方劳动合同于2015年7月31日解除。另查明，被告于2010年6月到原告处工作，原告未依法为被告缴纳社会保险费。

杜某某的诉讼请求主要是：1. 杜某某于2010年6月被聘用到河南L大学工作，双方于2010年3月11日签订《协议书》。该协议明确规定了双方的权利义务、合同期限、工作内容、劳动报酬、劳动条件等，无论从形式还是实质上都完全满足劳动合同的构成要件。因此，杜某某认为双方之间是劳动关系，应适用劳动法的相关规定。2. 河南L大学应依法支付杜某某解除劳动合同经济补偿金。3. 河南L大学让杜某某退还九万七千三百元住房补贴和四万三千六百元科研启动金不合法、不合理。4. 河南L大学让杜某某赔偿十四万零九百元违约金不合法、不合理。5. 河南L大学让杜某某承担三万元赔偿金不合法、不合理。（1）《河南L大学关于专业技术人员拒聘、辞聘的规定》是内部规定，没有法律依据，是霸王条款；在劳动仲裁之前，杜某某一直不知有此规定。（2）杜某某被聘任为副高级职称是因为杜某某具有副高级职称的能力和资历，是杜某某凭借自己的实力得到的，不是河南L大学给杜某某的优惠待遇。让杜某某赔偿三万元违反《劳动合同法》第二十五条的规定。（3）河南L大学声称《河南L大学关于专业技术人员拒聘、辞聘的规定》是2009年出台的文件，但是没有人知道该规定是针对我2015年刚刚制定的还是特别制定的。若是河南L大学在《河南L大学关于专业技术人员拒聘、辞聘的规定》中规定我该赔款三千万，我一个普通劳动者也要赔吗？明显这是一条霸王条款！极不合理，极不合法！……（4）杜某某是自费出国，河南L大学没有给杜某某提供任何费用。杜某某在出国期间还一直通过电子邮件指导研究生，发表论文署名河南L大学等，一直在为河南L大学工作。河南L大学因杜某某出国，约定服务期本身就是没有法律依据的，分摊住房补贴和科研启动金更是毫无事实和法律依据。（5）杜某某虽然提交了辞职申请，但河南L大学没有回应，也没有给其办理任何离职手续，杜某某2015年8月份还在上班。河南L大学在杜某某怀孕期间、在杜某某仍然上班的情况下停发了杜某某的工资，单方面以实际行动终止聘任合同。该做法违反了《劳动合同法》的规定。

此外，杜某某还认为，河南L大学仰仗自身是事业单位，强调是人事关系而非劳动合同关系，无视《劳动法》《劳动合同法》《事业单位人事管理条例》等法律法规，扣押杜某某博士毕业证书和博士学位证书，不按约提供房源，不依法缴纳社会保险费，不理会杜某某的辞职信；甚至还在杜某某怀孕上班期间停发杜某某的工资，却不给杜某某办理档案转移手续，致使杜某某无法到新单位上班，甚至毫无理由冻结了杜某某主持的国家自然科学基金，让杜某某的科研工作无法开展。再加上一直以来没有给杜某某缴纳社会保险费，致使杜某某在失业的情况下无法享受失业保险，在怀孕的情况下无法享受生育保险和基本医疗保险，致使杜某某生活困难，现在又冠冕堂皇地要求确认人事关系解除。如果说杜某某的解除劳动合同申请是无效的，那么河南L大学现在要求解除和杜某某的人事关系就完完全全是在杜某某怀孕哺乳期开除杜某某，是违反《劳动合同法》规定的；而且根据2010年3月份双方签订的《协议书》，是河南L大学要开除杜某某，河南L大学给杜某某的所有待遇都无须退还。

河南L大学上诉称，自2010年7月至2015年7月杜某某被聘为河南L大学电气学院教师。杜某某2010年9月初聘讲师，2013年4月河南L大学聘任杜某某为副教授。杜某某2010年7月到校工作时，河南L大学按照约定为其提供待遇如下：发放住房补贴、科研启动金。河南L大学与杜某某双方2010年3月11日签订的协议书明确约定，杜某某在河南L大学处服务年限不少于八年，如杜某某擅自解除协议或以自己的行为表明不履行协议或由于杜某某的原因导致协议无法履行，则根据杜某某没有为河南L大学服务的年限，由杜某某按比例退还河南L大学为其提供的待遇，杜某某还应向河南L大学承担退还费用同等数额的违约金。杜某某在2013年4月至2014年4月自费出国进修一年。返校后，河南L大学为其兑现了工资津贴等相关待遇。双方2013年1月18日签订的出国进修协议书明确约定：杜某某出国进修返校后服务期为三至八年；若与河南L大学签有其他服务协议的，服务年限累加计算；服务期未满申请调离者，经河南L大学同意后按照有关规定支付违约金后，办理离校手续。按照出国进修协议约定，出国进修返校工作后，服务期为三至八年，服务年累加计算，故杜某某在河南L大学的服务期应按十一年计算。现杜某某在河南L大学单位实际服务年限为五年，按实际服务年限从其领到的住房补贴须退还八万七千三百元；从其领到的科研启动金中须退还四万三千六百元（服务年限按十一年计算）。按照约定，杜某某并应向河南L大学承担上述两项费用同等数额的违约金。《河南L大学关于专业技术人员拒聘、辞聘的规定》第四项第四条规定，副高级人员辞聘需缴纳赔偿金三万元。按照上述规定，杜某某系河南L大学聘任的副高级职称人员，其单方提出辞职需向河南L大学支付赔偿金三万元。双方之间系人事关系，杜某某要求解除双方劳动合同的请求无事实依据。由于杜某某单方擅自提出解除双方人事关系构成违约，故杜某某提出的支付解除劳动合同经济补偿金请求无事实和法律依据。因河南L大学系省直事业单位依法并未参加社会保险，而是按照规定为职工参加了失业保险、住房公积金，经职代会通过实行了职工内部医保，故杜某某提出的补缴社会保险费和滞纳金的请求无事实和法律依据。因杜某某并未生育，相关费用并未发生，其亦未在河南L大学计生管理机构办理登记，杜某某报销与计划生育相关费用的请求无事实依据。杜某某与河南L大学人事关系存续期间，河南L大学按时足额为其缴纳了住房公积金，杜某某要求补缴住房公积金的请求无事实依据。杜某某主持的国家自然科学基金项目已经结项，剩余经费依照规定应由河南L大学支配，杜某某转移国家自然科学基金剩余经费的请求无法律依据。综上所述，因双方之间人事争议的过错在杜某某，其在劳动仲裁和一审期间提出的请求无事实和法律依据。河南L大学的请求有事实和法律依据，请求：1. 依法确认双方之间的人事关系于2015年7月31日解除；2. 依法判令河南L大学不应向杜某某支付经济补偿金四万四千二百七十九点六八元；3. 依法判令杜某某向河南L大学承担退还住房补贴九万七千三百元和科研启动金四万三千六百元的法律责任；4. 依法判令杜某某向河南L大学承担违约金十四万零九百元；5. 依法判令杜某某向河南L大学赔偿损失三万元；6. 本案诉讼费用由杜某某负担。

河南L大学答辩认为，杜某某上诉理由不成立，应予以驳回。双方当事人之间人事关系的建立依据的是双方2010年3月11日协议。该协议明确约定服务期限以及引进博士享受的待遇、住房补贴、科研启动金，上述费用杜某某均在仲裁和一审认可收到，且双方约定有违约责任。双方人事关系的解除系杜某某2015年6月15日向学校提交工作调动申请引起，双方人事关系于2015年7月31日已经实际解除。在杜某某一年出国进修之后，学校为杜某某补发了出国进修期间的工资及所有待遇，所以出国进修协议约定的服务期限在原来服务期八年的基础上再延长三年是公平的。杜某某在河南L大学实际服务年限为五年。按比例退还学校住房补贴和科研启动金是其应当承担的责任。由于其单方提出调动要求与学校解除人事关系，所以其解除人事关系的补偿金请求不应支持。由于杜某某与河南L大学人事关系存续期间杜某某并未生育，其计划生育相关请求不应支持。杜某某单方要求解除人事关系，双方的人事关系事实上已经于2015年7月31日解除，2015年7月31日以后杜某某没有为理工大学提供任何劳动，其违约行为成立，杜某某应当按照约定承担违约金责任。由于杜某某单方行为，导致理工大学师资队伍建设及教学工作遭受了损失，其应当按照河南L大学的制度规定承担三万元损失赔偿责任。河南L大学系省直事业单位，目前社会保险费用交纳状况符合国家和河南省事业单位改革进程，河南L大学已经承担实际的社会保障责任，杜某某社会保障相关请求无事实依据。由于双方人事关系已经解除，并被杜某某上诉状确认，所以杜某某办理离职手续的所谓损失请求没有依据，应当驳回。其国家自然科研基金请求，由于其承担的项目已经结项，依照国家规定，河南L大学作为项目依托单位对该经费有支配权，杜某某转移科研基金经费请求没有法律依据。

二审法院经审理查明的案件事实与原审认定的案件事实相同。首先，关于杜某某与河南L大学之间的法律关系如下：河南L大学系事业单位法人；2010年6月，杜某某到河南L大学工作，2010年9月初被聘为讲师，2013年4月被聘为副教授，杜某某属于河南L大学的正式在编人员。其与河南L大学之间应属于人事关系，应优先适用人事方面的法律法规及政策；只有在没有相关规定时才适用劳动方面的有关规定。二审庭审中，双方当事人均认可双方之间的关系于2015年7月31日解除，对此本院予以确认。

其次，关于杜某某各项请求。河南L大学系政府财政拨款的事业单位，并非企业化管理的事业单位，其正式编制人员的社会保险有特殊政策规定。虽然国家规定的机关事业单位养老金制度改革起点是2014年10月份，但直至本案二审辩论终结前该项政策并未具体落实，因此，杜某某以河南L大学未为其缴纳社会保险费而要求解除双方之间劳动合同的理由不能成立，不予支持。本案系杜某某单方提出终止协议，其要求河南L大学支付解除劳动合同经济补偿金的请求没有法律依据，不予支持。依据《中华人民共和国劳动合同法》第九条规定，河南L大学应当退还杜某某的博士毕业证和博士学位证，杜某某的该项请求本院予以支持。由于河南L大学认可双方的人事关系已于2015年7月31日解除，但未按照《中华人民共和国劳动合同法》的规定及时给杜某某办理离职手续，造成杜某某无法再次就业，给杜某某造成一定损失，应当承担赔偿责任，杜某某要求赔偿因此而造成的损失四万四千二百七十九点六八元，本院予以支持。上诉请求中超出仲裁请求部分不予支持。杜某某于2015年12月生育，但其与河南L大学的人事关系已于2015年7月31日解除，其要求河南L大学为其报销相关生育费用的请求亦不能得到支持。杜某某要求补缴社会保险费及滞纳金、住房公积金的请求以及办理国家自然科学基金转移手续的请求，不属于人民法院民事案件受案范围，不予审理。

第三，关于河南L大学的各项请求。依据杜某某与河南L大学2010年3月11日签订的协议书及2013年1月18日签订的出国（境）进修协议书，杜某某在河南L大学的服务年限应合并计算为十一年，但其工作五年即提出辞职要求，违反协议的约定，应当按照协议的约定退还其领取的住房补贴及科研启动金。河南L大学要求杜某某支付三万元赔偿金的请求违反《中华人民共和国劳动合同法》第二十五条的规定，不予支持。河南L大学并未举证证明其给杜某某支出何种培训费用及具体数额，因此其要求杜某某支付违约金的请求不符合《中华人民共和国劳动合同法》第二十二条规定，不予支持。

综上，杜某某和河南L大学的部分上诉理由成立，本院予以支持，一审判决不当部分应予纠正。

（二）争议焦点

本案错综复杂，但从本质上看，这是一起因高校管理教师行为的规范性、合法性而引发的人事争议案件。本案最根本的争议焦点是：河南L大学对杜某某实施管理行为所依据的《河南L大学关于专业技术人员拒聘、辞聘的规定》的规章制度是否具有合法性。本案杜某某与河南L大学属于高校教师与高校之间的人事聘任法律关系，河南L大学基于聘任合同对杜某某开展管理行为。河南L大学认为其有权依照法律赋予的自主管理权制定有关管理教师的规章制度，并依据该规章制度对本校教职工实施管理行为。被告杜某某则以该规章制度的出台缺乏法律依据，且在本案劳动仲裁之前自己一直不知有此规定，并且无法确定该规定的制定时间，故请求法院驳回原告河南L大学的诉讼请求。

本案中，由于我国《劳动法》第二十五条明确规定，用人单位要求劳动者支付违约金的情形仅限于违反竞业限制义务和服务期条款，故该高校管理教师所依据的规章制度“创设”了“副高级人员辞聘需缴纳赔偿金三万元”的情形作为要求高校教师支付违约金的事由，很显然是违背法律规范的。故高校对违约金的诉讼请求最终未能得到法院的支持。

那么，高校在基于聘任合同对教师进行管理时，所依据的、由本校制定的规章制度是否具备内容上的合法性和程序上的正当性？高校据此对教师实施管理行为时是否履行完全、充分？是否适用准确？高校对教师的管理权与教师的权利保障在司法实践中应如何平衡？本专题着重对上述议题进行探讨。

二、高校管理教师之法制环境及现实问题

（一）高校管理教师行为规范现状

我国对高校管理教师行为的依据主要规范有三个层面：一是法律法规等具有最高层级的规范性文件，二是高校基于法定的办学自主权而制定的规章制度，三是高校教师与高校之间签订的聘任合同。

从 1978 年改革开放以后至 1993 年之前，党中央、国务院及中央有关部委对教育的体制改革进行了初步尝试；对事业单位人事制度也进行了改革的尝试和探索，恢复了职称评审工作，开始推行专业技术职务聘任制，适当下放了事业单位人事管理权限。这是我国高校人事制度改革中由高校直接对教师开展行政管理的初次尝试。党的十四大建立社会主义市场经济体制后，事业单位改革进入到建立与市场经济体制相配套的管理体制的新阶段，部分事业单位开始走向市场，实行企业化管理，有条件的单位实现了所有权和经营权分离等，高校管理制度改革进入持续推进阶段。而后 1998 年，国务院颁布《事业单位登记管理暂行条例》，在全国范围内全面启动事业单位登记管理制度，开启了事业单位人事制度改革加速发展的进程。2004 年，国务院又发布《关于修改〈事业单位登记管理暂行条例〉的决定》，事业单位人事制度进入加速推进阶段。2011 年开始，中共中央、国务院出台了一系列深化事业单位改革的文件和政策，并对事业单位分类改革提出指导意见，“对公益一类事业单位，继续实行机构编制审批制度，在审批编制内设岗；对公益二类事业单位在制定和完善相关标准的前提下，逐步实行机构编制备案制度，在备案编制内设岗”。2014 年，国务院颁布《事业单位人事管理条例》（国务院令第 652 号）；2015 年，国务院发布《关于机关事业单位工作人员养老保险制度改革的决定》（国发〔2015〕2 号）；国务院办公厅转发《人力资源和社会保障部、财政部关于调整机关事业单位工作人员基本工资标准和增加机关事业单位离退休人员离退休费三个实施方案的通知》（国办发〔2015〕3 号），标志着我国事业单位人事制度改革进入深化发展阶段。

从上述规范性法律文件的名称来看，主要涉及高校人事制度改革，看似与高校管理教师行为的规范性无关，但其中都有涉及或涵盖了高校管理教师的内容，诸如高校教师的职位设定、编制管理、社会保险、工资报酬等。加之相继从 1994 年 1 月

1日、1995年9月1日和1999年1月1日起施行的《教师法》《教育法》《高等教育法》等由全国人民代表大会及其常务委员会制定的法律，均对高校教师的权利义务、资格、报酬待遇、法律责任以及高校对教师管理、培训等事项以专章或者条文的形式加以确定，并辅之以相关的行政法规和部门规章（如自2007年10月1日起施行的《人事争议处理规定》、自2014年7月1日起施行的《事业单位人事管理条例》等规范性文件）。

我国《教育法》明确了高校等教育机构享有按照章程自主管理的权利，① 高校内部权力机构有权依据国家法律法规的规定，为规范管理高校教师、学生、工作人员而制定相关的规章制度。因此，高校内部规章制度可以看作法律规范等规范性文件在高校教育管理领域的具体体现，高校章程甚至被认为是高校内部的“小宪法”。高校管理教师的行为，所直接依据的通常便是高校规章制度，是高校对教师作出考核、奖惩、任免等人事处理的重要依据。

高校实施的对教师的管理行为，除了上述几类规范性文件，还有一类依据的是高校与教师之间的聘任合同。聘任合同是高校教师入职时以平等自愿为原则，出于意思自治，与高校签订的以教师权利义务为主要内容的协议。聘任合同生效后，对高校与教师双方当事人均具有约束力。高校应当为教师开展教育教学活动提供条件、设施等物质保证，教师应当适当履行法定的教书育人、开展教育教学的义务。同时，由于高校教师签订的聘任合同属于行政协议，高校有权依据其行政主体地位对高校教师进行管理，敦促其适当履行聘任合同。

对高校管理教师过程中存在的法律问题进行探讨并提出相应解决措施，不仅对高校人事制度改革具有重要意义，还对高校响应教育部发布的“双一流”高校的建设也具有巨大的指导意义。“2017年9月21日，教育部、财政部、国家发展改革委公布了世界一流大学和一流学科（简称‘双一流’）建设高校及建设学科名单。与原有的211、985高校有所不同，双一流大学的评选不是‘一次定终身’，而是有竞争机制的，能上能下，对成效明显的高校及学科加大支持力度。反之，则提出警示并减小支持力度。按照制度设计，双一流建设以学科为基础，对建设过程实施动态监测，实行动态管理。对于建设过程中出现重大问题、不再具备建设条件且经警示整改仍无改善的高校及学科，及时调整建设范围。在建设期末，将重新确定下一轮建设范围，有进有出，打破身份固化，不搞终身制。双一流建设就是要引导高校直面问题和挑战，根据办学规律大力推进综合改革，真正激发高等教育的深层潜力和‘新动能’。”② 加快创建双一流高校，使得既定的“一流高校”或某些“一流学科”

---

① 《中华人民共和国教育法》第二十九条第一款：“学校及其他教育机构行使下列权利：（一）按照章程自主管理；（二）组织实施教育教学活动；（三）招收学生或者其他受教育者；（四）对受教育者进行学籍管理，实施奖励或者处分；（五）对受教育者颁发相应的学业证书；（六）聘任教师及其他职工，实施奖励或者处分；（七）管理、使用本单位的设施和经费；（八）拒绝任何组织和个人对教育教学活动的非法干涉；（九）法律、法规规定的其他权利。”

② 详见海外大学对国内双一流学校怎么看，http：//www.sohu.com/a/196208905_372460，2017年10月13日访问。

不断完善，尚未纳入“一流高校”或“一流学科”序列的“非一流高校”或“非一流学科”争创一流，都离不开高校内部较为完备的教师管理体系，需要一个职能科学、职权法定的高校法人治理结构。只有做到高校自身体系完备、教师管理科学、学生学习主动，多方主体因同一目标“通力合作与配合”，才能共建或完善“双一流”高校建设体系。

综上所述，目前我国已建立了以《教师法》《教育法》《高等教育法》等法律、《人事争议处理规定》《事业单位人事管理条例》等法规和规章为主干，以高校规章制度、高校教师聘任合同为依托的规范高校管理教师行为的法律体系，使高校教师聘任合同的签订、职称评定、奖励、处分等，以及高校对教师管理的行为有法可依。这对正处于改革中的包括高校在内的事业单位至关重要，但较我国依法治国的大环境而言，仍显单薄无力，亟待完善与加强。

（二）高校管理教师行为存在的法律问题及加强法制建设的必要性

上述典型案例系高校教师与高校之间的人事争议，主要争议焦点是河南 L 大学实施管理教师的行为所依据的高校内部规章制度否合法有效的问题。产生该争议的根本原因在于高校管理教师行为的规范性无法得到保证，既存在高校对教师管理过程行政化倾向严重、缺乏有效的监督机制、高校规章制度合法性存疑等实体方面的问题，又存在高校管理教师缺乏公示制度、教师权利受到侵害时的听证制度等程序方面的问题。某些高校在教师职级晋升中常常无视相关规定而由领导“拍脑袋”决定；或为规避教师职级晋升的相关规定，采用去外单位开具“红头文件”的特殊方式直接晋升某副教授的两个职级；将公示程序流于形式，采用突然而悄无声息的方式将需要“公示”的文件贴在“自家”门前的小橱窗里，或者将需要“公示”的文件放在某学院网上并设置登录密码，使正常浏览该学院网页的公众无法阅读……如此种种，期限一过便算“公示”结束。

实践中，对高校管理教师行为中存在的问题若不予以妥善解决，必然导致教师权利受到侵犯。此类案件近年来经常发生且呈上升势态。高校作为公益性组织，不仅对高校教师产生不利影响，还会引发一系列社会问题，阻碍高校可持续发展及高等教育改革与法制建设的进程。概括而言，高校管理教师行为中存在的法律问题如下：一是高校管理教师行为的依据——规章制度的合法性问题，包括内容和程序；二是高校管理教师行为行政化倾向严重，亟待法治化。

三、高校对教师管理内容之法制缺失

在我国法律体系中，《教育法》等法律规范确立了我国高校具有独立开展教学管理的权利，但是在我国高校内部机构实际运转过程中，受制于官本位思想影响，仍旧存在行政化倾向严重的问题，在制定、执行或实施方案与决议时，缺乏卓有成效的监督机制。因此，依据法律法规等上位法制定的有关高校管理教师的规章制度的合法性有待考证。

（一）高校内部治理行政化倾向严重

在我国高等教育管理领域目前普遍存在行政化倾向严重问题，权利本位远大于服务意识，缺少职责观念，重利益轻道义。很多高校内部人事争议都是由此而生。若高校面对教师的权利主张能放下根深蒂固的行政权思想，以协商、商议的态度，相信很多人事纠纷不至于对簿公堂。正如本文典型案例中杜某某所言“自己的合法权益受到侵害后，因考虑到走法律程序比较耗时，在申请劳动仲裁之前，一直奔走于河南理工大学各个职能部门之间，甚至多次到校长办公室求助，以极其委婉的方式，希望通过和平的方法解除劳动合同关系。然而，河南理工大学根本不理会，让怀有身孕的杜某某到处奔走，根本不给杜某某办理任何离职手续……”当然，因目前我国包括高校在内的事业单位正处于改制时期，故其行政机关观念未能转变，这不难理解；围绕包括高校在内的事业单位的相关立法空白或不健全，也是导致高校大量人事纠纷不能得到妥善解决的重要原因。对人事争议的司法救济问题，本书前面有多个专题论述。

高等教育管理领域行政化倾向严重影响高校的独立法人地位，高校治理行政化倾向主要表现有以下几个方面。其一，高校代表国家向社会大众提供高等教育、为国家培养高素质人才，开展教学科研属于高校从事的主要活动。然而，因缺乏有效的规范加以限制，高校内部易滋生“一言堂”现象。在学校内部主导的不是学术权力而是行政机构的行政权力，甚至高校内部教学资源的分配以及涉及高校、教师、学生等多方主体切身利益的重大事项也是在未经多部门科学合理论证的前提下，由高校校长等内部机构决定。其二，依据《高等教育法》享有审议、决定有关学术发展、学术评价、学术规范等法定权力的学术委员会地位被弱化。在实际教学活动开展过程中，真正由学术委员会对学科建设等事项进行审议的情况其实并不多见，学术委员会职权实施的落实情况较为一般，使得关于学术委员会的法律规定徒有其表，更多的规定只是流于形式。其三，教职工代表大会享有的监督权缺少法律强有力的保障。正如前文所述，《高等教育法》虽然设置了教职工代表大会作为高校内部治理结构的监督机关，但仅仅以其“依法保障教职工参与民主管理和监督，维护教职工合法权益”这一“简洁而凝练”的语句一笔带过，既没有对高校教职工代表大会这一“法定监督机构”相关实体性权利的阐释，也没有为教职工代表大会依法监督提供保障机制。笔者认为，高校法人治理结构的法律规定未免有“重决策与执行而轻监督”之嫌。当然，“教职工代表大会权力被弱化，教师的主体地位无从谈起”①。作为高校内部成员，由于严重的治理行政化倾向，教师参与学术管理的积极性大大减少，行使“法定的监督权”更是无从谈起。同时，“大学内部的行政架构呈现典型的科层制特点，与大学教师们充满创新与活力的学术工作之间显得格格不入，教师

---

① 刘尧：大学去行政化：风险与危险，《大学（学术版）》2010年第6期。

不得不将大量时间投入纷繁的行政工作中”①。

当然，高校内部治理中的行政化问题与我国官本位思想有着重要联系，但为避免该问题的持续发酵而直接取消大学行政级别，其合理性也是值得商榷的。正如中山大学校长黄达人所言：“在现阶段，社会上各行各业都存在行政级别的大环境下，如果只是简单取消了大学的行政级别，我想不仅不会强化教育，特别是高等教育的地位，反而可能会恰恰起到弱化的作用。”② 因此，高校内部治理行政化向法治化转变的进程应循序渐进，不能一蹴而就。

（二）缺乏有效的内部治理监督机制

我国《高等教育法》明确规定的享有对高校管理教师行为的法定监督形式包括内部监督与外部监督两种。内部监督主要包括教职工代表大会等组织形式的监督，外部监督主要指社会监督以及教育行政部门的监督。③ 本专题主要讨论高校内部治理涉及的监督主体以及监督权限问题，主要指教职工代表大会方式的监督，故包括社会监督以及教育行政部门等在内的外部监督机制不在讨论之列。

教职工代表大会是法定的监督主体，其享有的监督权限应当由法律明确规定。令人遗憾的是，与高校校长、高校学术委员会的职权相比，高校教职工代表大会监督权的规定显得如此“轻描淡写”。从《高等教育法》条文数量不难发现，该法对三者权限规定的“着力”程度是不同的，有关高校教职工代表大会的权力规定最少，法条表述也过于笼统。这样的法律规定在实际操作中的执行力往往是不够的。为了加强高校教职工代表大会权力的行使，教育部于 2011 年底出台了《学校教职工代表大会规定》，从 2012 年 1 月 1 日起施行。该规定虽然一定程度上细化了高校教职工代表大会的职权，规定了诸如听取权、审议权、提出建议和意见权等，保障了高校教师的权益④，但从法理上讲，权利只有在受到侵犯的情况下才会诉诸法律，救济乃权利的保障与恢复。法律若没有为权利提供救济渠道或途径，则法律规定的权利显然没有意义。若高校其他内部机构置教职工代表大会的决定于不顾，不听取其意见或建议，违反法律法规，从而侵犯高校教师的合法权益，高校教职工代表大会是否享有法定的救济渠道，法律对此未置可否。同时，从高校教职工代表大会组成人员的比例来看，普通教师占大多数。他们大多是负责教学科研、学术指导的普通教师，相比于高校校长、学术委员会等受监督对象，并不具有行政管理方面的优势。若法律不加以实体和程序保障，教职工代表大会在高校治理结构中的法律地位将显得更

---

① 张银霞：大学内部管理泛行政化：利益相关者的视角，《大学（学术版）》2010 年第 6 期。

② 吴勇：“两会”关注之高校“去行政化”，《云南教育·视界》2010 年第 3 期。

③ 《高等教育法》第四十三条规定：“高等学校通过以教师为主体的教职工代表大会等组织形式，依法保障教职工参与民主管理和监督，维护教职工合法权益。”《高等教育法》第四十四条规定：“高等学校应当建立本学校办学水平、教育质量的评价制度，及时公开相关信息，接受社会监督。教育行政部门负责组织专家或者委托第三方专业机构对高等学校的办学水平、效益和教育质量进行评估。评估结果应当向社会公开。”

④ 详见《学校教职工代表大会规定》第七条。

为薄弱。如国家的顶层制度设计分为决策、执行和监督三方面一样，教职工代表大会享有的监督权作为三大权力之一，理应受到立法层面的重视。

（三）管理教师的规章制度合法性存疑

“高校规章制度的制定，从某种意义上说也是一种‘立法行为’。”① 而在该“立法行为”之上，还存在着更高层级的法律、法规。根据“下位法不得与上位法冲突”的位阶原则，高校教师规章制度违反上位法的情形仍然较为常见。有些教师管理规章制度只强调高校内部机构行政权力的行使，对行使管理权力的基本条件、程序、责任的规定较为模糊，不符合高校内部机构行使职权时权责一致的要求。部分高校教师管理制度明确规定了教师应当履行的义务，而对其应当享有的权利作淡化处理，违背了“权利与义务具有一致性”的法理。当然，管理教师的规章制度合法性主要指内容应合法。就严格意义而言，该规章制度的制定程序以及实施方式、方法方面也应合法。

从法制视角来看，在实际的教师规章制度制定过程中，主要存在以下法律问题。（1）侵犯教师的法定权利。如上文所述，根据法理学原理，位阶低的法律法规或规范性文件不得违背位阶高的法律法规和规范性文件。处于下位法地位的高校教师规章制度有时会包含若干侵犯教师休息权、选择职业的权利等内容，典型案例便是教师提出解除人事合同时，高校规章制度附带某些条件从而违反《劳动合同法》强制性规定的内容。这类管理规章制度明显与法律规定相悖，加剧了对教师合法权利的侵犯。（2）强调高校内部机构行政权力的行使，逃避高校自身应承担的法定责任。责任通常是由法律明确加以规定的，不能通过双方约定的方式加重对方责任而减轻己方的责任。有的高校为了避免承担工伤赔偿责任，对某些临时或短期聘任的高校教师，在有关管理办法中规定意外伤害事故发生后责任自负的“霸王条款”，临时聘任或短期高校教师对伤害事故可能存在有一定的过错责任，但不能因身份与签订聘任合同的教师身份不同而一律责任自负。我国法律规定，学校具有保护教师和学生人身、财产安全的法定义务，不能因为教师身份的特殊而免责。本文典型案例中，《河南L大学关于专业技术人员拒聘、辞聘的规定》第四项第四条规定：“副高级人员辞聘需缴纳赔偿金三万元”的做法显然有违现行立法。（3）模糊教师权利救济渠道。除了上述两种情形，高校教师规章制度还存在不同程度的消极型违法，如广大教职工权益的具体救济机制在高校规章制度中较为模糊、抽象，缺乏可操作性。作为高校规章制度的重要组成部分的《大学章程》往往简单地规定“教职工享有就职务聘任、职称评审、福利待遇、评优评奖、纪律处分等事项表达异议和提出申诉”，缺乏针对教师救济的规定。高校教职工虽然拥有法定救济权利，可由于在教师规章制度中无具体救济方案，使得广大教职工的法定权利无法更好地保障。

---

① 黄成松：依法治校中的法制瑕疵，《安徽师范大学学报（人文社会科学版）》2001年第3期。

四、高校管理教师行为规范化之对策

（一）高校管理教师行为应依法，依规，依约

高校对教师实施管理，应当以法律（广义上的法律）为依据。法律是效力层级最高的规范性文件，任何公民、法人或其他组织都应该遵守，任何人没有超越法律的特权。高校管理教师的行为当然也不例外。我国《教师法》《教育法》《人事争议处理规定》等法律规范性文件包含了高校管理教师的法定要求。《教师法》规定了高校教师的考核、待遇、奖励的事项；《教育法》《高等教育法》规定了高等学校教育投入和条件保障的事项；《人事争议处理规定》对高校教师与高校之间发生的部分人事争议（就聘任合同的履行、辞职、辞退事项的争议）的处理做了相关的规定。高校在管理教师时，应当严格依据法律规定，保障教师的各项实体性和程序性权利，积极保障高校教师开展教育教学活动，不得对教师实施有违国家法律规定的管理行为。

科学合理合法的高校内部规章制度是高校管理教师的一大重要依据。科学的规章制度是依据国家法律规范作出、履行法定程序的规范性文件，应当对高校内不特定多数人反复适用。在保证规章制度具有合法性的前提下，作为高校实施内部管理的“小宪法”，该规章制度理应严格推行适用，任何违反高校规章制度的管理行为都是无效的，教师有权就学校的不当管理行为提起行政诉讼。同时，高校内部规章制度作为国家法律法规赋予高校办学自主权的具体体现，作为与高校教师之间签订的聘任合同的“默示条款”，其合法性应接受司法审查。现实中，大量人事纠纷多与高校内部规章制度交织、相伴而生，本文典型案例即是。

与此同时，教师与高校之间签订的聘任合同也是高校管理教师的依据。由于聘任合同是双方当事人意思自治的产物，若高校与教师就高校管理行为达成某些合意，并将这种合意写入聘任合同，该意思自治的结果也应当为双方履行和遵守。当然，聘任合同涉及双方当事人权利义务的内容，高校在管理教师的过程中同样应当符合聘任合同的要求，不得利用自身强势地位而违反聘任合同的约定。

就本文典型案例而言，杜某某之所以主张自己与河南 L 大学的聘任关系是劳动关系，应适用劳动法的相关规定，笔者以为主要原因在于，我国目前围绕劳动关系的相关立法较人事聘任关系的立法相对完善。诸如：劳动法律规范针对劳动者有辞职权的规定①；规定有用人单位为劳动者办理社会保险的强制性义务②及劳动合同单

---

① 《中华人民共和国劳动法》第三十一条规定：“劳动者解除劳动合同，应当提前三十日以书面形式通知用人单位。”《中华人民共和国劳动合同法》第三十七条规定：“劳动者提前三十日以书面形式通知用人单位，可以解除劳动合同。劳动者在试用期内提前三日通知用人单位，可以解除劳动合同。”

② 《中华人民共和国劳动法》第七十二条规定：“社会保险基金按照保险类型确定资金来源，逐步实行社会统筹。用人单位和劳动者必须依法参加社会保险，缴纳社会保险费。”

方解除的法定事由①；有“用人单位要求劳动者支付违约金的情形仅限于违反竞业限制义务和服务期的条款”的规定②。而针对人事聘任关系的立法则较劳动立法薄弱很多，有些甚至还处在空白阶段，亟待立法完善。正因为目前我国围绕人事争议的立法尚处于建设阶段，为解“燃眉之急”，《劳动合同法》第九十六条规定：“事业单位与实行聘任制的工作人员订立、履行、变更、解除或者终止劳动合同，法律、行政法规或者国务院另有规定的，依照其规定；未作规定的，依照本法有关规定执行。”《事业单位人事管理条例》第三十七条规定：“事业单位工作人员与所在单位发生人事争议的，依照《中华人民共和国劳动争议调解仲裁法》等有关规定处理。”这也是本文典型案例中双方当事人的诉求都是部分得到法院支持的一个重要原因。目前，我国包括高校在内的事业单位正处于改革改制时期，相关人事争议的处理无“法”可依。为将事业单位与其工作人员之间的人事争议纳入法制轨道，《关于人民法院审理事业单位人事争议案件若干问题的规定》第三条将其部分人事争议纳入受案范围有其积极意义，为及时化解与日俱增的包括高校在内的事业单位与其工作人员之间的人事争议起到了重要作用。但笔者认为，其对人事争议案件受案范围的限制性规定几乎将绝大多数人事纠纷排除在司法权利救济大门之外。

笔者通过对大量判例的研究，结合现行立法得出结论如下：第一，法院受理的“人事争议”较现实人事纠纷少之又少。主要原因在于，《关于人民法院审理事业单位人事争议案件若干问题的规定》第三条规定的事业单位与其工作人员之间的人事争议，法院的受案范围非常狭窄，只有“因辞职、辞退及履行聘任合同所发生的争议”法院才受理。第二，人事争议仲裁也同劳动仲裁一样系人事争议诉讼的前置程序。即人事争议不可直接向法院提起诉讼，只有经仲裁当事人对仲裁裁决不服的，才可以向人民法院提起诉讼。第三，高校教师的诉求一旦与考核、岗位设置、职称职级、科研经费分配相关，或其系聘任合同订立而非履行问题时，该案便被法院拒之门外，建议通过申请复核、提出申诉途径解决。第四，申请复核、提出申诉途径不能解决的人事纠纷将“投诉无门”。故笔者在本书《专题二：高校视域下人事争议案的可诉性与法律适用问题研究》中进行了专门论述。

前述《事业单位人事管理条例》第三十七条的规定似乎使业已存在的人事争议仲裁按劳动争议仲裁处理有了法律依据，但笔者认为，劳动仲裁解决的主要围绕劳动合同产生的劳动争议，和主要围绕人事聘任合同产生的人事争议有实质区别。包括高校在内的事业单位的人事聘任合同从订立、履行到解除、终止，无不伴随着国家各类法律法规、规章制度。教师与高校并非劳资完全对立的关系，双方共同为国家服务以实现国家高等教育目标，用民法或劳动法解决事业单位的人事聘任关系并不合适，也非长久之计。人事争议仲裁是随着事业单位改制、推行聘任制后，为解决骤增的大量人事纠纷而效仿劳动仲裁创设的临时救急措施，是无法可依情况下的

① 详见《中华人民共和国劳动法》第二十五至二十九条；《中华人民共和国劳动合同法》第三十八至四十二条。

② 详见《中华人民共和国劳动合同法》第二十三至二十五条。

被迫之举。随着包括高校在内的事业单位改革的进一步推进和法制建设的完善，人事争议仲裁或将退出历史舞台。笔者主张，高校与教师之间的聘任关系应定性为行政协议关系，相关人事纠纷应走行政诉讼而非民事或劳动纠纷解决机制。

（二）构建与完善内部权力制衡机制

1. 坚持和完善党委领导下的校长负责制

我国正大力提倡构建现代大学制度，这离不开高校内部治理结构的完善。“完善高校治理结构是建设有中国特色的现代大学制度的主要环节，坚持和完善党委领导下的校长负责制是高校内部治理结构的方向。”① 改变高校内部治理行政化倾向严重的现状，并不是否认现有的党委领导、校长负责制度。相反，由于我国是社会主义国家，根据我国国情，在高校人事制度改革的背景下，应当坚持在党委统一领导下开展改革活动。党委对于高校内与学生、教师、高校发展具有重大利害关系的事项和问题享有决策权和监督权，坚持依法领导、科学领导的方针，加强党内法规对高校党委违法违纪行为的约束作用。

高校校长作为高校教学科研和管理教师工作的总负责人，既制定高校决策，又执行高校决策。这也是高校内部行政权力与学术权力博弈过程中，行政权力占据主动的主要原因。作为高校内部的一大行政管理机构，法律除了要保障其权力，更要有一套完整的制约和监督机制。考虑到我国高校承担着为社会大众提供高等教育，培养人才的重要使命，具有社会公益的性质，为了避免高校校长决策和执行时滥用职权、玩忽职守，笔者认为，可在现有《高等教育法》规定的“校长负责制”的前提下，对高校校长故意或重大过失引发的决策或执行问题进行终身追责，使得高校校长在享有法定行政管理职权的同时，科学合理地决策与执行。

2. 引入董事会制度

面对我国高校内部治理结构在权力设定、决策等方面暴露的相关问题，有必要在现有的治理结构中引入董事会，作为优化高校决策机制、避免高校校长个人负责制而引发独断专权等问题的一大出路。“按照法人治理结构的一般理论，法人治理结构源于出资者所有权与法人财产权分离这一基础。它要解决的问题主要包括两个方面：一是基于‘所有权与控制权’分离而形成的物质资本所有者或者股东对公司经理的约束与监控问题；二是基于公司的利益相关者理论而形成的‘非股东的利害关系人’参与公司治理问题。”② 根据我国国情，政府通过兴建高校，向社会大众提供高等教育，政府代表全体社会成员对高校财产享有所有权，而政府也不会对高校管理教师的行为亲力亲为，就需要成立一定的机构。这便引发了所有权与管理权的分离。为了决策科学合理，势必要构建完善的法人治理结构。由于高校属于法人范畴，建立能反映政府的意志和利益、具有高效实施职能的学校董事会存在合理性。结合

---

① 霍原：完善我国高校法人治理结构的多维思考，《特区经济》2012年第11期。

② 倪建林：《公司治理结构：法律与实践》，法律出版社2001年版，第4页。

我国高校教育具备的公益性，笔者认为，可仿照公司治理结构的模式去对高校治理结构进行制度设计。在该模式下，高校董事会可作为经政府委任的从事高校管理教师的机关，它既拥有高校内部重要事务决策的权力，又拥有执行高校重大事项决策的权力，以减少高校决策的失误率。笔者将从董事会人员构成、会议的召集与表决、决议的执行等方面提出相应的制度构想。

（1）董事会人员构成。任何法定机构，尤其是代表机构的人员都需要考虑其法律身份，以更好地兼顾各方利益，高校设置董事会的人员组成当然也不例外。一般来说，除了独立院校等民办高校，公立高校都是由政府主办的，高校产权归属以及所有权人意志将集中反映在董事会人员的设置上。比如："在美国，公立高校董事的选任方式主要包括政府任命和公民选举。据一份对美国十四所州立高校的调查统计显示，十四所公立大学的二百四十一名董事会成员中，有一百九十四名由州政府任命，二十三名由公众选举，两者所占比例超过百分之九十。"① 类似的，我国高校董事会当然应包括政府部门的相关人员、高校自身管理部门的领导以及经教职工代表大会选举产生的教师代表。与此同时，还可以吸收捐赠出资者、高校校友进入董事会，力争决策机关组成人员的多样性，从而能在不同视角对重大高校教师管理行为进行科学合理的分析、判断。关于高校内部董事的人数与任期，因高校在性质上属于非营利法人，笔者认为，可仿照我国《公司法》关于董事任期的规定——三年，同时可以连选连任。董事人数也不是多多益善。弗里德曼认为，小规模的董事会有助于"保护成员共同掌权的感觉并提高成员的责任感。如果董事会扩大了规模，就要冒着冲淡这些质量的危险。由五六十个成员组成的董事会，其执行委员会往往能高效地行使权力，委员会基本上已决定了一件事情时，会向所有董事会成员寻求形式意义上的认可。这些因素使我相信，董事会的最佳规模是不超过二十五个成员"②。故笔者认为，高校董事会人数可比照有限责任公司中的不超过十三人的数量予以设定。

（2）董事会会议的召集。为保证董事会会议顺利召开，法律应明确规定高校董事会会议的召集主体和召集程序。一般情况下，董事会会议由高校董事长负责召集并主持；若董事长因故无法履行法定职责，可以由董事长指定的副董事长或其他董事代行职权；若董事长无故不履行职责，也未指定相关人员代行其职权，便可由副董事长或者全体董事半数以上共同推举一名董事负责董事会会议的召集。在程序上，法律应明确会议召开前的通知时间以及相关通知事项，也可以根据不同会议性质（如可将会议性质分为定期会议和临时性会议等）对上述事项分别规定。

（3）董事会会议的表决。如前文所述，高校经政府授权或委托，享有对其内部事务的自治权。这一法定职权也体现在高校董事会的议事规则中。笔者认为，同普通法人一样，高校董事会议事规则可按照董事人数确定表决票数，即"一人一票"

① 郭为禄，林炊利：美国大学董事会的运行模式，《全球教育展望》2011年第12期。

② ［美］罗纳德·G·艾伦伯格（编）：《美国大学的治理》，沈文钦译，北京大学出版社2010年版，第6页。

制度。同时，根据决议事项的类型以及涉及的各个主体利益不同，将董事会决议的规则区分为普通决议事项和特别决议事项。具体而言，普通决议事项由全体董事过半数即可通过，而特别决议事项由全体董事三分之二以上多数方可通过。法律可将诸如拟订高校发展规划、组织机构的设置方案、拟订和执行年度经费预算方案等决定学校、教师、学生发展的重大事项纳入特别表决事项的范畴。同时，董事无法定事由，以亲自参加会议为原则；若存在特殊事由，可委托其他董事代行表决权，同时一名董事接受其他董事委托的人数也应有上限规定。

(4) 董事会决议的执行。依据我国《高等教育法》的规定，校长是高校的法定代表人。而在法人治理结构中，比照我国公司法规定，法定代表人既可以是董事长，也可以是公司经理。具体到高校内部，既包括高校董事长，也包括高校校长。董事长依照法人机关的一般运行原理，原则上由董事会选举产生，但由于高校本质上代表政府，具有公益性，董事会与其他私法人董事会存在一定差异，可通过政府任命的方式产生董事长。相应的，不妨将现有高校内党委领导制度与法定代表人制度结合起来，由高校党委书记作为董事长，并兼任法定代表人。当然，若高校校长担任法定代表人的职务更为适宜，也可以依照现有法律，高校法定代表人由高校校长担任。

以校长为核心的行政机构受高校董事会的委托，享有董事会决议的执行权，对高校教师进行管理。同时，董事会也依据校长推行重要的方针政策，在制定高校内部决议事项时予以充分考虑，实现对高校教师的有效管理。高校校长与普通公司中的经理具有一定的差异性。虽然两者都是由董事会聘任、向董事会负责，但是两者职权来源不一致。高校校长职权由《高等教育法》法律法规明确规定，属于法律的强制性规定，而公司经理的职权不是都由法律明文规定的，也可由董事会决定，内部自治程度比高校相对较大。

(三) 行政权力与学术权力分离

行政权力与学术权力构成治理结构中的两大权力，在《高等教育法》中具体表现为以校长与学术委员会两大主体机构。推进高校学术权力与行政权力分离，让教授专注于治学、校长专注于治校，也是实现高校有效管理教师的一大举措。武汉大学原校长顾海良指出："教授治学是根本。大学内部治理结构的架构就在于党委领导的核心地位、校长负责的关键作用和教授治学的根本要求这三者之间的有机结合。党委的政治领导、校长的行政职权和教授的学术权力，构成高校管理体制和运行机制的基本方面，构成大学内部治理结构的基本要素。党委领导、校长负责和教授治学这三个方面，也涉及高校基本资源即政治资源、行政资源和学术资源的优化配置问题。"① 相较于高校校长的行政权力，我国高校教授学术自治能力相对较弱，所以较易造成行政权力向学术权力的渗透以及学术权力的弱化，造成了高校教育核心价

---

① 顾海良：完善大学治理结构的四个着力点，《中国教育报》2010年9月20日第5版。

值的扭曲。“把大学作为学术组织来建设和管理，健全行政权力与学术权力协调运行而以学术主导的大学内部治理结构，使‘治校’和‘治学’双轮并驱，相映成趣，真正体现大学的学术禀性，彰显大学的学术本色。这是我国现代大学制度建设的根本出发点。”① 同时，“教授治学”强调教授在进行学术研究时，应当承担相应的学术责任，做到“职权与责任的统一”。高校教授在拥有很高的学术实力、享有较高学术权威的同时，应做好学术权力与行政权力关系的良性协调。

（四）完善教职工代表大会及相应诉讼权利，强化教师管理行为监督

高校教师管理除了具备有效的决策机制、高效的执行机制，还应具备完善的权力监督机制，即高校应当形成以教师为主体的有效民主管理、监督机制，保证高校教师管理行为的公正性与规范性。

1. 扩大教职工代表大会的监督权，明确监督事项

教职工代表大会作为我国《高等教育法》明确规定行使监督权的机构，由于法律规定的职权笼统模糊，实践中操作性、适用性不强。为了进一步发挥高校教职工代表大会的作用，保证教职工代表大会的监督权的法律权威，保障教师的合法权益，笔者认为，在现有《高等教育法》《学校教职工代表大会规定》规定的基础上，其除了享有听取相关报告、提出建议的权力，可考虑将高校内部管理机构对教师作出的重大决议、报告以及提出的建议、意见纳入高校教职工代表大会备案范畴，同时抄送教育主管部门，对高校教职工提出的整改意见或建议，高校其他内部管理机构不执行的，教职工代表大会可以自己的名义向教育行政主管部门提出处理建议，强化教职工代表大会的监督权限。

2. 赋予教职工代表大会相应的诉讼权利

从理论上讲，法人具有独立的意思与独立的财产，在其权益受到侵害时，会采取相应法律措施救济自己的合法权利。但事实上，作为非营利性法人的高校的独立意思往往会受到高校校长、学术委员会以及前文讨论的董事会控制。因而，高校利益在受到内部机构侵害时，这些侵权人不可能促使高校形成追究其负责人法律责任的法人意思。因此，为了强化高校法人中校长、法定代表人、学术委员会等内部管理机构人员的监督与制约，可通过法律赋予高校教职工代表大会相应的诉讼权利，督促其他高校内部管理机构的人员适当履行管理教师义务，追究其损害教师权利行为的责任。具体而言，法律可规定在高校校长、学术委员会等管理机构侵害高校学生、教师及高校自身利益的情形下，占一定比例的教师职工代表大会的成员可以高校职工代表大会名义对高校内部侵权人以提起诉讼的方式寻求救济；通过教职工代表大会诉讼，教职工代表可在维护高校权益的前提下达到间接维护高校教师利益的目的。赋予高校教职工代表大会提起诉讼这一司法救济的权利，也能更好地平衡高

---

① 刘欣：教授治学与地方大学学术治理，https：//tieba.baidu.com/p/2241993440? red_ tag=0514980050，2017年10月17日访问。

校内部管理机构的权力，加大了教职工代表大会监督的力度。

（五）为教师管理的规章制度引入有限司法审查制度

笔者将高校教师管理规章制度作为高校管理教师行为的一大依据，是建立在一个前提之上，即高校依法制定教师管理规章制度，在法治基础上进行修改或废止。若高校教师因为自身合法权益受到规章制度的侵害而寻求司法救济，法院判决高校败诉，高校无正当理由拒不改正时，笔者认为，引入有限的司法审查制度就显得尤为必要。

为何是有限的司法审查制度？这主要是考虑到高校享有规章制度制定自主权与司法机关对受侵权的教师救济的公权力之间的平衡，司法应当对高校享有的自主权给予必要的尊重。高校教师管理规章制度的内容，主要可分为学术管理规定和对教师人事管理规章制度两个部分。针对学术管理的事项，考虑到其专业性以及与高校自主办学权紧密相关，司法对教师与高校就该规范的争议不予审查。而对于高校内部制定的规章管理制度涉及教师人事管理事项时，法院对该部分的规章制度内容享有司法审查权。理由是：高校对教师进行人事处理时，教师一定程度上享有劳动法意义上的劳动者权利属性，参考劳动法律规范对劳动者倾斜保护的原则，司法机关有必要突破高校自主权范畴，对教师管理规章制度侵犯教师劳动权利的条款进行司法审查。笔者认为，具体的审查方式可以是：法院在审理中认为高校教师管理规章制度涉及教师人事方面的事项规定不合法的，不作为认定案件争议事实的参考，并在裁判理由中予以阐明，同时向高校校长或起草部门提出处理建议，并可以抄送高校主管部门，确保不合法的高校教师管理规章制度及时修改或废止。

五、高校管理教师程序正当性之思考

（一）高校管理教师程序正当的必要性

高校依据《高等教育法》所赋予的自主权对教师进行管理，除了依法对高校教师享有聘任、考核、奖励、处分等实体性权力外，行使上述职权还应当遵守相应程序，才能符合高校管理教师行为规范性要求。从本质上讲，只有确保管理程序科学、合法、正当，管理结果才有可能公正合理。否则，即使高校对教师管理的结果多么恰当合理，但违背了法定程序，高校管理教师的行为也是不合法的。

1. 正当程序理论构成对高校教师行政管理的理论支撑

正当程序理论本属于行政法概念，作为行政法领域的一项基本原则，其含义是：行政机关作出影响行政相对人权益的行政行为，必须遵循正当法律程序包括实现告知相对人，向相对人说明行为的根据、理由，听取相对人的陈述、申辩，事后为相对人提供相应的救济途径等。正当程序原则最早源于英国古老的“自然正义”原则，具体表现为两个基本规则：一是任何人不得成为自己案件的法官，纠纷应由不存在利害关系的第三人来裁判；其次，任何人在受到惩罚或其他不利处分前，应为之提供公正的听证或其他听取其意见的机会。“最初的‘自然正义’原则仅适用于法官的司法裁判活动，作为法官解决纠纷所要遵循的最低限度的程序正义标准而存在。”①

自20世纪以来，随着不同主体对生命、自由、财产理解范围的扩大，这一原则被广泛应用于政府向公民发放抚恤金、救济金等福利行为。若政府拒绝提供福利性服务，应通过正当程序（如通知、说明理由、听取意见等方式）才是合法的。而后，这一原则逐步成为法院制约和监督行政自由裁量权合法性的重要保证，并成为确认行政行为是否合法的一大依据。在美国，“自然正义”被宪法修正案以“正当法律程序”的表述方式纳入其成文法体系。20世纪中期以后，“正当程序”作为一项重要的制度原则，在行政法立法领域得到了确认，并扩展到任何具备行使公权力的法人及其他组织中。英美法系较大陆法系国家一直以来都更重视程序法，所以衍生出了“权利大于救济”“分蛋糕的人最后一个拿”这类带有明显价值观的理论与主张，并广为人们接受而流传至今。

高校对教师进行聘任、考核、奖励、处分等一系列管理活动，虽然高校不是严格意义上的享有公权力的行政主体，但这种内部管理与行政机关对公民开展管理活动具有某些一致性：两者都属于管理的范畴，实施的管理行为都对被管理对象产生积极或消极影响，发生一定的利害关系，都会涉及管理的具体程序，即管理方式和遵循顺序。在我国推进依法治国的今天，法治国家、法治社会除了要讲究“实体内容”符合法律的规定，“程序机制”合法正当也是不可或缺的。“正当程序”理论及其引申出来的“正当程序”原则，即便源于司法、行政领域，但笔者认为，在公权力行使、管理法治化的今天，为推进高校对教师管理的法治化，“正当程序”理论与原则有其适用的可行性。

2. 程序正义是实现对高校教师行政管理法治化的必要条件

从法理上看，教育法所包含的内在价值决定了高校应遵循一定程序对教师开展管理活动。“教育法价值包括价值合理性和工具合理性，即教育法的实质价值与形式价值。实质价值主要是指教育法所选择的、所追求的、并在法律实践活动中时时处处体现出来的价值内容。它表示着教育法选择了哪些价值，是教育法律规范所蕴含的、所追求的和力图实现的那些价值的内容。它是教育立法的出发点和最后的归宿。形式价值主要指教育法律实践活动的程序性标准问题。具体说来，是指教育法律实践活动过程的每一个环节都必须遵循的一系列确定的、可操作的、可测度的程序或原则。其主要功能就是保证教育法律实践活动按照确定的程序或秩序进行，这种程序或秩序则是教育法实质价值必然被选择和实现的法律实践活动秩序。现代教育法治化的发展趋势要求所有教育法律都必须具备和遵循严格的程序性价值标准。这样，教育法的实质价值才可能得到真正实现。”② 在构建法治国家、法治政府、法治社会

① ［英］肯·宾默尔：《自然正义》，李晋译，上海财经大学出版社2010年版。
② 劳凯声：《两类基本的教育法价值》，教育科学出版社，2002年版，第203页。

的今天，制度设计不断强调保障程序的重要性，高等教育事业作为国家具有基础性、全局性的事业，教师作为高校开展教育活动的重要媒介和主体，高校对教师进行法治化管理更离不开相应的程序规范。这也是实现教育法程序价值的一大途径。

实现高校对教师的管理行为法治化，一般应当做到如下几点：高校依法行使管理职权、管理遵循正当的程序、存在合理有效的责任机制。作为高校管理教师行为法治化的重要一环，遵循法定的管理程序，对高校教师程序性权利的实现具有重要意义。“只有公正的程序，才具有产生公正结果的能力。”① 完善的管理程序机制有利于高校教师充分表达权利诉求，增强教师对管理结果的认可度，降低高校对教师管理事项处理结果不当的概率，以便双方更好地通力合作，以发展我国的高等教育事业。

3. 高校管理教师中存在的程序问题

我国现行法律规范对高校管理教师行为的程序规定较为零散与琐碎，除了《教师法》这一专门规范教师权利、义务、工作内容、工作性质的法律涉及高校管理教师的程序以外，其他可见诸我国针对事业单位人事管理的法律法规，如《事业单位人事处理条例》《人事争议处理规定》《事业单位工作人员处分暂行规定》等。高校对教师管理的具体内容主要包括：教师考核过程中，应听取相关人员的意见；教师聘任、考核、奖励、处分过程中利害关系人回避制度；对教师处分的具体程序以及相应的救济程序。虽然从形式上看，相关的法律法规涵盖了高校对教师管理的各个方面，也在一定程度上涉及正当程序原则，但法律对高校管理教师行为的程序仍存在不足与疏漏之处。

（1）高校对教师管理公示不充分。“公示”即以公开方式使公众知晓相关事实，其和公开、公平相伴。高校对教师开展管理行为的权力，在本质上具有行政权力的性质。这就要求：除了对高校教师的管理涉及依法应当保密的以外，应一律公开进行。不论高校管理教师行为的性质如何，对教师而言属于授益性管理行为还是负担性管理行为，都会对高校教师的既定权利义务产生影响。因此，高校开展管理教师的行为应当将管理标准、管理程序、管理结果以及可能涉及的条件予以公示，高校教师有权查阅、复制。令人遗憾的是，现有法律法规等规范性文件对高校管理公示制度的规范是不到位的。除了高校管理教师的依据、条件由我国《高等教育法》《教师法》等法律规范明确规定以外，管理结果的公示方式、公示期限的规定都是较为模糊的。如典型案例中，杜某某在庭审中主张，劳动仲裁之前，其对《河南 L 大学关于专业技术人员拒聘、辞聘的规定》这一规章制度一直不知情。其中一大原因是，法律法规并未规定高校规章制度的公示期限、公示方式等事项，河南 L 大学对该规章制度未尽到充分的公示义务，因而引起讼争。

同时，法律法规对高校管理教师的其他行为也缺乏有关公示的规定。例如：《事业单位人事处理条例》第三十一条规定了事业单位工作人员处分期满后，由处分决

① 城仲模：《行政法之一般法律原则》，台湾三民书局，1994 年版。

定单位将解除处分的通知以书面形式通知本人，但是法律法规并未规定解除处分的通知期限。《事业单位工作人员处分暂行规定》明确了解除处分的通知一经作出即生效。被高校给予处分的教师，如果涉及相关处分事项的解除决定已经做出，但高校无正当理由怠于将解除通知送达高校教师，该教师仍对处分解除事实不知情，是否也构成对其权利的侵犯？

还有，高校对教师考核、奖励、职称评定等管理事项所产生的考核结果、奖励情况、职称评定的最终名单应当如何公示，法律法规并未给出明确回应。我们不妨还从公示形式、公示范围以及公示期间三个方面对此予以解读与分析。首先，关于公示方式。对于上述“高校管理教师的结果”，高校是通过传统的橱窗张贴以告知高校教师即可，还是考虑到现有互联网时代背景，通过官网发布的形式予以公布，抑或两种形式都应当采取？其次，关于公示范围。一种情况是，考虑到教师是与考核、奖励、职称评定的结果有直接利害关系的当事人，故只在高校教师范围内予以公示；另一种情况是，考虑到高校教师的管理结果不仅仅涉及高校教师本人，还关乎高校内学生的管理与培养，更关系到高校教育事业的发展，故应在全校师生范围内予以公示。最后，关于公示的期间。即相关利害关系人的异议期间规定多久比较合适？该期间是自然日还是工作日？高校对教师管理行为公示存在的问题，我们当然可以理解为这是法律赋予高校自主管理权的体现。然而，由于高校对教师管理的公示，尤其是管理结果的公示，涉及高校教师、学生监督权利的行使，如果高校对教师管理公示规定得不充分，也无法更好地保证高校自身科学合理地开展管理教师的活动，不利于高校“行政权力”行使的透明度，易滋生高校内部权力滥用和管理人员腐败现象。

（2）缺乏听证制度。听证制度是指：“行政主体在作出影响行政相对人合法权益的决定前，由行政主体告知决定理由和听证权利，行政相对人随之向行政主体表达意见，提供证据，以及行政主体听取意见、接纳其证据的程序所构成的一种法律制度。”① “高校听证制度是一种事前预防性的权益保障制度，较其他制度而言属于高校教育行政程序中不可忽略的重要环节。它以独有的法学理论内涵为基础，充分发挥其民主性与公开性的特点，以程序正义保障实体权利的公正，是现今高校教育行政管理活动中不可或缺的重要制度。”② 现行法律法规虽然对高校管理教师的程序进行了一定规定，但其中并未明确提及高校管理教师过程中引入“听证制度”，而只是在法律条文中出现了“教师考核过程中，应当充分听取教师本人、其他教师以及学生的意见”等包含类似“听证制度”含义的规定，显得过于宏观。虽然高校出于管理教师应遵循程序正当原则的考量，有时会允许教师参与高校对教师的管理决策，但是由于缺乏具体的法律规范指引教师听证程序应当具体遵循的步骤与程序，实际操

① 姜明安：《行政法与行政诉讼法》，北京大学出版社 1999 年版，第 269 页。

② 王彦，胡慧中：高校听证制度——教育行政管理的法治化创新，《赤峰学院学报（自然科学版）》2016 年第 32 期。

作中易陷入听证徒有其表、教师关注度不够和参与度不高的困境。同时，高校管理教师行为涉及的聘任、考核、奖励、处分、人事争议处理等方面，高校教师针对哪些事项可以申请举行听证会，高校对管理教师的某些事项做出最终决定前，高校是否应当“依职权”举行有利害关系人的听证会——上述事项在我国现有高校管理教师的法律法规、规范性文件中只字未提。更不用说，高校若主动举办听证会，是否应当对有关问题的背景情况进行解释、说明，对于有利害关系的教师的意见、建议或疑问应当场答复或于一定期限内予以答复等听证制度的细化规定了。不难预见，听证制度法律规定的相对空白使教师在高校对教师管理过程中缺乏民主参与、陈述申辩、提出意见的有效途径，缺少了对教师权利的事前救济途径，加剧了高校对教师考核、奖励、处分等管理事项不公平、不合理、不科学的可能性。由于缺少公众参与，一定程度上弱化了高校管理层的决策监督。

（二）高校管理教师行为适用正当程序可行性分析

1. 高校本身具备准行政主体地位

根据2017年10月1日起施行的《民法总则》规定，高校等事业单位属于非营利法人，在性质上属于私法人的范畴，与享有公权力的国家机关是相对立的，不属于法定的行政机关，不具备行政主体资格。但根据《高等教育法》对高校自主办学权的规定以及顺应政府简政放权要求，政府将一部分原本由其拥有的对高校进行管理的权力“下放”给高校行使，高校在一定范围内依据法律法规授权，通过“权力继受”方式，获得一定行政权力，如高校录取学生、授予学位、对学生的奖励和处分等，这些权力都带有一定的公权力色彩。与此同时，从高校自身的法律身份着眼，其代表政府向社会大众提供高等教育的公共服务并对内部事务享有一定管理职权。从法律程序看，当高校违反法律法规的规定，行使授予学位证等公共权力涉及诉讼时，高校具备诉讼法上的适格被告资格，并以自己的名义对外承担行政责任，都印证了高校在一定条件下所具有的行政主体地位。因此，高校在一定条件下属于法律法规授权主体，享有行政职权，完全具备适用正当程序原则的法律身份和地位。

2. 高校与教师之间存在行政协议法律关系

高校与教师之间的关系具有多样性。根据现行法律规定，双方之间会出现民事关系、行政关系和某些基于教学产生的特殊内部关系。例如：《高等教育法》明确规定了高校具有民事主体资格①。若高校教师由于高校内部设施、建筑物安全引发侵犯教师的人身权、财产权而涉及相关赔偿时，高校与教师之间的关系属于民事关系；涉及教师对学生课程安排事项等，则属于双方基于教学而产生的特殊的内部关系。

如前文所述，正当程序原则的适用条件主要是指高校以“行政主体”的身份与教师发生一定联系。我国现行法律规范性文件并未对高校对教师的管理权性质给予

---

① 《高等教育法》第三十条第二款规定：“高等学校在民事活动中享有民事权利，承担民事责任。”

明确界定，也未明确指出其属于行政权力，只是在《教育法》第二十九条①规定了高校享有的法定“权利”，而未使用具有公权力意义的“权力”一词。但细读法条便不难发现，其中关于对教师聘任、奖励和处分等法定“权利”，均具有高校的单方意志性以及一定的强制性。聘任合同的签订虽是基于双方意思表示一致而签订的合同，但“在高校人事聘任合同中，教师和国家及学校之间并不是纯粹的平等主体。例如：高校教师的工资是按编制、教师职称职级的高低，由国家财政保障和予以发放，这种“薪俸法定主义”本身即是政府干预合同的体现，即便是改编制管理为合同管理，其薪酬协商也是被排除在集体协商权之外的”②。高校上述“权力”行使过程中，背后都以政府或国家为支撑，其自身也代表着政府和国家。对高校教师的管理权限本质具有行政权力的色彩，因此，在高校对教师开展管理的领域适用正当程序原则为现有法律体系所支持。

3. 应借鉴域外正当程序原则已成为高校管理教师的趋势

从域外有关高校管理的实践来看，国外高校已经通过引入正当程序中的部分内容规范高校管理教师与学生的行为。虽然正当程序原则起初未将人的自由和财产纳入保护的范畴，但 20 世纪 70 年代后，随着正当程序原则适用范围的扩大，相关主体的财产与自由权利被纳入其中。具体到高校管理行为中，主要是在学生管理的领域，如在美国 Goss 诉河南理工 Opez 一案中，法院援引“正当程序”原则保护学生免受学校违法开除学籍的处理，认为学校的此种行为构成对学生财产性利益的侵犯。在英国，法官是否运用正当程序支持管理对象的诉求，往往以高校行使其拥有的行政权力是否对学生与教师产生不利后果作为标准。这些国家虽然在具体操作中对正当程序的适用方式不同，但两者追求的根本价值是一样的，都是为了防止享有“行政权力”一方的高校擅自利用其优势地位通过对高校学生、教师不当的管理行为，对被管理主体带来不应有的损害。

虽然上述两个国家运用正当程序原则规范高校管理行为所针对的对象存在一定的差异，前者主要侧重于高校学生管理行为，后者主要针对高校教师、学生管理，但结合我国《教育法》第二十九条的规定，高校管理学生和教师的行为都属于高校代表政府行使管理职权的范畴。该管理职权具有“行政权”的性质，因而可以适用正当程序原则。域外国家教师、学生管理正当程序的适用，为规范我国高校管理教师行为的程序提供了经验。

---

① 《教育法》第二十九条规定：“学校及其他教育机构行使下列权利：(一) 按照章程自主管理；(二) 组织实施教育教学活动；(三) 招收学生或者其他受教育者；(四) 对受教育者进行学籍管理，实施奖励或者处分；(五) 对受教育者颁发相应的学业证书；(六) 聘任教师及其他职工，实施奖励或者处分；(七) 管理、使用本单位的设施和经费；(八) 拒绝任何组织和个人对教育教学活动的非法干涉；(九) 法律、法规规定的其他权利。”

② 谌瑜，蒋树：论中国高校教师的法律身份，《皖西学院学报》2017 年第 3 期。

（三）高校管理教师行为的法定程序设定

1. 赋予高校教师程序性权利

（1）知情权。正当程序要求，行政机关在作出行政行为前，尤其是作出该行政行为会对行政相对人利益产生负面影响时，原则上应当说明理由。高校应当尽到信息告知义务，使高校管理教师的行为被教师所知晓。高校对教师实施管理行为，无论授益性还是负担性行为，均应当告知高校教师相关的开展时间、依据、方式、结果、公示（异议）期间等相关信息，保障高校教师的知情权。若高校教师对未公布的管理信息提出查阅要求，该信息重要且可能会影响相对人的重大权益的，高校应当为教师了解信息进行相应协助。

（2）辩论权。为保障教师在高校管理中的权利，法律可明确规定，对高校管理教师行为，尤其是对高校教师产生不利影响的行为，应当听取有利害关系的教师的陈述、申辩。明确教师有权申请听证的事项以及高校管理人员应主动举行听证的事项，通过教师与高校管理人员的当面质证与辩论，审查高校作出管理决定的事实、依据的真实性与合法性。同时，为了保证高校对教师管理结果的科学性与合理性，也可听取学生对高校管理教师行为的意见。

（3）救济权。有权利必有救济，为更好保障高校管理行为中教师的程序性权利，笔者认为，若高校履行管理教师行为时违反程序，直接作出考核、奖励、处分、人事争议处理等决议而不涉及实体性违法事由，我们不妨引入司法审查，对具有程序瑕疵的高校管理教师的决议，赋予教师在一定期间内向法院主张撤销的权利。依据主张法律关系存在、变更或消灭的当事人，需对产生法律关系的事实、引起法律关系变更或消灭的事实承担举证证明责任的法理，由教师对高校管理决议中的程序瑕疵承担举证证明责任，以保证教师在高校管理行为侵犯自身利益时享有程序性权利。

2. 规范高校管理教师行为的具体程序设置

结合行政机关作出行政行为通常的程序设计，笔者对高校管理教师行为的具体程序提出以下构想。

（1）立案。立案是高校管理教师行为的第一步程序。除了聘任以外，对高校教师的考核、奖励、处分以及人事争议的处理行为时，及时出具相关通知书，载明具有利害关系的高校教师的个人信息、立案依据（依教师的个人申请或高校自身的管理职权）、管理事项的大致情况，并将立案通知书送达相关高校教师。一旦启动立案程序，意味着高校管理教师的行为进入实施阶段。为了高效实施管理行为，高校在立案之前可采取询问、初查等方式对教师的具体情况进行了解，以更好地了解相关教师的基本情况。

（2）调查。高校在立案后，应当对高校教师的个人情况、所涉事实、获得奖励、进行职称评审的材料进行查对核实，并查证有关应当依据的文件。先取证，后决定。没有调查就没有充分的证据，没有充分的证据就不可能做出正确的管理决定。因此，在没有取得充分而确凿的证据证明应予奖励、职称评定、处分的事实存在之前，高校不得实施管理行为。

（3）审查与决定。有关人员对高校管理教师的事项调查完毕后，应当向有决定权的高校内部管理机构汇报调查情况，高校内部管理机构的负责人应当及时对调查结果进行审查，对调查结果中材料的真伪性、证据的客观性与真实性作出判断与筛选，根据不同情况，对高校教师作出考核、奖励、处分、人事处理的不同决定。同时，实施高校管理教师行为的人员或负责人在作出决定之前，应当向涉案的教师说明决定结果的理由，并告知其有陈述、申辩的权利。这是保护教师不受高校管理人员非法侵害、制约高校滥用管理权的主要机制之一。高校有提出事实和证据证明教师违法、不得奖励、进行职称评审、应受处分等权力，高校教师有证明自己无辜或应当获益的权利。在法律法规进一步明确高校实施管理行为的听证事项后，针对特定的事由，高校应当告知教师有申请听证的权利。若有利害关系的教师申请或高校管理人员依职权决定听证的，应当将举行听证会的时间、地点告知高校教师，并依据利害关系人回避的原则，确定听证会的主持人，在听证会举行过程中，高校教师享有陈述申辩等程序性权利。

（4）送达与公示。送达是指高校将管理决定依照一定的程序和方式送交与处理结果有直接利害关系的教师的行为。高校送达的管理事项决定书应包括：管理行为的处理结果；事实、理由和依据；教师对结果不服的救济途径和期限。高校管理决定送达后，会产生相应的法律后果：从送达之日起，管理决定对高校教师产生拘束力，在教师寻求救济并改变决定结果前，教师应服从决定并及时履行相关的义务，同时自送达之日起计算高校教师的救济期限。高校管理教师行为（如考核、奖励、处分等）的结果一旦确定之后，高校应当通过公告栏张贴、上传学校官网等方式，对处理结果进行公示，接受校内其他教师、学生以及管理人员的监督，并明确公示期间。对在公示期间提出异议的人员涉及的相关情况，高校应及时调查核实，并向高校人事处及时反馈，还要根据调查的情况，及时跟异议主体予以答复。

专题七　论高校后勤用工方式的法律规制

冯斯耀[①]　谌瑜

专题概要： 高校后勤部门为高校的发展提供强大保障，具有不可替代的作用。但现实中，高校的后勤用工方式立法缺失，借调、劳务外包和劳务合同等用工方式亟待法律规范予以规制；高校后勤部门的市场化运作更使得高校后勤引发的用工争议层出不穷。本专题结合高校后勤最常见的用工方式与现行法律规定，提出要严格依据劳动法规范高校后勤用工，为新型劳动用工方式建章立制，规范高校后勤的用工方式问题，推进高校后勤的法制化。

关键词： 高校，后勤用工，法律对策。

一、高校后勤用工现状及法制困境

随着双一流大学建设目标的提出，高校发展迎来了新一轮契机。在高校内部，教学科研部门、行政管理部门和后勤部门是推进高校发展的三驾马车。高校后勤部门“承担着高校师生员工的后勤保障与服务任务，是高校琐碎繁杂且须臾不可或缺之要务”[②]。优质的高校后勤部门能够为高校发展提供助力，但高校后勤管理中仍然存在不少法律问题。一方面，高校后勤管理部门“为维持竞争力，减少劳动成本，往往有意模糊劳动关系与雇用关系、劳动关系与业务外包关系等的区别，规避劳动法的现象越来越严重，使劳动关系呈现出复杂化、多样化的特征”[③]。归根结底，高校后勤部门为了降低用工成本，往往不愿意和劳动者签订劳动合同。另一方面，目前立法对非标准用工方式的规定甚少，无法满足高校后勤多样化用工方式需求。

目前，高校后勤部门主要采取人事代理、借调、劳务外包、劳务合同等多种非标准用工方式解决后勤用工问题，以规避签订劳动合同和劳务派遣、非全日制用工方式的法律规定。自高校后勤社会化改革以来，为了降低用工成本，往往通过成立有独立法人资格的后勤集团，由后勤集团和劳动者签订劳动合同，后勤集团以劳务外包的方式将劳动者派往高校进行用工，或者成立不具有独立法人地位的后勤中心，由该后勤中心以学校的名义，通过人事代理、借调、劳务外包、民事合同等多种方

① 冯斯耀：上海大学法学院 2017 级法律硕士在读研究生。

② 常秀鹏：法律在效率与公平间博弈——基于《劳动合同法》下高校用工视域的探究，《中国青年政治学院学报》2013 年第 1 期。

③ 金英杰：劳动关系的法律适用辨析，《中国劳动》2016 年第 22 期。

式进行后勤用工。笔者发现，引发上述法律争议的原因在于，高校后勤的这些用工方式在法律上鲜有规定，甚至和劳动立法精神相冲突。

（一）高校后勤用工方式典型案例

1. 借调案①

帕某自1981到新疆科技卫生出版社印刷厂工作，该印刷厂系大集体企业，帕某属该大集体企业职工。1995年3月，职工医科大学借调帕某到新疆维吾尔自治区卫生厅职工医科大学（下称“职工医科大学”）工作，双方签订了借用合同。其后，新疆维吾尔自治区卫生厅批复将该印刷厂交由职工医科大学管理，该印刷厂更名为新疆卫生厅职工医科大学印刷厂（下称“印刷厂”）。1999年4月1日，帕某与印刷厂签订了一份有固定期限的劳动合同，时间为1999年4月1日至2000年4月1日止。帕某被借用期间，由职工医科大学用印刷厂上缴的承包费及出租房屋租金收入以印刷厂的名义，为帕某缴纳了养老保险费用以及医疗保险、工伤保险、失业保险。另帕某的工资由职工医科大学从出租本单位房屋租金收入中予以计发至今，此间职工医科大学未停发其工资。帕某的档案材料在职工医科大学档案室保管。帕某认为其在职工医科大学工作，双方已形成事实劳动关系，应签订无固定期限劳动合同；其在工作期间所发放的工资远远低于其他在编职工的工资，为此双方产生争议。

2. 劳务外包案②

2012年8月7日，北京东秋绿国科技有限公司（下称“东秋公司”）与北京大学签订了天然草坪养护合同，将学校体育场馆的绿化、管理工作外包给了东秋公司，且在2012年9月之前北京大学存在多次向东秋公司支付款项的行为。现东秋公司称其与北京大学的托管关系已在2011年12月31日终止，2012年4月至5月期间该公司只对北京大学体育场的草坪进行过两次短期维护。原告敖某为东秋公司员工，受东秋公司指派到北京大学从事后勤、保洁与场馆管理工作。敖某早在2012年之前就在北京大学从事草坪养护和场馆的管理工作，当时是东秋公司对其进行劳动管理并向其支付工资。在东秋公司与北京大学的托管关系终止后，即2012年1月至8月其接受北京大学的劳动管理，工资由北京大学直接支付。东秋公司表示2012年1月之前敖某是受其雇用在北京大学从事体育场馆的绿化及管理工作，其后东秋公司通知敖某2012年1月1日后用人单位变更为北京大学。2012年1月起公司未再雇用敖某。此后，北京大学不认可与敖某存在劳动关系，单方通知其解除合同，敖某向法院起诉，请求北京大学支付补偿金和拖欠的加班费等费用。

---

① 详见新疆维吾尔自治区乌鲁木齐市中级人民法院民事判决书，(2004) 乌中民一终字第2363号。

② 详见北京市第一中级人民法院民事判决书，(2014) 一中民终字第00478号。

3. 劳务合同案①

原告王某退休后自2003年10月到被告河南大学从事电工工作。王某和河南大学形成劳务合同关系。2015年10月被告以原告年龄大为由与原告解除了劳务合同。2016年12月5日王某认为自己和河南大学是事实上的劳动关系，向法院提起诉讼，请求法院判令河南大学支付12年的经济补偿金18960元。

（二）高校后勤劳动用工存在的问题

1. 借调、劳务外包用工方式劳动立法缺失

在借调案中，职工医科大学和印刷厂签订了借用合同，借调帕某到职工医科大学工作近10年，甚至超过一般用人单位签订劳动合同约定的工作年限。用工单位存在规避和劳动者签订无固定期限的劳动合同之嫌，按照劳动法律规范，连续工作满10年，用人单位须和劳动者签订无固定期限的劳动合同。在借调制度中，劳动者并非借入单位员工，因此，即便劳动者在借入单位工作超过10年，也不能和借入单位订立无固定期限的劳动合同。如案例中所述，职工医科大学作为用工单位，不负有和帕某订立无固定期限的劳动合同的义务，职工医科大学的做法必然会损害帕某的权利。

在劳务外包案中，北京大学将学校的有关业务一体外包给了东秋公司，再由东秋公司安排敖某到北京大学处理有关事务。劳务外包将劳动关系外化，用工单位将劳动业务外包给其他单位，由其他单位承担用工风险。劳务外包法律关系复杂，作为劳动者的一方甚至都不知道自己为谁工作。在本案中，敖某一直认为自己的用人单位是北京大学，以至于向北京大学主张权利。另外，劳务外包合同中发包人拖欠承包人合同价款时，承包人也易将此作为拖欠劳动者劳动报酬的抗辩事由，因而严重损害劳动者权利。

我国的劳动立法只承认劳动合同和劳务派遣的两种用工方式，至于借调和劳务外包尚无法律法规对其进行规范，只有部分地方政府部门颁布了一些规范性文件，立法空白造成用人单位常常滥用借调和劳务外包。长期借调容易产生劳动者名为借出单位员工、实为借入单位员工的事实，但是，劳动者无法享受借入单位的任何福利待遇。在劳务派遣制度下，劳动者在用工单位能享受到同工同酬条款的保护，但在借调制度中，劳动者权利保护处于真空地带。

在现实中，“外包、委托、派遣等不加区别，难以区别，随意滥用，无从规范，几乎成了普遍现象。许多派遣、承揽、外包、租赁劳动者即使在用人（用工）单位的监督管理下劳动，也不被承认为‘劳动者’，本来应该签订的劳动合同变成了劳务合同，派遣合同变成了外包合同”②。很多企业挂外包之名，行派遣之实，这样的派

---

① 详见河南省开封市顺河回族区人民法院民事判决书，(2016) 豫0203民初1500号。

② 田思路，彭浏诚：论使用从属关系下非典型劳动者保护的多元化，《中国劳动》2014年第8期。

遣变外包相当普遍，造成了相关劳动争议不断发酵，结果大量应属于劳动法范围保护的劳动者被排除在劳动关系法律各种保护措施之外，使劳动法调整范围过窄的问题显得更加突出。立法缺失不仅损害了劳动者的合法权益，而且架空了我国的劳动法，阻碍了我国法律体系的完善。

具体而言，借调作为在实务中常常出现的用工方式，却没有正式的法律对其进行规制，导致用工单位利用该制度轻易避开了劳动法律对劳动者的保护。就借调的性质而言，是作为临时性用工方式，但借调的反复适用、长时间适用，实在是违背借调制度意义的。就劳务外包而言，劳务外包在我国法律尚无相关规定，加之面对劳务派遣法律制度的严格规定，大量企业纷纷将原来的派遣岗位转为外包，“现已有迹象表明，外包用工极有可能被作为规避劳动法责任的溢出通道而成为劳务派遣的首选替代形式”①。

2. 劳务合同背离劳动立法精神

在劳务合同案中，河南大学和王某之间订立的是劳务合同。王某在河南大学工作之前已经退休，不属于劳动法意义上的合格劳动者，王某和河南大学之间签订的有关劳动权利义务的合同属于劳务合同。双方之间劳务合同持续了近 12 年，该岗位不是河南大学临时性和可替代性岗位，而是必要的、不可或缺的岗位。王某是一个退休人员，不是劳动法意义上的适格劳动者，河南大学可以劳务合同的成本取得劳动合同收益，也无需承担劳动法意义上的用人单位责任。因此，河南大学签订的劳务合同不仅损害了王某权益，也背离了劳动法的立法精神。

就劳务合同来看，其症结在于高校以签订劳务合同的方式规避签订劳动合同，高校和劳务提供者之间是劳务关系而非劳动关系。在该类法律关系受到民法的调整中，其特点是：高校无需为劳动者缴纳社会保险，高校支付的对价并非是劳动报酬，因此，也不受最低工资标准的调整。从法律的角度分析，这样的用工方式也是背离了我国劳动立法精神的。

“劳务合同主要遵循传统的民法原理，受民法调整，且大部分劳务合同都已成为有名合同，双方的具体权利义务在合同中都有明确的规定。”② 它受到国家的干预程度低，在合同内容的约定上主要取决于双方当事人的意思，由双方当事人自由协商确定。“劳动合同则不同，它受到国家强制性法律的规范，如用人单位的强制性义务及合同的解除，除双方当事人协商一致外，用人单位解除劳动合同必须符合《劳动法》规定的条件等。”③ 另外，在劳动合同中，用人单位承担用工风险，并负有为劳动者缴纳社会保险的义务。若劳动者遭受工伤，则由用工单位承担无过错责任。若劳动者因执行工作任务致人损害，也应由用人单位承担用工风险。反观劳务合同，劳动风险由承揽人自担。该用工方式缺乏对提供劳动一方的保护，这种法律关系的

---

① 王全兴，黄昆：外包用工的规避倾向与劳动立法的反规避对策，《中州学刊》2008 年第 2 期。

② 王金增：《劳动合同与劳务合同、雇佣合同辨析》载《中国劳动关系学院学报》，2005 年第 3 期。

③ 王金增：《劳动合同与劳务合同、雇佣合同辨析》载《中国劳动关系学院学报》，2005 年第 3 期。

稳定性远不如劳动关系。最后，合同法调整的主要是财产关系，与身份关系有关的协议由其他法律进行调整。因此，以劳动为给付内容的劳务合同从法理上不宜由合同法调整。这也是具有高度人身依附属性的劳动法律关系由劳动法来调整的原因所在。

高校后勤适用劳务合同的用工方式，容易诱使高校后勤部门将大量本该适用劳动合同的岗位转化成劳务合同，使劳动合同制度在高校后勤中名存实亡。劳务合同与劳动合同制度逻辑存在冲突，两者不能简单等同。

二、高校后勤用工方式法理探讨

我国现行劳动立法确立的用工方式可分为三种：劳动合同、劳务派遣以及非全日制用工。用人单位可以通过签订劳动合同实现用工；也可以通过与劳务派遣单位签订劳务派遣合同以劳务派遣的方式实现用工；还可以和劳动者签订非全日制用工合同实现用工。在高校的后勤用工中，劳动合同和劳务派遣这两种用工方式较为常见。若对高校后勤部门采用订立劳动合同的方式解决用工问题，当劳动者与用人单位发生用工争议时可以适用劳动法，通过仲裁或者诉讼途径解决。特别在《中华人民共和国劳动合同法》出台后，解决了实务中争议不断的劳务派遣问题，使之有法可依，以劳务派遣取代订立劳动合同的模式得到了一定的遏制。因劳务派遣发生争议，也可以通过仲裁或者诉讼方式解决，故本专题不讨论高校后勤部门中因劳动合同和劳务派遣产生的争议。

（一）借调、劳务外包法制现状评析

借调产生于上世纪 80 年代中期，具体是指“用人单位之间因工作需要而采取借调工作人员的形式。通常由借调单位和被借调单位之间签订借调合同”①。它产生于计划用工时代，是计划经济的衍生品。在国家机关和事业单位大规模进行的人事改革背景下，“原有的行政人员逐步减少，造成严重缺员，造成一些部门只得从基层企事业单位调用有特长、有专业知识到机关工作”②。此后，借调制度也从国家机关等单位推广到了普通的企事业单位。现实生活中，“借调多是借入单位为解决编制不足等紧急情况而采取的临时性的用人方式”③。借调用工是借入单位存在用工短缺为前提的临时性用工方式，一般仍由借出单位支付借调人员劳动报酬和福利待遇，但劳动者要受到借入单位的指示和管理。

借调法律关系同样存在三方主体：借出单位、借入单位和劳动者。劳动者隶属于借出单位，劳动者和借出单位签订劳动合同，建立劳动关系，劳动者按照借出单位的指示到借入单位从事劳动，借调行为由借入单位和借出单位协商，订立借调合

---

① 邹瑜，顾明：《法学大辞典》，中国政法大学出版社 1991 年版，第 1339 页。
② 王桦宇：《劳务派遣法律实务操作指引》，中国法制出版社 2012 年版，第 60 页。
③ 李振华：《企业劳动用工的法律风险与防控》，浙江大学出版社 2014 年版，第 109 页。

同。被借调的职工与借入单位不存在劳动关系，但在借调期间受借入单位的管理，而被借调的职工与借出单位继续存在劳动关系。

在我国，借调是存在一定市场的用工形式。但是，借调制度本身弊端甚多，最显著的弊端就是借调制度立法缺失，导致借入单位将借调制度作为规避劳动法的手段，长期借调、反复借调的现象司空见惯。这在高校的后勤部门用工过程中也不例外。在一些具有一定的专业性、岗位需求较少、边际人力成本较高的岗位上，高校后勤部门通常会采取借调的用工方式。借调制度本身也存在一些不足，比如被借调人的福利待遇、发生人身损害时的赔偿责任等都缺乏法律规定。借调作为一种非标准的用工方式，目前没有法律法规对其进行规定。

劳务外包的定义在理论上尚有争议，主流观点认为："在外包形态中，发包方与承包方存在民事关系，承包方与劳动者建立劳动关系，劳动者在承包方的管理监督下提供劳动力。"① 从法律角度看，劳务外包在法律中的定义叫"承揽"，属于承揽合同中的劳务承揽，也即狭义的劳务合同。劳务外包应是以劳务外包服务协议方式约定，由承揽方完成发包方指定的业务、职能工作内容或特定劳务。在高校后勤用工方式中，以劳务外包的方式通常出现在需要大规模用工的岗位上，诸如安保和保洁等后勤服务。1985 年发布的《中共中央关于教育体制改革的决定》提出，将高校后勤服务纳入社会主义市场经济。不少高校纷纷成立具有独立法人资格的后勤服务集团，高校将后勤服务外包给后勤集团，由其为高校提供后勤保障服务；某些尚未成立后勤集团的高校，将本校的后勤服务外包给其他的后勤集团。目前，法律尚无关于劳务外包的规定，亟待完善立法。

1. 借调期限法律无规定

在上文借调案中，高校后勤部门长期借调劳动者，长达八年之久。这完全背离了借调作为临时性用工方式的初衷。由此可知，其本意是规避现行劳动立法，利用借调降低用工成本、逃避应承担的用工责任。这是对现行劳动法用工制度的一种破坏。

借调不同于我国劳动立法中的劳务派遣。劳务派遣是我国劳动法律规范中规定的一种用工方式，劳务派遣单位的经营业务是根据工作需要，将劳动者派遣到其他单位，从中赚取派遣费用，而派遣单位自身并不从事生产经营业务。法律上对劳务派遣单位有严格的设立条件。而借调制度中，我国的劳动法律没有规定该用工方式，借出单位本身也有自身的主营业务。并且，借调是为解决企业临时性用工的非经常性行为，法律对借出单位的设立条件无任何规定。

2. 借调合同易损害劳动者权益

劳动者和借出单位签订劳动合同，约定了工作的内容、时间和地点，此后，借出单位又将劳动者借调到其他单位，属于借出单位单方变更劳动合同的情形。在该情形下，劳动者能否拒绝借出单位的借调？《劳动法》规定了劳动合同依法订立即具

① 田思路：劳动关系非典型化的演变及法律回应，《法学》2017 年第 6 期。

有法律约束力，当事人必须履行劳动合同规定的义务。同时规定，订立和变更劳动合同应当遵循平等自愿、协商一致的原则，不得违反法律、行政法规的规定。这一点在《劳动合同法》中也有体现①。可见，我国劳动法律是充分尊重劳动者的自由意志的。按照法律规定，劳动合同一经签订即具法律效力，非经劳动者和用人单位协商不得变更。对于借出单位来说，其出借员工的行为在事实上是对原劳动合同的变更，借出单位改变了劳动者的用工单位和劳动地点等合同约定事项。

从法理上看，劳动者对于单位安排的借调享有一定的选择权。在借出单位和劳动者之间，劳动者对于借出单位的指示具有服从的义务。但是，劳动者遵守用人单位的指示仅限于劳动合同约定的指示范围，一旦用人单位的指示超过了劳动合同约定的范围，劳动者不负有遵守的义务。在实际借调过程中，经常发生类似现象：用人单位单方变更原劳动合同的内容，将劳动者借调其他单位，违背了劳动合同的约定，易损害劳动者的合法权利。

借调合同不是民事合同，不能沿用借用合同的法律规定，劳动者并非民法上的物，可以由借出单位自由转让。这样的做法违反了契约必受的原则，更何况劳动者作为劳动合同的一方当事人享有人格尊严，单方变更劳动合同的做法践踏了劳动者的人格尊严。另外，在借调合同中，劳动者的“所有权”在于借出单位，“使用权”归属于借入单位，形成了一个三方结构。反观借用合同，自始至终只有出借人和借用人两方主体。最后，在借调制度中，借入单位不承担劳动风险，而是通过合同转嫁给借出单位；在借用合同中，合同风险由合同法的风险负担规则进行分配。

3. 劳务外包用工无劳动立法

《劳动合同法》关于劳务派遣的严格规定，遏制了实践中劳务派遣用工方式的乱象。但是，用人单位很快找到了规避劳务派遣制度的替代品——劳务外包。外以劳务外包之名、内行派遣用工之实，是劳务外包中最突出的问题。

《中华人民共和国合同法》并无对应劳务外包合同的概念，最相近似的是建设工程合同。它是承包人进行工程建设、发包人支付价款的合同。但是，劳务外包不能适用建设工程合同：建设工程合同不仅受《合同法》中规制，《建筑法》第十九条更是强制要求建设工程合同的订立必须以招标发包的方式进行，只有对不适于招标发包的建设工程才可以采取直接发包的方式订立合同。建设工程合同受到法律强制性规定较多，在建设工程合同的订立和履行、资金的投放、工程的验收等都受到国家的严格管理和调控。另外，两者的合同标的也有不同：劳务外包的合同标的是劳务，建设工程合同的标的为建设工程②。

根据民法原理，劳务外包中的发包人对承包人只承担民法上的责任，承包人对

---

① 《中华人民共和国劳动合同法》第三十五条规定：“劳动合同变更是由用人单位与劳动者协商一致，可以变更劳动合同约定的内容。变更劳动合同，应当采用书面形式。”

② 建设工程，是指土木工程和建筑业范围内的线路、管道、设备安装工程的新建、扩建、改建及大型的建筑装饰等工程。转引自江平：《民法学》，北京：中国政法大学出版社2007年版，第694页。

劳动者承担用工风险，发包人就这样巧妙地从劳动法律关系中脱身出来。再加上企业对灵活用工的需求，以及对无固定期限劳动合同的惧怕，导致劳务外包备受企业青睐。正是因为劳动法律未对劳务外包进行规制，只能将劳务外包劳动争议由合同法去调整。

劳动法强调用人单位对劳动者劳动过程的管控，同时承担其劳动风险。劳务外包中劳动者的劳动过程是在用工单位完成的，要接受用工单位的管控；对劳动者劳动力的所有权和使用权是分属于劳务外包公司和用工单位的。劳务外包将用人和用工分离，并以此剥离劳动过程和劳动风险。劳动者一旦遭遇劳动风险，必然难以追责，投诉无门。

4. 劳务外包承包人资质无认证标准

劳务合同的发包方往往乐于将劳务外包，使得劳务外包行业迅速发展，根本原因在于，法律几乎没有关于从事劳务外包的企业资格的规范。“劳务外包的发包人最终获得承包人使用劳动者所创造的收益，却将本应由其承担的用人单位责任转移给了承包人。”① 因此，无论是劳务外包公司还是劳务用工单位，双方都在其中获益。

“在劳务派遣中，立法者通过《劳动合同法》《劳务派遣行政许可实施办法》以及《劳务派遣暂行规定》等法律法规对于设立劳务派遣机构资质进行了相对严格又明确的规定。”② 相比于成立劳务派遣公司的这些严格要求③，目前对于劳务外包承包人资质在法律上并无规定，成立劳务外包承包人的要求低于成立劳务派遣，造成了大量达不到设立劳务派遣公司的单位选择设立劳务外包公司，从而避免了承担劳动法规定的设立条件。因此，为了避免有关单位为规避派遣单位设立条件的限制，通过设立外包单位进行后勤服务的做法，劳务外包单位也要参考劳务派遣单位的设立条件。如：《劳动合同法》规定劳务派遣单位的注册资本不少于二百万元，因此，设立劳务外包单位的注册资本也不应少于二百万元。

（二）劳务合同用工方式法理阐释

有学者将劳务合同定义为：“劳务合同是指法人之间、公民之间、法人与公民之间关于提供劳动服务而订立的协议。”④ 劳务合同的主体包括提供劳务的一方和接受劳务的一方，双方当事人法律地位平等。它适用民法，对权利义务进行约定。此可谓劳务合同的泛义的法律含义。严格意义上的劳务合同法律概念，是在现行合同法中最相近的以劳务为内容的承揽合同。劳务承揽合同是指承揽人按照定作人的要求

---

① 王全兴，黄昆：外包用工的规避倾向与劳动立法的反规避对策，《中州学刊》2008 年第 2 期。

② 刘文华，赵磊：劳动关系法治化治理专题业务外包劳动法律规制研究，《中国劳动》2017 年第 11 期。

③ 《中华人民共和国劳动合同法》第五十七条：经营劳务派遣业务应当具备下列条件：（一）注册资本不得少于人民币二百万元；（二）有与开展业务相适应的固定的经营场所和设施；（三）有符合法律、行政法规规定的劳务派遣管理制度；（四）法律、行政法规规定的其他条件。经营劳务派遣业务，应当向劳动行政部门依法申请行政许可；经许可的，依法办理相应的公司登记。未经许可，任何单位和个人不得经营劳务派遣业务。

④ 王金增：劳动合同与劳务合同、雇佣合同辨析，《中国劳动关系学院学报》2005 年第 3 期。

完成工作、交付工作成果，定作人给付报酬的合同。承揽合同是合同法规定的有名合同。在承揽合同关系中，承揽人以自己的设备、技术和劳力为定作人完成一定的工作，并交付成果。由此产生的社会关系是一种纯粹的财产关系，不具有人身依附属性。其主要法律特征是：劳动风险由承揽人承担；劳动过程是自由的，有完全的自主权；强调的是劳动成果而非劳动过程。

"《劳动合同法》并不对劳务合同加以规范，而是将其让渡给民事法律调整。劳务合同并不具有劳动关系的隶属性特征，其用工主体与劳动关系也不完全一致。"① 正是因为劳动法律未对劳务合同进行规制，只能将劳务合同争议由合同法去调整。劳动法律规范对劳务合同用工方式鲜有规定，因此，这并非标准的用工方式。在高校的后勤管理中，确实存在以签订劳务合同方式来解决后勤部门灵活用工需求的问题。但如劳务合同案所示，劳务合同一旦滥用，更易导致用人单位采取大规模的签订名为劳务合同、实为劳动合同的做法，以此规避劳动法律的强制性规定。

1. 劳务合同不同于劳动合同

劳动合同与劳务合同是在实务中极易混淆的两种用工方式，但二者在本质上不同。从法律关系的主体看，在劳务合同中接受劳务的主体可以为自然人，也可以为法人。而在劳动合同中，接受劳务的主体必须为用人单位，不能为自然人。从法律适用来看，劳务合同适用民法，有关争议由民事法律调整。而劳动合同适用劳动法，有关争议由劳动法律调整。从双方的管理关系看，在劳动合同中，劳动者隶属于用人单位，必须服从用人单位的指示和管理，用人单位对劳动者具有管理和控制的权限，而劳动者负有服从义务。而在"劳务合同中，劳务的提供者自主管理，自由支配劳动力。劳务的需求者一般仅享有劳动成果，不对劳务提供者进行管理与控制"②。对提供劳动的主体的保护，两者也有不同。此外，风险承担主体不同。在劳动合同中，用工单位需承担劳动风险；在劳务合同中，劳动风险由承揽人承担。如上文案例所述，王某并不属于劳动法意义上的劳动者，不受劳动法保护，用人单位对劳动者并不负有代缴社会保险的义务，王某也不得向高校主张最低工资。根据合同法，王某只是负有按照指示人的要求完成劳动成果的义务；履行完义务后，王某才可以向高校主张劳务合同的对价。因此，劳务合同对于劳动者的保护是比较低的。

"在司法实务中，由于没有确切的法律规定，法官对劳动关系与劳务关系的认定出现分歧，因此出现同案不同判的现象，影响着法律的权威性。"③ 认定为不同的法律关系对劳动者和用人单位产生重大影响，也反向影响着用工单位用工方式的选择。在理论上，应当明确劳务合同和劳动合同两种用工方式的区别，如下图所示：

---

① 唐鑛，刘兰：《劳动合同法》的价值重塑与制度创新——基于劳动关系多元论视角，《法律科学（西北政法大学学报）》2016 年第 3 期。

② 杨德敏：论劳动关系与劳务关系，《河北法学》2005 年第 7 期。

③ 金英杰：劳动关系的法律适用辨析，《中国劳动》2016 年第 22 期。

	劳务合同	劳动合同
适用法律	民法	劳动法
主体的法律地位	平等	隶属
接受劳务者的性质	可为自然人	企业、个体经济组织、民办非企业单位等组织
对劳动者的保护	较低	相对较高
是否缴纳社保	否	是
是否受到最低工资的限制	否	是

2. 以劳务合同规避劳动法律强制规定

虽然劳动合同和劳务合同均属于以劳动为内容的合同，但双方依据的法律规范不同。劳务合同由民事法律规范调整，劳动合同由劳动法律规范调整。高校后勤部门为了逃避用人单位缴纳社保和最低工资等法定义务，常常会采取订立劳务合同的做法来规避劳动法律规范。具体而言，高校后勤为了降低用工成本，在不考虑岗位性质的前提下，与劳动者订立劳务合同。实际上，以劳务合同代替劳动合同的做法规避了劳动法律强制性规定，有悖于劳动法的立法精神。

因此，有学者提出："用人单位与劳动者签订的所谓劳务合同，就是为了规避劳动法规定的义务，以合法形式掩盖非法目的，肆意侵犯劳动者的合法权益，这样的民事行为是无效民事行为。"① 但是，按照民事行为的部分无效的理论，民事行为部分无效不影响其他部分的民事行为的效力。其他部分是否有效，仍要结合实际情况判断有无效力瑕疵。只要劳动者和用工单位有关劳动权利义务为内容的意思表示真实、合法、无瑕疵，符合用人单位和劳动者建立劳动合同的要件，该种性质的合同应认定为劳动合同，在劳动者和高校后勤部门之间成立劳动法律关系。

三、规范高校后勤人员劳动用工方式之思考

非标准用工作为全球劳动力市场发展的重要趋势之一，对我国的劳动用工方式同样产生了深刻影响。针对高校后勤用工方式存在的法律问题，笔者提出以下法律对策：一是劳动合同、劳务派遣用工方式应以现行法律为依据；二是为借调、劳务合同和劳务外包等新型用工方式建章立制。

（一）严格依据劳动法规范高校后勤用工

我国劳动立法确立了劳动合同和劳务派遣两种用工方式，因此，高校后勤部门应当将这两者作为劳动用工方式的主流。在现行劳动法律制度框架下，高校后勤应当以签订劳动合同的方式作为主要用工方式，并以劳务派遣方式作为高校后勤部门用工的补充方式；高校后勤必须严格执行劳动用工相关法律法规，切实维护劳资双方合法权益，而不是为了一味降低人力成本，不分情形地通过签订劳务合同或者借

① 杨德敏：论劳动关系与劳务关系，《河北法学》2005年第7期。

调等方式规避劳动法律规范，背离劳动立法精神。

1. 确立劳动合同为高校后勤的主要用工方式

劳动合同作为劳动法规定的用工方式，应当作为高校后勤部门的用工的主要方式。订立书面劳动合同，一方面可以明确劳动者和高校后勤部门的权利义务关系，另一方面也可以促进劳动合同的长期化。

若高校后勤部门不与劳动者签订书面劳动合同，会产生相应的法律后果，如支付经济赔偿金等。不规范的用工行为易导致争议频发，并可能引发劳动仲裁和诉讼。违法用工的成本已经超过了产生的收益，会花费高校的经济成本、时间成本，并损害高校的社会声誉。因此，高校的后勤管理为避免出现法律问题，应坚持依法用工，坚持“违法不如守法”的思想，和劳动者签订书面劳动合同，将劳动合同用工确立为高校后勤部门的主要用工方式。高校后勤应严格遵守劳动法律规范，按时支付劳动者工资报酬、福利奖金，为职工缴纳社会保险，提供职业培训，修改现有不合理的劳动规章制度。此外，高校后勤部门还应当按照《劳动合同法》的规定，与工会平等协商，制定相应的劳动规章制度，以保障劳动者享有劳动权利，履行劳动义务。凡是涉及劳动者切身利益的规章制度或重大事项，以职工代表大会或者全体职工讨论提出的方案为制定依据，促进高校后勤部门用工法制化、规范化。

2. 将劳务派遣作为高校后勤用工方式的补充

根据《劳动合同法》第六十六条规定①，劳务派遣作为我国用工方式的补充，已经由法律规范进行确认。《劳动合同法》从多个方面进行规定：从派遣时间上，规定派遣期不得长于六个月，劳务派遣单位应当与被派遣劳动者订立两年以上的固定期限劳动合同。在派遣人数上，法律规定用工单位应当严格控制劳务派遣用工数量，使用的被派遣劳动者数量不得超过其用工总量的百分之十。在劳务派遣的岗位上，法律规定只有符合临时性、辅助性或者替代性工作岗位才能适用。同时，被派遣劳动者享有与用工单位的劳动者同工同酬的权利以及参加或者组织工会的权利。最后，为了防止派遣单位和用工单位损害劳动者权益，法律规定派遣单位和用工单位不得向劳动者收费。我国劳动法律对劳务派遣进行了详尽规范，因此，高校后勤部门应当严格遵守劳务派遣的审慎运用态度，任何规避现行法律的行为都将会承担不利的法律后果。

高校后勤部门用工中采取劳务派遣的情形较多，引发的争议也层出不穷。“为了促进我国劳务派遣市场的健康有序发展，应当建立一套完备的劳动派遣市场准入制度。劳动保障部门、工商和税务部门设置一套对劳务派遣机构的审批备案制度。”②要在准入门槛上制定严格的规范，将不符合设立要求的劳务派遣机构剔出行业序列，

---

① 《劳动合同法》第六十六条规定了劳动合同用工是我国的企业基本用工形式。劳务派遣用工是补充形式，只能在临时性、辅助性或者替代性的工作岗位上实施。前款规定的临时性工作岗位是指存续时间不超过六个月的岗位，辅助性工作岗位是指为主营业务岗位提供服务的非主营业务岗位，替代性工作岗位是指用工单位的劳动者因脱产学习、休假等原因无法工作的一定期间内，可以由其他劳动者替代工作的岗位。

② 唐镛，徐莹：基于典型案例分析的企业劳务派遣用工模式研究，《中国劳动关系学院学报》2010年第6期。

即制定相应的强制退出机制，加大对非法派遣机构的处罚，从而保证劳动者的合法权益。另外，为了避免有关单位为规避派遣单位设立条件的限制，通过设立外包单位进行后勤服务的做法，对于劳务外包单位也要参考劳务派遣单位设立的条件。《劳动合同法》规定，劳务派遣单位的注册资本不少于二百万元。因此，设立劳务外包单位的注册资本也不应少于二百万元。

（二）为新型劳动用工方式建章立制

“除了目前《劳动合同法》规定的非全日制劳动和劳务派遣之外，其他如季节性用工、临时性用工、自营业用工、家庭劳动用工等用工方式，在实践中也较为常见，因此，也有必要在法律上进行相应的规定。”① 现阶段，除了法律规定的劳动合同和劳务派遣的用工方式之外，法律应对借调、劳务合同和劳务外包等新型用工方式进行规定，以肯定其合法性，使新型用工方式有法可依。

1. 谨慎承认非标准劳动用工

“劳动关系的非典型化是全球劳动力市场发展的重要趋势之一。非标准劳动关系又称非典型劳动关系，即与传统的以一重劳动关系、全日制劳动、遵守一个雇主指挥等为特征的标准劳动关系相区别而存在的劳动关系。”② 为了避免用人单位无限度地使用非标准劳动用工，背离劳动法保护劳动者的立法目的，我国法律应当本着谨慎态度承认非标准劳动关系，建立合理的非标准劳动关系。“20 世纪 80 年代以后，劳动关系在全世界范围内都越来越呈现出非标准化的趋势。劳动关系的非标准化在我国更是以史无前例的规模展开。”③ 域外立法对非标准劳动用工在法律上的规定为我国提供了制度借鉴。现行立法并未禁止高校后勤部门采用劳务外包和劳务合同的用工方式，这也为谨慎承认非标准用工保留了立法空间。

从制度构建来看，结合现行劳动合同和劳务派遣的法律规定，对于高校后勤用工，通过规定新型用工方式的建立，形成高校后勤多层次后勤用工模式。在法律上应当参考劳务派遣的“三性”标准，构建非标准用工的“三性”标准——短期性、补充性、少量性，规定只有在用工期限不满六个月、非主营业务的岗位才能适用非标准用工方式，同时总量不得超过一定比例。由于高校后勤部门工作种类复杂，法律尚未对非标准用工方式进行规范，高校后勤部门应根据工作种类的性质，对工作岗位做出合理区分。只有明确岗位性质的区分，才能判断该岗位是否适合运用非标准用工方式，与劳动者成立相应的法律关系。若为从事长期性工作岗位的劳动者，用人单位应当与之签订劳动合同，建立劳动关系。只有对用工期限在三个月以内的劳务，用人单位方可使用非标准用工方式。笔者认为，高校应在后勤管理中严格规范非标准用工方式的适用情形，从而限制非标准用工方式的泛化使用，避免架空我

① 田思路：劳动关系非典型化的演变及法律回应，《法学》2017 年第 6 期。
② 班小辉：就业转换权：破解非典型就业困境的优化路径，《华中科技大学学报（社会科学版）》2017 年第 5 期。
③ 董保华：论非标准劳动关系，《学术研究》2008 年第 7 期。

国劳动法律规范。

针对实践中出现的反复借调、长期借调的问题，立法宜将借调定性为相比于劳务派遣更加灵活的用工方式，宜规定为短于六个月为佳，以避免借入单位长期借调劳动者来填补岗位空缺，否则就有规避劳动法之嫌。笔者认为，法律应当明确借调制度适用的前提，即只有在借入单位用工情况紧急、无法再行招聘时，经过劳动行政部门允许之后才可以使用借调。另外，针对借入单位突破借调期限，法律应当规定相应的法律后果。笔者认为，在立法上可以从三个层次进行规定：一、如果借入单位借用劳动者的期限达到六个月，这个法律关系应转化为劳务派遣法律关系，适用劳动派遣的相关规定。二、如果借入单位借调期限达到该单位同岗位劳动者劳动合同相同的工作年限，则转化成被借调的劳动者与借入单位的固定期限劳动合同。三、如果借入单位借调超过十年，应参照《劳动法》中“劳动者在工作单位中连续工作满十年，应当与用人单位订立无固定期限劳动合同”的条款，实际用人单位应当和借调的劳动者订立无固定期限的劳动合同。同时，连续两次借调，且劳动者没有劳动法规定的用人单位随时解除、非因公负伤不能胜任的情形，应参照《劳动合同法》第十四条第三项，与用工单位订立无固定期限的劳动合同。

为了保障劳动者权利，须完善借入单位、借出单位和劳动者的三方协商机制。“借调过程中，要求无论是借出单位还是借入单位，都应当重视通过合同文本的形式将双方的权利和义务、借调期间被借调人员的工资、福利待遇等问题进行明确的约定。”① 在借出单位和借入单位磋商过程中，为了保障上文提到的劳动者同意权，应当赋予劳动者知情权，以便于劳动者保护其权利，即允许劳动者参与借出单位和借入单位的谈判过程，由劳动者和借入单位就劳动时间、劳动地点和劳动条件等事项进行协商，并将协商结果写入借出单位和借入单位的借调合同中，以保障劳动者的权利。

2. 构建人事代理法律制度

“所谓人事代理是指经组织人事部门批准或者授权指定的人才服务机构，受单位和个人委托，运用社会化服务方式和现代化手段，按指定的法律和政策规定，为其代办的有关人事业务。”② 人事代理制度的本质是用人单位与人事代理机构之间建立的委托代理合同，劳动者和用人单位之间订立劳动合同。人事代理机构代理可以协助委托单位制定人事管理方案；为委托单位代办人才的引进、推荐和招聘；为委托单位代理人事考核、培训等业务；办理人事档案的收集、整理、保管、利用的管理工作等多项管理义务。③

实际上，“人事代理制度其实在高校人事管理中的适应面很广，可以针对教学科

---

① 李振华：《企业劳动用工的法律风险与防控》，浙江大学出版社 2014 年版，第 110 页。

② 王桦宇：《劳务派遣法律实务操作指引》，中国法制出版社 2012 年版，第 63 页。

③ 详见《江苏省政府关于批转省人事厅〈江苏省人事代理暂行办法〉的通知》第八条。

研人员，也可以针对管理、教辅、后勤保障人员”①。但是，人事代理与劳务合同、劳务外包、借调都是临时性的用工方式，都属于非标准用工方式，不能作为高校后勤用工的主要方式。正是由于这极高的相似性，在人员管理上可以合并处理，构建一种新型的人事代理制度。由人才管理中心统一进行档案管理，若高校后勤需要运用人事代理、劳务合同、劳务外包和借调用工方式，则需要人才交流中心批准备案方可实施，以规范高校后勤的用工合法性，保障劳动者的权益。

3. **健全职业介绍法律规定，规范劳动用工行为**

职业介绍属于民法中的居间行为，根据《合同法》第四百二十四条：居间合同是居间人向委托人报告订立合同的机会或者提供订立合同的媒介服务、委托人支付报酬的合同。按照民法的理论，居间人都不是合同的当事人。从法律关系看，职业介绍机构接受用人单位的委托为其介绍适合的劳动者，职业介绍机构和用人单位之间成立委托合同；当职业介绍机构为用人单位介绍合适的劳动者之后，劳动者和用人单位经过协商订立劳动合同。实际上，劳务外包机构往往具有职业介绍的性质。因此，劳务外包和职业介绍容易发生混淆。两者最显著区别在于机构的行为性质不同。职业介绍只是提供订立合同的机会，职业介绍机构并不进入劳动者和用人单位的合同关系。另外，职业介绍机构与劳务外包机构的设立条件不同：法律规定了设立职业介绍机构的条件，而设立劳务外包机构则尚无相关规定。

国际劳工公约要求对职业介绍机构实行严格的管理制度，如许可证制度。虽然我国法律规定了一些职业介绍机构设立必须具备法定条件，但从总体来看，职业介绍的法律规定层级过低，规定过于模糊，无法适用。因此，国家应当细化关于职业介绍的规定，要加强机构的设立条件审查制度，完善职业介绍的登记备案制度，取缔无证和超过经营范围的职业介绍机构，实施职业培训和职业介绍相分离的制度，禁止由职业介绍机构进行职业培训。

最后，我国现阶段允许盈利性的职业介绍机构的存在，但学者多对营利性的职业介绍持否定态度。“史尚宽先生在其自拟的‘劳动救济法（草案）’中，就对营利性职业介绍者给出一系列限制。”② 笔者并非主张禁止成立盈利性的职业介绍机构，而是主张应当更多地设立非盈利性的职业介绍机构。根据宪法规定，国家对于促进劳动就业负有义务，政府应当通过多种方式促进就业，设立公益性的职业介绍机构是促进就业的有效方式。因此，国家应当积极设立非营利性的职业介绍机构，将非营利性作为职业介绍机构的设立目的，禁止通过职业介绍谋取暴利，压榨劳动者。

4. **完善人才交流中心职能，为用工单位提供专业人才**

人才交流中心，又称人才中介服务机构，在我国的主要存在形式是人才市场。根据《人才市场管理规定》第五条的规定：人才市场是指为用人单位和人才提供中

---

① 刘蕾：高校人事代理制度的实践与思考，复旦大学硕士学位论文，2009年。

② 黎建飞：《劳动与社会保障法教程》，中国人民大学出版社2016年版，第99页。

介服务及其他相关服务的专营或兼营的组织。具体来说，人才市场可以从事人才信息网络服务、人才推荐、人才招聘、人才培训和人才测评等活动。但在实践中，人才市场往往只提供劳动者和用人单位之间的信息交互业务，造成人才市场的职能和职业介绍机构的职能相近，因而违背了立法者的初衷。笔者认为，应当完善人才交流中心的职能，将职业培训从劳动力市场抽离出来，单独由人才交流中心负责培训。为保障劳动力市场的稳定，减少法律纠纷，维护社会和谐，应当明确规定非标准用工方式中的劳动者有获得职业培训的机会，以促进其市场竞争力。大多数非标准用工的劳动者从事的工作具有临时性，用工单位不愿意为其提供培训。为了解决该问题，“要求各级人民政府根据非标准用工方式的发展情况，结合就业的特殊性，制定相应的政策，保证非标准用工的劳动者获得相应的培训。政府通过财政补贴的方式，鼓励用人单位对非标准的劳动者进行职业培训，以增强这类群体获得职业培训、提高职业技能的机会”①。

完善人才交流中心的人事代理职能，也应当明确规定人事代理的适用前提、代理期限和档案管理等相关事项。笔者认为，宜将借调合并到人才交流中心的职能之中，各个单位之间需要借调解决临时性的劳动力紧缺问题时，应通过人才交流中心进行协调，并由人才交流中心对借调期限的合法性和合理性进行监督。另外，要重视人才交流中心的建设，《人才市场管理规定》第六条规定了设立人才交流中心的资质要求②。但是，这样的规定过于原则，人才交流中心的设立条件应当提高，准入门槛和违法责任应当明确规定。

此外，根据国家法律，高校是为了实现国家的教育目标而成立的事业单位。作为公益二类组织，高校具有从事教育教学、培养国家人才的职责。因此，基于公益性，笔者认为，可以考虑建立统一的高校后勤劳务用工机构。具体说来，由国家成立一个省级的高校后勤用工机构，统筹高校后勤用工。高校的后勤部门可以向该省级后勤管理部门提出人才需求，由该部门统筹安排。

---

① 班小辉：就业转换权：破解非典型就业困境的优化路径，《华中科技大学学报（社会科学版）》2017年第5期。

② 《人才市场管理规定》第六条：设立人才中介服务机构应具备下列条件：（一）有与开展人才中介业务相适应的场所、设施；（二）有五名以上大专以上学历、取得人才中介服务资格证书的专职工作人员；（三）有健全可行的工作章程和制度；（四）有独立承担民事责任的能力；（五）具备相关法律、法规规定的其他条件。

专题八　公立高校医院医疗侵权法律问题研究

杨淑[①]　谌瑜

专题概要：公立高校医院是保障师生健康的主要机构。然而，高校医院医疗侵权责任主体不明、校医医师资质的审核与监管缺失、医疗侵权责任构成要件存有问题。建议赋予高校医院责任主体地位以利于自我约束；卫生行政部门直接管理校医院以解决校医医师资质的审核与监管缺失的问题；强化医疗侵权责任构成要件，规范高校医疗侵权责任。

关键词：公立高校；校医院；侵权。

一、公立高校医院医疗侵权典型案例及所涉法律问题

（一）案情简介

【案例一】[②]：北京大学深圳研究生院信息工程学院2008级硕士研究生姜某。6月1日上午，因嗓子疼到校医院就诊。起初，姜某被内科医生诊断为上呼吸道感染，可在服用医生开的药后并未缓解。当天下午2点多，姜某再次到校医院，耳鼻喉科医生初步诊断为急性会厌炎，并安排姜某输液。然而，姜某在输液后病情突然加剧，开始呼吸困难。虽然医生采取多种措施抢救，但姜某还是在几分钟后停止了呼吸和心跳。当天下午3点多，赵女士接到儿子同学打来的电话，称姜某病重已经转到北医三院。赵女士来不及换工作服就从天津赶到北京。在医院，她被医生告知，姜某快不行了。医院对姜某做了气管切开术，他可以通过呼吸机维持基本的生命体征。当晚，医院发出病危通知书，并确诊姜某为脑死亡。6月18日，二十五岁的姜某因抢救无效去世。

【案例二】[③]：2011年9月，某市卫生局卫生监督员在对辖区内一高校医务室进行卫生监督检查时，发现该高校具有《医疗机构执业许可证》，但在医务室从事诊疗活动的医生李某和护士王某佩戴某二级医院的工牌，提供的《医师执业证书》或《护师执业证书》注册地点为某二级医院，使用的处方笺、医院门急诊医药费收据均

---

① 杨淑：上海大学法学院2017级法律硕士在读研究生。

② 详见人民网：《北大学生校医院打点滴后心跳停止转院18天身亡》，http：//news.ifeng.com/gundong/detail_2011_06/28/7304157_0.shtml，2018年11月13日访问。

③ 戴心声：由一起无证行医的行政处罚案撤销谈高校医疗机构托管的合法性，《中国卫生监督杂志》2013年第5期。

为某二级医院。经调查，该二级医院与高校医务室于2010年8月签订了《学生医疗卫生保健委托服务协议》，高校将学生医疗卫生保健委托该某二级医院。该医院安排医务人员，配备常规医疗设备和抢救设备，承担医务人员的工资待遇，学生诊疗费用由该二级医院收取。医生李某和护士王某均为某二级医院聘任的卫生技术人员，受医院委派至高校医务室开展诊疗活动。该二级医院提供的《医疗机构执业许可证》标注的地址不包含该高校医务室所在地。某市卫生局依据《卫生部关于对非法采供血液和单采血浆、非法行医专项整治工作中有关法律适用问题的批复》和《关于医疗机构设置有关问题的批复》的文件精神，认为当事人的行为符合上述规定中的情形，按照《医疗机构管理条例》第四十四条规定：责令该医院停止在高校医务室执业，并对该二级医院予以行政处罚：没收违法所得人民币九万余元；没收药品、器械；罚款人民币五千元。该二级医院收到行政处罚事先告知书后向某市卫生局申请听证，在听证会上进行陈诉和申辩，最终本案被某市卫生局撤销。

【案例三】①：经网络举报，蒸湘区卫计局委托区卫生计生综合监督执法局卫生监督员对湖南交通工程学院医务室进行了日常监督检查，发现该医务室正在为患者进行内科诊疗的董某无执业医师证。湖南交通工程学院医务室未对外承包经营，该学院聘请了董某为医务室主任，夏某（持有执业医师证）为医务室医师，聘任期为三年，护士董某某（持有护士证）于2016年4月19日注册在湖南交通工程学院医务室。根据以上情况，蒸湘区卫计计生综合监督执法局卫生监督员当即下达了卫生监督意见书，要求董某立即停止诊疗活动，并依法进行了相应处罚。

（二）所涉法律问题

上述三则典型案例涉及高校医院医疗案件：第一则是因高校医院医疗人员不当处理导致学生死亡的侵权案件；第二则是由于校医院无医疗机构执业许可证而发生的行政处罚案；第三则是一起民众监督引发的案件，卫计局通过网络举报处罚校医院医疗人员无证行医的行为。笔者通过大量实例考察和研究发现，从法律视角看，高校医疗侵权纠纷频发主要可归纳为以下三方面问题。

1. 高校医院医疗侵权的责任主体问题

承担医疗侵权责任的医疗机构通常为依法能够独立享有民事权利、承担民事责任的法人。高等院校的医疗机构明显不同于其他医疗机构，属于高校内部机构。一旦发生医疗纠纷，如案例一，姜某若进行诉讼，维护自身合法权益，适格被告是首先要明确的问题。校医院是否是独立法人，校医院医疗人员实施侵权行为后，校医院能否承担责任、成为医疗侵权的责任主体，尚需法律进一步明确。

---

① 详见《请衡阳市卫计局彻查湖南交通工程学院医务室无证非法行医一事》，http：//people.rednet.cn/PeopleShow.asp？ID=2914266，2018年11月13日访问。

2. 校医医师资质的审核与监管问题

如案例三所示，被网络举报后，卫计局对湖南交通工程学院无证行医问题进行了处罚。此类问题屡见不鲜。专项整治工作告一段落后，高校医师无证行医现象仍屡禁不止。这就涉及校园医生资质的审核和监管问题。校医院在高校的直接领导下，属于其管理范围，与外界有着明显的区隔，而公立医院隶属卫生行政部门管辖，二者审核监管完全分属不同部门。校医医师的资质审核标准和校园医师的监管主体，是法律要讨论和明确的问题。

3. 高校医院医疗侵权的责任构成要件问题

医疗纠纷备受社会关注。只要存在医疗服务，就会存在医疗纠纷。高校医疗机构也概莫能外。根据《侵权责任法》第五十四条规定，医疗损害责任由以下四个要件构成：第一，医疗机构及其医务人员在诊疗活动中的违法诊疗行为；第二，患者受到损害；第三，违法诊疗行为与患者损害之间具有因果关系；第四，医疗机构以及医务人员的过错。但校园医疗侵权不同于一般医疗侵权，仅仅以一般医疗侵权四要件解决校园医疗侵权问题往往效果不佳。在医疗纠纷凸显的今天，准确认定医疗损害责任是患者权利救济的关键。

二、高校医院医疗侵权所涉法律问题评析

（一）高校医院医疗侵权责任主体问题现状解读

处理包括高校医院在内的医院医疗侵权纠纷，目前我国法律已经形成了以《侵权责任法》为主体、《最高人民法院关于〈侵权责任法〉的司法解释》为补充的法律规范体系。这使得司法机关在处理相关医疗纠纷案件时能够有法可依，维护了高校学生、教职工的合法权益。上述规范性法律文件也涉及医疗侵权责任主体问题。最高人民法院于2011年7月1日起废止《医疗事故处理条例》，此后医疗纠纷案件统一适用《侵权责任法》。尽管最高法院终止行政法规的适用也是存在一定争议的，但现行《侵权责任法》第五十四条至六十八条、《最高人民法院关于〈侵权责任法〉的司法解释》第九十七条至一百零九条已成为司法裁判的主要依据，消除了以往处理医疗纠纷的规则冲突。

《侵权责任法》第五十四条规定：患者在诊疗活动中受到损害，医疗机构及医务人员有过错的，由医疗机构承担赔偿责任。根据《医疗事故处理条例》第二条规定，医疗损害责任指医疗机构及其医护人员在医疗过程中因过失，或者在法律规定下无论有无过失，造成患者人身损害或者其他损害，应当承担以损害赔偿为主要形式的侵权责任。

结合《民法总则》第五十七条规定，法人是具有民事权利能力和民事行为能力，依法独立享有民事权利和承担民事义务的组织。这是法人区别于非法人组织的根本所在，其主要表现为独立的组织。法人为独立的组织的具体含义是：法人的组织无

须依靠其他组织或者单位而独立存在。在组织上必须依赖其他组织而存在的组织，不能成为法人。组织的独立性是法人的基本特征之一，也是取得法人资格的基本条件之一。

总的来说，目前高校医疗机构的管理方式主要包括四种：一是校医院直属或附属于学校管理；二是校医院隶属后勤处、总务处、校园管理处等校内二级单位管理；三是校医院由附属医院管理；四是校医院托管给专门的托管机构管理。在全国 22 个省份，采用抽样调查的方法对 102 所高校医疗机构进行调查，“其中高水平大学为 985、211 类高校，共 47 所；普通大学为除 985、211 外的其他本科及大专院校，共 55 所。各高校医疗机构现行管理方式在调查的 102 所高校中，50%的高校医疗机构采取校方自管式的管理方式，只有 5.88%的高校医疗机构委托其他医院进行管理”①。可见，对于大部分公立高校来说，校园医疗机构是高校的内设部门，隶属于学校直接领导，不具有独立法人资格。

根据《高等教育法》第三十条规定：“高等学校自批准设立之日起取得法人资格……高等学校在民事活动中依法享有民事权利，承担民事责任。”在实践中，高校所属医疗机构及其医务人员造成医疗损害，需要进行医疗损害赔偿时，高校应为医疗损害责任主体，承担赔偿责任。例如：“北京工业大学与钟宏伟、张捍东生命权、健康权、身体权纠纷”一案②中，钟锐在其校园自杀后，她的父母张捍东、钟宏伟进行诉讼维权。法院认为，北京工业大学校医院医护人员在现场抢救过程存在未尽充分注意义务的医疗过失：医务人员接报警电话，滞后、延误了抢救时机，并且将钟锐从绳上解脱不及时。校医院医护人员抢救不规范的确切责任，最终由北京工业大学医院承担民事责任。

（二）校医医师资质的审核与监管缺失的原因分析

校园医疗侵权纠纷频发的另一原因在于校医医师资质审核和监管的缺失。医师资质的审核和监管缺失的原因与高校医疗管理制度有密切联系。现行的高校医疗管理制度中，高校医疗系统与学校行政系统联系紧密，有的直接隶属于学校行政系统。高校医院建立依据的是 1990 年的《学校卫生工作条例》和 1998 年颁布的《高校医疗保健机构工作规程》，使得高校的卫生医疗工作在业务上要服从各级政府卫生行政部门指导，在人事管理上要服从教育部门以及各高校行政部门的管理。这极易导致多头管理现象，致使高校医疗部门成为无统一领导的机构。

校医院岗位设置遵循的是《学校卫生工作条例》，行政管理权在学校直接领导下，编制属于学校后勤部门，人事调动由教育局管辖。目前，国家相关部门尚未出台一套高校医院法规或规章制度，比如：高校与医院规模的匹配性、医护人员的比

---

① 魏梦迪，贾晨露，宋纪松，龙进，黄娟娟，张俊俊，郑普生：高校医疗机构运行机制研究，《中国校医》2016 年第 12 期。

② 北京市第三中级人民法院民事判决书，(2017) 京 03 民终 6657 号。

例、科室的设立如何更加科学化、医院应该具备哪些软硬件设施等无详细规定。这导致校医院在设立和管理上无章可循。由于校医院不同于公立医院，卫生部门在监管上也缺乏话语权。校医院结合了高校和医院双重身份，不直接隶属卫生行政部门。除非明显违法，卫生行政部门一般不主动审查。同时，校医院的业务也缺乏应有的组织和指导，医务人员的专业学习与进修主要在于个人的自觉性，没有严格管理。只要没有发生严重的医疗事故，校园医务人员基本上可以获得稳定的工作及升迁，医疗活动的质量和数量与薪资待遇联系并不密切。

长期以来，校医院由高校统管，依附高校而存在，仅履行师生医疗卫生保健等职能，完成其固有的医疗保健任务。校医院的人事和经费，都由高校统一支配，医院没有引进人才的主动权。作为事业单位的附属机构，校医院缺乏竞争、旱涝保收。与此同时，诊疗项目的有限，也使得校医院避免了卷入医疗纠纷的风险。在很多学校，校医院属于边缘部门，处境尴尬。

（三）高校医院医疗侵权责任构成要件问题探析

《侵权责任法》第五十四条规定了医疗损害责任的构成要件，即违法行为、损害事实、因果关系、医疗过失。以医疗损害责任四要素为标尺，考量高校医疗行为，分析高校医疗损害责任可能发生的事由，厘清高校医疗服务医患权利义务，是防范高校医患纠纷的有益举措。

违法行为是指医疗机构或其医务人员在对患者实施诊疗活动中存在违反医疗法律法规、行政规章以及其他有关诊疗常规的行为。校园医疗常见以下违法行为：第一，高校医务人员违反诊疗规范。高校医疗机构医务人员的一切诊疗活动都应当遵守诊疗规范。医务人员在诊疗活动中未尽到与高校医疗水平相应的诊疗义务，造成损害的，高校医疗机构应当承担赔偿责任。“当时的医疗水平”应当扩大解释为包括地区、高校医疗机构的资质等因素。第二，未尽如实说明的义务。医务人员在诊疗活动中应当向师生说明病情和医疗措施。需要实施手术、特殊检查、特殊治疗的，医务人员应当及时向师生说明医疗风险、替代治疗方案等情况。第三，未征得同意而进行诊疗。高校医务人员需要实施手术、特殊检查、特殊治疗的，应取得师生患者书面同意。因抢救生命垂危的患者等紧急情况，不能取得患者或者其近亲属意见的，经校医院负责人或者授权的负责人批准，可以立即实施相应的医疗措施。第四，未如实记录、保管及提供病历资料。高校医疗机构及其医务人员应当按照规定填写并妥善保管住院志、医嘱单、检验报告、医疗费用等病历资料。师生要求查阅、复制前款规定的病历资料的，医疗机构应当提供。第五，泄露师生患者隐私。高校医疗机构及其医务人员应当对师生的隐私保密。泄露其隐私或者未经患者同意公开其病历资料、造成师生损害的，应当承担侵权责任。

民法上的损害根据内容一般可分为人身损害和财产损害。在医疗事故侵权中，损害具有一定的特殊性。校园医疗行为损害事实是指校园医务人员行为致使学生、教职工的人身权利、财产权利以及其他利益受到损害，并造成财产利益或非财产利益的减少或灭失的客观事实。

关于校园医疗侵权构成要件中损害事实的范围如何确定的问题，有两种不同的主张。一种意见认为，医疗侵权的损害事实是直接造成校内患者死亡、残废、组织器官损伤导致功能性障碍的损害事件，因而只包括人身损害的事实。另一种意见认为，医疗过失造成的损害，仅限于非物质损害，这种非物质损害包括因医疗过失造成患者人身损害所产生的财产损失，和因医疗过失造成患者人身损害而给患者及其家属带来的精神损害。特别是患者的人身损害事实不能仅限于患者死亡、残废、组织器官损伤导致功能障碍三类后果。因此，校园医疗损害责任主要侵害师生、教职工的权利包括生命权、健康权、财产权益，高校医疗侵权还可能涉及监护权、身体权、隐私权、精神利益等项权益。

《侵权责任法》第七章《医疗损害责任》中对因果关系证明责任归属未进行规定。由于此项规定的空白，从而出现了不同的见解。第一种见解认为，因侵权责任法对因果关系证明责任没有给予新的规定，因此仍适用《证据规定》第四条有关因果关系证明责任倒置的规定。第二种见解认为，《侵权责任法》在此问题上的沉默实际上是对《证据规定》有关因果关系倒置规定的修改。因此，医疗损害责任中的因果关系要件的证明责任应当由受害人，即学生、教职工承担。关于这两种观点，后一种占多数。

“医疗过失是医疗机构及医务人员未尽必要注意义务的疏忽和懈怠。这种注意义务包括最佳注意义务和危害结果回避义务两方面。”① 具体到校园医务人员在诊疗活动中应当尽到的最佳注意义务，包括对校内人员疾病的诊断、鉴别诊断、治疗方法和风险预测及对疾病预后的评估。病例资料是判断医务人员是否尽到最佳注意义务的基本依据。高校医疗服务对象是健康人群，疾病种类以门诊常见病、多发病为主，医务人员往往忽视一些小病的病例记录。一旦发生医疗纠纷，则可能影响证据的采集，进而影响举证而不利于纠纷的解决。

三、规制公立高校医院医疗侵权问题之对策

（一）明确高校医院“双公益”属性和独立法律主体资格

笔者认为，高校医院具有“双公益”属性。所谓“双公益”，来源于两个方面：一方面基于公立高校本身的公益属性。根据《高等教育法》第三十一条规定，“高等学校应当以培养人才为中心，开展教学、科学研究和社会服务，保证教育教学质量达到国家规定的标准”。可见，高校代表国家履行教育服务的职能。同时，《民法总则》第八十七条规定了非营利法人的地位：“为公益目的或者其他非营利目的成立，

① 刘鑫，张宝珠，陈特：《侵权责任法医疗损害责任条文深度解读与案例剖析》，人民军医出版社2010年版，第48页。

不向出资人、设立人或者会员分配所取得利润的法人，为非营利法人。非营利法人包括事业单位、社会团体、基金会、社会服务机构等。”我国高校在国家机构分类上属于事业单位。因此，公立高校属于非营利性法人的范畴，其开展的科教活动、人才培养具有公益性质。这是高校医院基于高校自身性质具有的第一重公益属性。另一方面，基于医院的公益属性：医院是指接受社会各界监督、提供医疗护理服务、救死扶伤为主要目的医疗机构。2011 颁布的《关于进一步深化事业单位人事制度改革的意见》中规定：“对从事公益服务事业单位实行分类管理。公益一类事业单位，在审批编制内设岗，规范人事管理，搞活内部用人机制；公益二类事业单位，在备案编制内设岗，赋予单位灵活的人事管理权。积极探索完善不同类型公益类事业单位在聘任合同、岗位设置、公开招聘、竞聘上岗等方面的不同管理办法。”由此可知，高校医院属于公益二类组织，这是高校医院基于医院性质具有的第二重公益属性。

“双公益”属性使得高校医院处于一个非常重要的位置。然而，现如今大部分校医院却成了学校后勤部门，不具有独立的法人地位，医疗侵权后无法成为承担责任主体。行为主体和责任主体往往是统一的。在这种分离的状态下，校医院实施侵权行为却不承担责任，意味着赋予其自主性却附加更低的法律约束力。因此，现如今改革的重点在于让校医院独立于高校，使其脱离高校的保护伞，成为完整独立的法人。高校医疗机构的企业托管是医疗资源整合的一种方式，指将高校医疗机构的经营管理权交给有更强管理水平，并具有抵御相关经营风险能力的法人去有偿经营，明确医院所有者、经营者责任权利关系，有利于整合全社会的医疗资源，提供更好的医疗服务。这是社会发展的趋势，也是提升高校医疗机构医疗水平的一种改革路径。

以武汉某高校为例。某高校与湖北生命星光医院投资管理有限公司就学院医务室整体托管签署了托管合作协议。“由学院免费提供医疗业务用房约八百平方，托管方将原学院医务室按综合门诊部规模进行规划和改造，并无偿提供医疗技术、人员、设备等经费，承担学院卫生工作的职能，协议周期为五年。若运行效果好，某高校将继续委托集团公司托管。2016 年，托管方正式在卫生行政部门办理了学院综合门诊部的资质，成为武汉地区卫生行政部门审批的高职高专和独立院校中的一所综合门诊部。”①

在托管的模式下，校方提供场所，托管方负责管理，二者合作将医院打造成独立的医疗机构。它突破了以往校医院的学校保护壁垒，不再是学校的内设机构，打破了其封闭化的环境。校医院拥有独立的法人地位后，成为一个依法独立享有民事权利和承担民事义务的组织，更有利于自我管理和自我约束，为师生和教职工提供更优良的医疗服务。

---

① 江思怡：武汉市高校医疗机构的企业托管研究以 M 校医院为例，武汉科技大学硕士论文，2018 年。

（二）校医医师资质应按“双公益”认证

如前文所说，公立高校医院具有“双公益”属性。一方面是基于公立高校本身的教书育人公益属性，另一方面也是基于医院的救死扶伤公益属性。校医院面对的患者是负担国家教育教学计划的特殊主体，肩负国家教育使命。然而，面对这样的“患者”，校医院医师却显得不够专业。“根据报河北省一份高校医疗机构现状的调查显示，在河北省 78 所高校医疗机构中，具有专科和中专学历的医护人员分别占 37.8%和 29.7%，合计占 67.5%；而年龄在 50～60 岁的中老年医护人员比例也高达 25.7%。”①

校医医生资质应该从严认证，首先应当明确监管主体。我们应当明确高校医疗系统与国家卫生系统的关系，将高校医疗作为全国卫生建设的重要组成部分。按照《高等学校医疗保健机构工作规程》规定：“高等学校医疗保健机构受主管校长直接领导，或由主管校长委托总务部门领导，业务上接受当地卫生行政部门的监督和指导。”可见校医院的直接管理权归属于主管校长或者总务部门，业务上由卫生行政部门指导监督。《学校卫生工作条例》进一步明确了卫生行政部门的级别：“县以上卫生行政部门对学校卫生工作行使监督职权……”由这两条法规可以明确，两个主体对校医医师的资质有监督管理的义务：第一是校方，第二是县级以上卫生行政部门。

明确校医医师的资质的监管主体后，最重要的是设立校医医师的资质标准。根据“双公益”的属性，就要建设一支高素质的校医队伍。我们应当从以下几点来提高校医院医师的资质。第一，校医开展医务活动以具有执业医师证为前提。执业医师是指具有医师执业证及其“级别”为“执业医师”，且实际从事医疗、预防保健工作的人员，不包括实际从事管理工作的执业医师。执业医师应当具备良好的职业道德和医疗执业水平，发扬人道主义精神，履行防病治病、救死扶伤、保护人民健康的神圣职责。医师依法履行职责，受法律保护。第二，法律对校医工作年限应该有所要求，工作年限要高于一般的执业医师。在执业医师指导下，在医疗、预防、保健机构中试用期满三年以上；取得执业助理医师执业证书后，具有高等学校医学专科学历，在医疗、预防、保健机构中工作满四年以上；具有中等专业学校医学专业学历，在医疗、预防、保健机构中工作满七年以上。第三，校医上岗前进行全科医师、全科护师的职业培训，合格后发上岗证书。校医与公立医院的医师有很大不同。高校社区人口相对有限，高校医院的主要接触对象是文化水平、综合素质较高以及知识面较广的师生。根据广州市五所高校调研数据进行分析，大学生选择进入校医院就诊情况调查显示，“五大高校的 753 名大学生中，患感冒选择校医院的大学生为 71%，患肠胃炎、咳嗽、运动扭伤选择校医院的大学生分别占 32.6%、34.5%、37.3%。此外，还有患中耳炎、鼻炎、痛经、骨伤选择校医院就医的，分别占 6.8%、

① 赵玉群，葛景荣：河北省高校医疗机构现状调查，《卫生监督与管理》2008 年第 1 期。

8.4%、4.6%、4.5%”①。“高校学生由于年龄小、接触社会的机会不多、缺乏社会经验、患病时心理比敏脆弱，往往拖到中后期才来就诊，此时患者心理负担较重，医务人员的职业培训内容还应该包括心理学相关知识。因此，在高校医院任职的医护人员需具备扎实的理论基础和较高的操作技术，必须掌握全科知识，具有较强的业务协调能力，能够护理不同疾病的患者，在护理操作遇到问题时能随机应变。”② 第四，校医院完善绩效考核评价体系，设立监察小组，固定期限对校医院各科室的服务态度和医疗质量进行监督；定期考核，做到考核常态化，考核不通过将影响其酬薪标准，严重不负责任者可吊销上岗证书。校医数量少的单位对现有人员进行相关专业培训后，可兼职相关专业的工作，做到一专多能。对于能胜任多岗位的卫生技术人员定职时给予优待，按主要岗位定职。

（三）强化高校医院医疗侵权责任构成要件

高校医院医疗发生侵权行为后，相较于普通医院来说，应当从严处罚。基于“双公益”属性，高等院校事关国家教育资源，属于国家可持续发展的后备保障。一旦发生医疗侵权，将造成人才实力的损害。

高校医疗机构从业人员具有法定从业资格，是从事医疗服务，维护高校学生、教职工医疗权益的前提。若高校医疗人员未取得医师资格，则必然引发不当行医，从而产生高校内部的医疗纠纷。第一，既然医疗侵权事实已经发生，致使患者造成了损害结果，该医疗行为存在过失，就应对其赋予惩罚性的赔偿措施。一般机构中，医务人员若不具有法定从业资格，由于无证行医造成患者人身损害的，赔偿义务人对遭受人身损害的患者具体赔偿范围限于医疗支出的各项费用以及因误工减少的收入，包括医疗费、误工费、护理费、交通费、住宿费、住院伙食补助费、必要的营养费。而校园医疗机构对上述费用应该加倍赔偿，以维护“双公益”属性下的校园医疗。这样的赔偿规定对校园医疗机构及其医务人员起到督促的作用，必然会导致校园医师更注重自己的义务所在，会更加谨慎。第二，被侵权方可以运用这笔赔偿金得到其他医疗救助及社会保障服务，还能在一定程度上减轻被侵权方的经济和精神压力。在校医院遭受医疗侵权后，学生、教职工应享受转院救助及社会保障。第三，还可以限制司法审判人员的自由裁量权，从一定意义上缓解司法不公现象发生，促使校医承担相应责任。第四，若造成受害人死亡的，赔偿义务人还应当赔偿丧葬费、被扶养人生活费、死亡补偿费以及受害人亲属办理丧葬事宜支出的交通费、住宿费和误工损失等其他合理费用。第五，除了民事赔偿外，情节严重的还可以追究刑事处罚。刑法规定的非法行医罪中，非法行医被卫生行政部门行政处罚两次以后再次非法行医的，构成非法行医罪。而校医应该从重处罚，非法行医被处罚一次后，

---

① 孙胤璇，申婷，荣晓媛，徐晓婵，张碧星，唐齐敏，李文琰，孙君重：高校校医院运行现状的调查及改进对策，《中国当代医药》，2016年第27期。

② 详见郭迎倩：高校医院护理特点、要求及质量控制刍议，《中国社区医师》2017年第31期。

再次非法行医，即可追究刑事责任。

除了在无证行医问题上法律从严规定外，在高校医疗侵权的归责原则上也要强化。现行立法对于医务人员的侵权保留了“过错责任”归责原则①。一般情况下不直接推定医疗机构有过错，只有如下三种特殊情形：违反法律、行政法规、规章以及其他有关诊疗规范的规定；隐匿或者拒绝提供与纠纷有关的病历资料；伪造、篡改或者销毁病历资料，由法律推定医务人员有过错。只要在上述情况下由医疗机构证明自己没有过错，就能免除侵权责任。该归责方法，在高等院校内的医疗纠纷中，显然不利于保护师生、教职工方利益。笔者认为，基于患者弱势地位以及“双公益”校医院属性，校园医疗侵权的归责原则应改为过错推定原则，以加重医疗机构的责任，维护医患双方平衡。在校园医疗侵权诉讼中，校医疗机构及其医务人员不能证明损害的发生无过错，就可从损害事实的本身推定校医院在校园医疗致人损害的行为中有过错，并为此承担赔偿责任。

① 《侵权责任法》第六条：“过错责任原则行为人因过错侵害他人民事权益，应当承担侵权责任。根据法律规定推定行为人有过错，行为人不能证明自己没有过错的，应当承担侵权责任。”

下 篇

高校学生人事管理法制研究

专题九　论公立高校与学生法律关系及权利救济机制

谌瑜　蒋树

专题概要：公立高校与学生间法律关系对双方权利义务、救济方式具有重要影响。在现行法律框架下，高校法律地位不明确、高校与学生间法律关系属性的争议导致学生权益受侵害投诉无门、相关法律纠纷频发。通过典型案例和高校对学生教育教学相关权力的法理分析，认可高校属于法律法规授权的“准”行政机关，将高校与学生间法律关系定性为行政协议，在理论和实践上具有可行性，进而完善学生权利司法救济机制。

关键词：高校；学生；“准”行政机关；行政协议。

自1985年中共中央《关于教育体制改革的决定》实施开始，到国家教委1987年起先后颁布的《普通高校招生暂行条例》《关于扩大普通高等学校新生录取工作权限的规定》《普通高等学校招生管理处罚暂行规定》等规章，再到2017年《普通高等学校学生管理规定》的修订，加上人大常委会颁布的《学位条例》及其暂行规定，二十多年来国家权力机关和教育行政部门对高校与学生在教育教学过程中的法律规范不断进行完善。然而，高校与学生之间有关招生录取、学生管理、学位授予等领域的纠纷屡见不鲜，究其原因，是高校与学生之间法律关系的性质不明确。本专题以典型案例为切入点，探讨公立高校与学生之间法律关系的性质，有助于解决高校与学生因教育教学事项而引发的争议。

一、三例高校招生、学位授予案及所涉主要法律问题

（一）案情简介

【典型案例一】闵某诉苏州大学案①：2003年闵某在参加了苏州大学单独组织的“艺术设计学”专业考试、江苏省美术类专业统考、高考文化课考试并全部达到苏州大学录取条件的情况下，最终未被录取。闵某以苏州大学违反招生法定程序及招生录取规则为由，向苏州市中级人民法院提起行政诉讼。法院审理认为：“被告系普通高等学校，其性质为事业法人。学校招收录取考生的行为是自主管理的行为，不属

① 详见江苏省苏州市中级人民法院行政裁定书，(2004)苏中行初字第004号；江苏省高级人民法院行政裁定书，(2005)苏行中字第005号。

于行政管理权的范畴。原告闵某报考苏州大学时，其进入该校受教育的权利尚未形成，最终能否入校接受教育，受苏州大学自主管理权调整，苏州大学是否录取闵某属学校自主权的范畴。因此，被告依据招生章程确定是否录取原告的行为，不是行政行为，不具有行政法意义上的可诉性。双方由此而产生的争议不属于行政诉讼受案范围。原告的起诉不符合受理条件"，遂裁定驳回起诉。

【典型案例二】赵某诉中国政法大学案①：2015年赵某参加中国政法大学非全日制法律硕士的招生考试，其总成绩并列第101位。而根据国务院学位委员会办公室当年发布的通知，中国政法大学当年该专业的招生限额为100人，因此，赵某并未第一时间被录取。但随后由于有人放弃录取，法律硕士学院工作人员向赵某发送了录取短信并要求缴款。翌日，工作人员通知赵某，由于与其同分的涂某也要求补录，所以需要两人协商名额事宜，否则皆不予录取。后两人协商，涂某放弃录取资格，赵某将协商结果以短信形式发送至学院工作人员。几日后，研究生院招办告知赵某系统已关闭，两人皆未被录取。赵某随后就中国政法大学撤销对其录取行为提起行政诉讼。人民法院认定录取行为虽为有效，但高校拥有自主办学权，有权通过各种形式合理开展招生工作。先前的录取行为虽然有效但存在程序上的瑕疵，之后不予录取赵某的决定应当视为对先前行为瑕疵的补救。因此，法院判决驳回赵某的诉讼请求。

【典型案例三】何某诉华中科技大学案②：2007年华中科技大学在处理学士学位授予事项的工作中，发现何某未通过全国大学生英语四级考试，遂根据《华中科技大学武昌学院授予本科毕业生学士学位实施细则》、2006年华中科大发布的《关于武昌分校、文学学院授予学士学位的规定》相关条款，对何某作出不予授予学士学位的决定。何某不服提起行政诉讼，经过一审和终审，法院均驳回原告何某的诉讼请求。

（二）存在问题

上述高校与学生招生、学位授予争议典型案例，是高校与学生在教育教学领域纠纷多发的集中体现。之所以存在该问题，高校作为法律主体其性质模糊、高校与学生之间法律关系不明确是其中的主要原因。而由此衍生的问题是，高校招生录取、学位授予、教育教学管理行为是否属于行政管理权的范畴？是否具有可诉性？本专题主要对上述问题展开探讨，以尊重高校办学自主权和保障学生合法权益为平衡点，结合法律实践与理论，探求争议解决途径和法制完善对策，以维护高校与学生的合法权益。

1. 高校法律主体地位不明确

高等学校作为法律关系主体，在社会生活中的多重角色决定了其身份的多样性。

---

① 详见北京市第一中级人民法院行政判决书，(2017) 京07行终176号。

② 详见湖南省武汉市中级人民法院行政判决书，(2009) 武行中字61号。

《中华人民共和国高等教育法》①（以下简称《高等教育法》）第三十条第一款规定："高等学校自批准设立之日起取得法人资格。高等学校的校长为高等学校的法定代表人。"《中华人民共和国教育法》②（以下简称《教育法》）第三十二条第一款规定："学校及其他教育机构具备法人条件的，自批准设立或登记注册之日起取得法人资格。"高校具有独立的法人资格，从事教育教学活动过程中具有怎样的法律地位，行使教育管理职权的范围和限度是什么，法律并未予以明确规定。高校法律主体地位认定模糊直接导致高校享有的权利属性、义务的履行以及违反法定义务所应当承担的法律责任不确定。

2. 高校与学生之间法律关系定性不清

高校与学生之间法律关系定性将影响高校与学生间的争议处理方式、案件裁判依据及权利救济渠道。在高校实施教育教学过程中，双方就教育教学处理事项发生争议，若高校与学生之间属于民事关系，则该争议应依据民事法律规范予以解决；若高校与学生之间属于行政关系，则该争议应依据行政法律规范予以解决。与此同时，高校与学生间法律关系的性质将直接决定争议案件是否属于法定受案范围、争议处理适用何种法律程序。

3. 学生权利与高校办学自主权的司法平衡问题

自1996年刘燕文起诉北大拒发博士学位开始，随着高校学生法律意识的不断增强，为维护自己的权益而状告母校的事件逐年增多。如：广受社会关注的重庆某学院发生的"女大学生怀孕被开除案"。2003年1月底，针对重庆市南岸区人民法院做出一审行政裁定，以此案不属于法院受理范围为由，驳回李静、张军（均为化名）要求重庆某学院撤销处分决定的起诉。该案再次引发高校处分学生时处分权的合理界限以及高校处分学生的行为是否应接受人民法院的司法审查的讨论。

二、高校"准"行政机关地位的认定

（一）高校法律身份属性之争议

1. 民事主体论

《民法总则》第三章将法人分为营利法人、非营利法人和特别法人三类。根据第五十七条"法人是具有民事行为能力和民事权利能力，依法独立享有民事权利和承担民事义务的组织"和第八十七条"为公益目的和其他非营利目的成立，不向出资人、设立人或者会员分配所得利润的法人，为非营利法人。非营利法人包括事业单位、社会团体、基金会、社会服务机构等"的规定，可以认为高等学校属于民法意义上的非营利性事业单位法人。同时，《中华人民共和国高等教育法》第三十条也指

---

① 2015年12月27日全国人大常委会修订通过。

② 2015年12月27日全国人大常委会修订通过。

出："高等学校自批准设立之日起取得法人资格……在民事活动中依法享有民事权利，承担民事义务"，因此有观点"将普通高校'私法人化'，突出其民事主体的地位，认为高校主要以民事主体的身份在社会活动中发挥作用"①。

该观点主要以法律规则为依据，认为高校从事很多活动时具有民事主体身份，如修建校舍、采购办公用品、出借租用场地等。然而，该观点在教育教学领域是难以得到印证的。首先，民事主体之间的法律地位平等。但是在招生录取和学位管理活动中，高校有权对学生进行自主管理，双方并非平等的法律关系；再如高校进行课程设置时，也并非是在与学生协商一致的前提下开展的，这就造成了双方实质上的不平等。其次，高校对招生活动、学位授予及教学管理虽然拥有较大的自主权，但并非没有限度，要受到教育行政主管部门以及法律法规的监督和规制。这就决定了高校并非单纯的民事主体，还具有一部分行政主体的特点。最后，在司法实践中，若将高校与学生间纠纷界定为民事纠纷，一方面，双方实际法律地位的不平等使人民法院判决难以执行。即使法院判决学生方胜诉，在未取得高校主管部门同意之前，高校无法自行对学生恢复录取、授予学位，而法院也无权对高校教育主管部门提出要求。民事权利救济讲求对损害的赔偿，若法院判决高校对学生进行民事赔偿，也无法解决学生未被录取的实际问题。换言之，法院一般也不会支持此类以受教育权受侵犯为由提起的民事赔偿请求。另一方面，单纯将高校界定为民事主体忽视了其所拥有的行政主体的特点，将高校与学生间的纠纷排除在行政诉讼解决机制之外，加大了处理问题的难度。

2. 公务法人主体论

另一观点参照法国、德国等大陆法系国家的经验，将公立高校归类为公务法人。公务法人属于国家法人的一种，它与私法人主体的主要区别在于："某一行政职能的执行，因为要求一定的独立性，法律把它从国家和地方的一般公务中分离出来，组成一个独立的实体，而这个独立的实体也就脱离了国家和地方团体的行政机关，以自己的名义享受权利和承担义务。"②"公务法人向社会提供的服务是特定的，这类服务带有明显的公益性质。而且公务法人拥有行政主体和民事主体的双重身份，其行政主体的身份来源于它对社会公共利益的实现。"③该观点认为，高校实质上是为了促进国家教育事业的发展，向社会主体提供教育服务，该行为具有社会公益性。高校在行使社会公益职能时，应属于行政主体，如果其间发生法律纠纷，高校可以作为行政诉讼的适格主体。

该观点借鉴了国外立法经验，有一定的合理性。将高校界定为公务法人，可以解决高校在教育教学活动中的主体地位及相关争议的可诉性问题。但该观点要在我

① 魏海深：高校治理的司法介入及其法制限度，《郑州大学学报（哲学社会科学版）》2016年第3期。

② 王名扬（主编）：《法国行政法》，北京大学出版社2007年版，第32页。

③ 刘莘、陶攀：公共利益的意义初探，中国法学会行政法学研究会编：《修宪之后的中国行政法——壮观国法学会行政法研究会2004年年会论文集》，中国政法大学出版社2005年版。

国司法实践中得到推广和实施存在两个难题。第一，我国缺乏对“公务法人”及其相应理论的价值认同基础。“公务法人”观点实际上是从西方的“特别权力关系”思想发展而来，其最重要的理论基础是“公共管理目的”，“相关人在一定程度上必须依照公共管理目的的需要而行事，而这总是意味着对现有自由的限制”①。“特别权力关系”的发展过程是公共管理目的与人权自由价值之间此消彼长的过程，它的发展实质上并未进行严格的价值论证，其价值认知的变异实际上是由社会思想和时局的变化所促成。我国没有这样一个价值变异的阶段，所以缺少相应的价值认同基础。这就导致法学界对高校的价值权衡存在明显的差异，高校依托“办学自主权”对司法审查和权利救济的不断深入有一定的抵触和抗拒。而法学界更加注重的是人的权利保障，尤其是与人的主体性密切相关的重要权利必须接受公法规则约束和司法审查。但是在权利保障和公共管理目的相冲突时，权利保障经常会带来办事效率上的负面影响，甚至有的权利保障要求缺乏社会舆论和公众道德上的支持。其二，“公务法人”理论基础本身的不确定性。二战后，随着人权保障和法治理论的不断发展，国外理论界将“特别权力关系”区分为基础关系和管理关系两大块。行政学家乌利认为，“与基本权利相关的决定属于行政行为，构成基础关系，如公务员、学生等身份资格的取得、丧失及降级等规定。而管理关系中的命令不属于行政行为”②。德国联邦宪法法院通过判例提出了“重要性理论”，将“特别权力关系”分为“重要性关系”和“非重要性关系”，只有涉及人民基本权利的事项，即重要性关系的事项，才必须以立法者立法的形式规定而不能由行政机关具体决定。这两种偏向理论化的区分方式在实践中很难具体适用，公共管理目的和权利保障利益的不断冲突决定了两者之间的界限并非一成不变，这就给司法审查权力的介入范围和程度带来了很大的不确定性。

（二）由高校办学自主权看高校“准”行政机关地位

我国高等教育立法受到了“特别权力关系”理论的影响，赋予了高校一定的“办学自主权”。这一自主权似乎成为了高校拒绝权利保障的行政法介入的屏障。虽然在法学界关于权利保障的呼声呈现一边倒的趋势，但是在教育界内部却有许多不同的认识。这样的抗拒心理或许是出于对外界干预办学自主权的担忧，抑或单纯的特权心态。因此，有必要对高校的“办学自主权”明确其界限，即何种事务高校有权自主管理？何种事务行政权力有权干预？这种区分对明确高校的法律主体地位非常重要。

从传统观点来看，作为整体层面上的办学自主权，不直接涉及相对人权利，且在法律规范中也有明文规定。《高等教育法》第三十三条规定“高等学校依法自主设置和调整学科、专业。”第三十四条规定：“高等学校根据教学需要，自主制订教学

---

① ［德］奥托·迈耶：《德国行政法》，刘飞译，商务印书馆2002年版，第108页。

② ［德］平纳特：《德国普通行政法》，朱林译，中国政法大学出版社1999年版，第98页。

计划、选编教材、组织实施教学活动。”第三十六条规定：“高等学校按照国家有关规定，自主开展与境外高等学校之间的科学技术文化交流与合作。”第三十八条规定：“高等学校对举办者提供的财产、国家财政性资助、受捐赠财产依法自主管理和使用。高等学校不得将用于教学和科学研究活动的财产挪作他用。”另外，有些权力法律虽未明文规定，但可以认为属于不直接影响相对人权利、性质上为对纯粹内部事务进行安排的权力，或为执行法定事项而行使的不直接涉及相对人权利义务的具体职权。一般情况下，除了受到法律法规在程序和救济上作出特别规定的重要事务，如授予学位等受到行政法规范的约束和调整之外，其余行政管理性质的事务通常应由高校自主决定。

正如前文所提到的，公共管理目的和权利保障的界限无时无刻不在发生变化，高等教育法制从维护教学秩序的稳定到越来越重视权利保障，不能笼统地将许多事务排除在司法审查的范围外，而应当通过判断其是否影响相对人的权利来确定是否应当予以一定的救济。从上文的案例所涉及的问题来看，案例一涉及的是招生问题，案例二涉及的是录取问题，案例三涉及的是学位授予问题。法院在实体和程序上作出实质性调查并以此作为定案依据的，仅仅是学位授予一案。针对案例一和案例二，法院均以高校具有办学自主权为由予以驳回。本文认为，高校的招生录取权对相对人的受教育权有着关键性的影响。从权利保护出发，既然学位授予行为被纳入司法审查的范畴，相应的，高校招生录取行为纳入司法审查范围具有正当性。

传统行政法倾向于通过“授权”来判断行政主体资格，再由行政主体的行为来确定行政相对人。从当代行政法的实际发展进程看，授权判断被削弱，而学者们更倾向于从事实上的管理行为出发，审视其对被管理者的权利造成何种影响。若对被管理者的重要权利乃至基本权利造成较大影响，而这种管理行为又获得了法律在某种程度上的授权，即使这种授权是一种模糊的授权，那管理者也会被视为一个行政主体。实际上，“就目前得到法律确认的‘授权’标准来看，它在理论和实践中也被不断放宽，只要一项管理权能通过规范分析方法论证为法律授权，基于权利保障的需要，即可将管理者纳人行政主体的范围”①。由此，我们完全可以认为重要性理论从侧面深刻影响了行政主体的认定。这一转变的核心观念乃是基于现代法治秩序的两点基本要义：其一，权利的保护是法律的根本功能。其二，在公权力性质的管理行为面前，不应存在权利保护的真空地带，所有在社会生活中具备某种重要性地位的权利均需得到司法保障。这一转变乃是法治的价值要求超越机械的、形式性的“授权”概念的产物，它深刻地表明了“行政主体”并非一个纯粹学理上的、僵化的人为逻辑构造，而是建立在责任承担和公权力制约的实践功能之上的、具有发展性的制度工具。在这一理论影响下，许多社会公权力组织均在不同条件下被认定为行政主体。特别是在我国，“对法定授权组织加以判断的概念弹性，很大程度上归之于权利保障需要。因为它本身的产生并加入‘行政主体’的概念中最初就并非出于某

---

① 周佑勇：公共行政组织的法律规制，《北方法学》2007年第1期。

种理论逻辑，而本身就是基于权利保障这方面的功能性考虑”①。

综上所述，本文认为，高校行政主体地位与其办学自主权是可以共存的。高校的行政主体地位虽没有法律法规的明确规定，但在具体事务中（如招生录取、学位授予）可以找到法律法规或规章对于高校管理的概括性授权。同时，基于权利保障的需要，也为了司法实践的便利，在一些涉及相对人权利的事务中将公立高校认定为“准”行政机关（即概括意义上的法律法规授权机关），具有可行性。

将公立高校认定为“准”行政机关，即高校具备行政主体地位的主张在最高人民法院2014年第38号指导性案例的裁判理由中也能得到印证：“高等学校与受教育者之间属于教育行政管理关系，受教育者对高等学校涉及受教育者基本权利的管理行为不服的，有权提起行政诉讼，高等学校是行政诉讼的适格被告。”

三、高校与学生行政协议属性的确定

（一）从招生到高校与学生之间协议成立看二者的关系

对于招生活动中高校与学生之间的法律关系性质，也存在着各种不同的观点。

民事关系论者认为，高校与学生在招生活动中形成的是一种民事法律关系，学生的报考与高校的录取过程类似于合同的订立过程，包含要约和承诺。考生填写志愿的过程是其自身意志的体现，也符合民事合同的双方意思表示真实自由的特点。“学校发放录取通知书构成要约，考生报到构成承诺。学校的录取工作表明学校和考生已经进入缔约阶段。”② 因此，高校的招生行为必须符合《合同法》《侵权法》等民事法律的相关规定。如果学校擅自改变标准，将原本有录取资格的学生排除在最终录取名单之外，则应当承担缔约过失责任等相应的民事责任。部分赞同这一观点的学者认为，虽然在招生人数、专业、条件、投档分数线的确定等方面存在着政府部门介入的情况，但这在实际招生活动中并不影响“招生合同”的达成。其中，学生的表意行为包括报考行为（填写志愿）和入学报到行为；高校的表意行为则包括公布招生简章、发放录取通知书、办理注册手续。两方面相结合，高校与学生之间就形成了学校公布招生信息，学生报考，学校确定录取，学生报到注册入学这一整个形成合意的过程。总之，在招生活动中，高校与学生是两个相互平等的民事主体，两者之间的关系也应当是民事合同关系。

高校招生活动行政关系论者则认为，高校与学生之间形成的是一种行政法律关系。在招生活动中，高校拥有行政主体的身份，其行使的招生权属于行政权力，两者之间不可能形成平等的教育民事合同关系，而应该是一种教育行政管理关系。“入学关系属于行政关系，这一关系的双方主体一方是学生，另一方则包括高等学校及

---

① 张树义：行政主体研究，《中国法学》2000年第2期。

② 郑贤君（主编）：《公民受教育权的法律保护》，人民法院出版社2004年版，第275页。

其相应的教育行政关系。”① 行政关系论者认为，“高校的考试、招生工作一直以来都有行政部门的介入，也一直被当作一项行政工作来抓，因此招生活动带有明显的行政权力的色彩，不能将该类法律关系认定为民事合同关系。契约自由受限制的理念是不能包括政府权力直接参与契约签订过程的意思的。”② 根据他们的观点，高等学校的招生自主权实际上是有限的，必须按照教育行政部门给定的各项标准招收学生，不能以标准之外的名义去拒绝招录任何符合录取标准的学生或者确认之后再改变学生的招录状态。在招生活动中，高等学校应当是教育行政主体，行使的是行政管理权力，学生与高校之间并不存在平等的双向选择关系。如果高等学校违反了教育行政部门的招生管理规定，违规违法招生，损害学生权利，学生可以以行政相对人的身份要求教育行政部门对高等学校的招生活动进行监督管理，也可以向法院提起行政诉讼。行政关系论观点还认为，若将高校与学生之间的招录关系认定为民事关系，那在民事诉讼中学生能得到的可能仅仅是经济赔偿，被拒绝录取的现实状态可能仍然无法恢复。而对大多数学生而言，经济赔偿更多只是退而求其次的选择，他们最需要的其实是入学的机会，而这样的权益只有通过行政诉讼才有可能得到保护。

按照行政法理论上的划分，行政行为可分为内部行政行为和外部行政行为。其中，外部行政行为影响的是行政主体与行政组织之外的主体的权利义务关系，具有可诉性；内部行政行为影响的是行政组织内部成员的权利义务，一般不具有可诉性。行政关系论者更倾向于将高校的招生活动定义为外部行政行为。但从上文案例中法院的裁判理由来看，法院将高校的招生行为纳入高校“自主管理权”的范畴之内，实质上是将其认定为内部行政行为而拒绝对其纠纷进行司法审查。同样，高校对学生的招考录取、学籍管理、奖励、处分等行为也视为高校的内部管理行为，法院无权进行司法审查。我国《教育法》和《普通高等学校学生管理规定》都规定了学生对于学校的管理行为不服可以“向有关部门提出申诉”，但并未明确学生若对申诉结果不服，是否可以向人民法院寻求司法救济。虽然 2017 年《普通高等学校学生管理规定》第六条第六项规定：“学生在校期间依法享有下列权利：……（六）对学校给予的处理或者处分有异议，向学校、教育行政部门提出申诉，对学校、教职员工侵犯其人身权、财产权等合法权益的行为，提出申诉或者依法提起诉讼；……”但是，很明显，学生只是在私法救济框架下以民事权利，如隐私权、名誉权等受侵害为由提起民事诉讼，且很难获得法院支持，更别提对受教育权、身份权的救济。要对学生受教育权、身份权进行有效救济，行政诉讼是较佳选择。但《行政诉讼法》对受案范围的规定似乎又给学生救济带来了难度。

上述内部行政行为论的主张，实际上受到了大陆法系国家传统的特别权力关系理论的影响。特别权力关系的含义是，“基于特别的原因（法律之规定或本人之同意等），为了公共管理的特定目的，为所有参与到这个特别的相互关系中的人而设立。”

---

① 申素平：中国公立高等学校法律地位研究，北京师范大学博士学位论文，2001 年。

② 冯娜：高校权力的法律规制，黄素萍、杨德志主编：《法律与中国》，中国政法大学出版社 2006 年版。

教育关系属于传统的特别权力关系中的一种，高校与学生的关系也适用特别权力关系理论，即高校对学生有着特别的支配权力，对于两者之间的纠纷，学生无法通过司法途径予以解决，只能通过内部申诉寻求救济。

笔者认为，民事合同论的合理之处在于，指出了高校招生过程中学生与高校的表意行为对于双方主体间招生关系形成的重要作用。在合理的范围内，学生对学校有选择的权利；在预先确定的条件下，高校也有从中择优录取的权利。但该“权利”是受到严格限制的，学生必须根据自身学业成绩、各省市规定的志愿填报批次以及目标院校的招生简章来选择高校；高校的录取标准也是根据有管理权的教育行政部门的有关规定制定的。招生活动的各个环节都有行政权力的介入，这与民事法律关系主体平等、意思表示真实自由的条件不符。

行政关系论者考虑到了招生纠纷中学生权利救济在司法实践操作中的困难性，将其整体划入了行政诉讼的受案范围。这一观点亦有不合理之处。一方面，对学生的权利救济属于应然目标。从应然结果去解释实然状态，与传统的演绎三段论推理相比，在法学逻辑上存在缺陷。另一方面，这一观点忽视了高校的自主管理权。行政部门与高校之间并不是简单的上命下从，高校有制定自己内部规则的权力，其招生活动也可以根据自身状况进行调整。过于笼统的关系区分方式，势必会影响高校的自主权，妨碍正常的招生工作。最后，内部行政行为论的观点着眼于学校招生权的内部性和自主性。这一观点极大地限制了司法审查的介入空间。高校虽被认为是行政主体，但被给予了过大的自由度，极易造成权力滥用，单一的申诉途径也不利于学生权利的救济。

通过对高校招生活动的分析，本文发现，在高校发放录取通知书这一时间节点前后，学生与高校之间的法律关系存在一定的差别。录取通知书发放之前，是学生与高校互相选择的时间，也是高校充分行使其招生权的时间。虽然学生在此期间大多仅与高校进行交流，但招生权实质上是高校、教育行政部门、招生管理部门共同配合、相互分工行使的一项权力，性质上属于教育行政权力。“招生名额的分配作为招生权的核心要素，需要教育部和国家发展改革委分部门、分省市、分学校进行审批，需要国家教育行政部门根据《教育法》和各项政策和规定进行合理统筹和宏观指导，需要各省市招生管理部门进行具体监督，高校仅对招生来源和各院系招生比例拥有一定的自主决定权。”① 因此，高校的招生自主权实则是“有限的自主权”，其内涵虽然不断发展扩张，但是实际上高校的招生权一直都受到公权力的决定性影响。再细化分析，高校招生权的法律性质也决定了招生简章和填报志愿这两种招生活动中主要行为的性质。志愿填报看似是学生意思表示的体现，但该意思表示的根据是高校的招生简章，且仅仅在学生成绩上线的情况下才具有实际意义。志愿填报仅仅是学生进入招生录取程序的前提，并不能决定招生活动中学生与高校间法律关系的性质。高校的招生简章更类似于行政机关信息的主动公开，目的是对学生的选

① 覃红霞：招生领域高校与学生的法律关系研究，《北京大学教育评论》2010年第2期。

择进行指引，其主要内容需要经高校的主管教育行政部门进行审核备案，且不得擅自更改。因此，高校的招生简章实质上是具有法律效力的章程性文件，高校的招生工作以此为标准和原则。招生简章是高校招生权的具体体现，其性质也必然由高校招生权的性质决定。

在招生阶段，即在高校发放录取通知书之后至学生报到的这一段时间内，教育行政部门的干预相较于之前明显减少。此时，高校实际上已经将学生纳入自己的教育管理体系。学生之前按照高校的招生简章做出了选择，高校也应当保证其内容的真实性，如果因为高校的过错导致学生未被录取，高校应承担相应的责任。虽然两者之间的法律地位仍然不平等，但双方法律关系已经存在类似私法上权利义务的内容。笔者认为，此类关系与行政协议相类似。“行政协议的有效必须满足主体、方式、形式、内容、程序等五个要件。”① 其中，最为重要的是主体和内容要件。行政协议有效的主体条件是其中一方必须为行政主体，“缔结行政契约是行政主体行使行政权力的一种方式，而且以达成行政任务为目的，因此必须遵守依法行政原则，尤其是法律优越原则”②。前文已认可了高校“准”行政机关行政主体地位。而行政协议有效的内容要件是，当事人的给付和对待给付符合平等原则。“行政契约系基于承认双方为法律主体，故以双方基于其主体地位的意思合致作为法律关系的依据。”③由于行政协议多发生于行政主体和行政相对人之间，例如高校与学生之间，双方很难处于事实上的平等地位。为了保证双方意思表示的真实，不能任由行政主体决定行政协议的内容，双方之间必须有相对应的给付与被给付的关系。在录取通知书发放后，高校与学生之间实际上达成了一份录取协议，高校不能任意改变这份“协议”的内容，且双方当事人都负担一定的义务。行政协议关系的认定有利于提高学生在其中的地位，弥补现有法律制度的不足，通过司法上行政协议适用行政诉讼，便于学生权利的救济。

综上，在高校发放录取通知书之前，高校与学生之间的关系受到公权力的决定性影响，高校的行为应当属于外部行政行为，学生作为行政相对人，其权益受到侵害时理应获得合理救济。在高校发放录取通知书之后，学生与高校之间形成了行政协议关系，学校作为行政主体，学生则是行政相对人，这种行政协议也应当纳入行政诉讼之中。

（二）由协议的内容、履行看高校与学生之间关系

高校与学生之间的法律关系更类似于行政协议关系。行政协议是指行政主体为了行使行政职能、实现特定的行政管理目标，而与公民、法人及其他社会组织经过协商、意思表示一致所达成的协议。行政协议具有以下特征：一、行政协议当事人

---

① 步兵：论行政契约之效力状态，《法学评论》2006年第4期。

② 陈新民（主编）：《行政法学总论》，台北三民书局1997年版，第271页。

③ 李旭铭：采购契约的成立与不良厂商的认定，《月旦法学》2005年第7期。

中必有一方是行政主体。在行政协议中，一方是从事行政管理、执行职务的行政主体，另一方是行政管理相对人，且行政主体处于主导地位并享有一定的特殊权力。行政机关凭借优越地位，通过合同方式行使行政管理权。二、行政协议以双方一致的意思表示为前提。当然，双方的意思表示一致并不等于双方追求的目标相同。三、在行政协议的履行、变更或解除中，行政主体享有行政优益权。行政协议中当事人并不具有平等的法律地位，行政机关可以根据行政管理需要，单方依法变更或解除合同，而作为另一方当事人的公民、法人或其他组织则不享有此权利。

由上述行政协议的特征不难看出，行政协议与民事合同相比，两者存在着较大区别。行政协议主体双方的法律地位是不平等的，是管理与被管理的关系。而民事合同双方当事人的法律地位是平等的，一方不得将自己的意志强加给另一方。在合同成立的原则方面，行政协议的双方意思表示一致以符合行政管理要求为前提。行政主体在行政协议的缔结过程中处于优先要约的地位，行政管理的相对人如果自愿与行政主体缔结合同，就意味着要服从其管理和监督，履行某些先合同义务。签订合同时，即使合同中未规定行政特权条款，也应视为其已经就上述内容与行政机关协商一致。而民事合同充分保护当事人的意愿，必须以双方当事人的意思表示为前提，任何单位和个人不得非法干预。因此，高校与学生之间的法律关系更类似于行政协议关系。

第一，高校依照我国有关法律规定行使一定的国家管理权力。《教育法》第二十一条规定：“国家实行国家教育考试制度。国家教育考试由国务院教育行政部门确定种类，并由国家批准的实施教育考试的机构承办。”第二十二条规定：“经国家批准设立或认可的学校或其他教育机构按照国家有关规定，颁发学历证书或其他学业证书。国家实行学位制度，学位授予单位依法对达到一定水平或专业技术水平的人员授予相应的学位，颁发学位证书。”《学位条例》第八条规定：“学士学位，由国务院授权的高等学校授予；硕士学位、博士学位由国务院授权的高等学校和科学研究机构授予。”[①] 从上述法律规定可以看出，高等学校其实是接受国家的授权从事一定范围的行政管理工作。高等学校虽然不是行政机关，但它代行行政机关的职责，属于“被授权组织”。而行政协议要求一方是行政主体，故笔者认为，高校具有行政协议中行政主体地位。从教育的属性讲，学校教育都带有国家意志，学校总是扮演着类似国家教育管理者的身份，高等学校更是这样。从司法实践看，根据前述案例三，法院认为根据我国法律规定，高等学校对受教育者行使学籍管理等权力，有代表国家对受教育者颁发相应证书的职责。高等学校作为公共教育机构，虽然不是法律意义上的行政机关，但其对受教育者进行颁发证书等权力是国家法律所授予的，其在教育活动中的这种管理行为是单方面做出的，无需受教育者的同意，是行使行政权的具体表现。

第二，高校代行某些国家行政机关的职权对学生实行教育教学管理，是为了实

---

① 2004年8月28日，全国人大常委会修订通过。

现《高等教育法》规定的学生培养目标。这种培养目标和学生管理目标是一致的。行政协议之所以存在，就是行政主体为了实现一定的行政管理目标而与相对人达成的协议。

第三，公立高校与学生基于教育和受教育而形成的合同关系也是双方意思表示一致的产物。高校与学生虽然法律地位不对等，但并不影响双方合意的形成。高校招收符合要求的学生，达到一定要求的学生到自己认可的学校接受教育，双方都在按照自己的意愿相互选择，最终达成共识。随着高等教育体制改革的不断深入，高校招生尊重学生选择的倾向越来越明显。

第四，高校在合同履行、变更、解除中同样也享有行政优益权。高校可以依照有关规定，单方面决定教育期限，决定课程设置，制定内部学生管理的规章制度，单方面变更和解除合同。高校学生只能依据高校培养方案进行课程选择，而不能完全依据个人喜好。同时，学生应服从高校管理，遵守高校规章制度，若有违反，将承担一定的不利后果。如：前国家教委制定的《高等学校学生行为准则》（1989 年颁布）《普通高等学校学生管理规定》（1990 年颁布）中有这样的规定："大学生应注重个人品德修养。有品行极为恶劣、道德败坏、违反学校纪律，情节严重者，学校可酌情给予勒令退学或开除学籍的处分。"①

第五，虽然高校与学生并未正式签订书面合同，但在明确高校管理权的前提下，这种合同关系集中体现在高校的招生简章及相关文件中。学生从报到注册时起就与高校建立了合同关系，学生保证遵守学校的规章制度，服从学校的管理，缴纳学费；学校保证提供学生完成学业所需的各种保障，如果学生符合毕业条件和授予学位的条件，学校就应颁发毕业证书和学位证书。学校与学生虽然没有签订正式合同，但报名和录取过程的双向选择预示他们有隐含的合同关系。公立高等学校是代表国家为社会提供教育，这决定了公立高等学校教育管理的行政公务性质。因此，国家对学校和学生的协议关系会进行更多干预。干预方式就是制定大量规则约束此类协议关系，有些规则就成为合同的附加条款。因此，高校与学生法律关系在涉及招生，学籍管理，毕业证、学位证的发放环节时，类似于行政协议关系。

四、学生权利与高校办学自主权的司法平衡

（一）行政协议视角下的高校学位授予权

当前高校学位授予纠纷案件中主要的争议有：高校学位授予工作细则中将通过国家英语四六级考试、发表一定数量与级别的论文、未受到处分等作为学位授予标准的规定是否合法？针对这一争议，法院往往将其转化为下列两点：一是高校是否有权制定工作细则；二是这些学位授予条件是否合法。第一点涉及高校制定学位授

---

① 详见《高等学校学生行为条例》第八条、第六十三条的规定，2016 年 12 月 16 日，中华人民共和国教育部修订通过。

予工作细则权力的来源，第二点涉及高校所制定的学位授予标准的合法性问题。法院往往把对第一点的肯定作为第二点成立的充分而非必要的条件。显然，这种论证逻辑是把高校是否有权制定学位授予工作细则等同于高校是否有权设定学位授予标准。但是高校有权制定学位授予工作细则，是否意味着高校享有学位授予标准的设定权？

《学位条例暂行条例实施办法》（以下简称《实施办法》）第二十五条规定："学位授予单位可根据本暂行实施办法，制定本单位授予学位的工作细则。"可见，高校制定学位授予工作细则存在合法性依据。但该制定权是有限制的，以"根据本暂行实施办法"为前提。因此，对于《学位条例》和《实施办法》中所规定内容，其中包括学位授予标准，高校学位授予工作细则必须严格遵守。可见，高校有权制定学位授予工作细则并不意味着其享有学位授予标准的设定权。那么，高校是否享有学位授予标准设定权呢？司法实务中众多纠纷就是缘起于高校对学位授予标准的自我设定。只要去查阅各大院校的学位授予工作细则，就可以发现各个院校对学位授予标准有超越法律规定的要求。随着学生权利意识的提升，高校的学位授予标准设定权受到了更多的质疑与挑战。

各法院对此也存有分歧，而这些分歧主要源于对高校学位授予权法律性质的不同认识。如在张福华诉莆田学院一案中法院认为："国家实行学位制度，被告作为学士学位授权单位，应根据《中华人民共和国学位条例》规定的条件，对达到一定学术水平或专业技术水平的人员授予相应的学位，并颁发学位证书。"在认定高校学位授予权属于国家教育行政权力时，法院则进一步指出："被告所制订的《莆田学院学士学位授予工作细则（试行）》中第三条：'在校学习期间，违反学校有关管理规定，曾受过校行政记过（含记过）以上处分者或按结业处理者，不授予学士学位'的规定，与《中华人民共和国学位条例》第四条规定相抵触，应认定无效。"① 而在吕广观诉西南政法大学颁发毕业证书、学位证书的法定职责纠纷案中，法院则认为高校学位授予权属于高校自主权，指出高校所自订学位授予标准是"被告基于执行国家教育教学标准，保证教育教学质量的具体要求，在其办学自主权范围内自行制定的"，并强调："被告可以对执行这一规定产生的实际效果进行评判并根据办学实际情况自主予以修订、变更，原告作为被告的在籍学生，应当遵守其修业年限内学校作出的有效规定。"②

可见，高校是否享有学位授予标准的设定权及其所设定的标准是否合法，关键在于高校学位授予权法律性质的定位。若学位授予权属于国家行政权，按照依法行政原则，学位授予标准应由立法机构进行设定。若学位授予权属于高校自身天然享有的自主权，它就可以基于对学术自由的追求与学术品质的要求，来自主地设定其学位授予标准。

---

① 详见北大法宝：张福华诉莆田学院颁发学位证书纠纷案，(2010) 城行初字第22号。

② 详见重庆市沙坪坝区人民法院判决书，(2004) 沙行初字第32号。

笔者认为，高校学位授予的国家行政权属性和高校自主权属性并不绝然对立，行政权属性体现的是其“准”行政机关的法律地位，学位授予权是国家通过法律法规授权高校行使的；而高校的自主权应当在遵守法律法规的前提下行使，不能超越一定的范围和界限。因此，高校的自主权包含在高校的行政权之中。从行政协议的角度来看，高校的各类与学生管理有关的文件应当被看作协议的内容。学生符合毕业和授予学位的条件，即应被视为对行政协议的履行，高校应承担相应的给付义务。高校在学位授予中自主制定细则的权利应当视为高校在行政协议中行政优益权的体现，学生必须服从这种优益权。但必须注意的是，这样的优益权是有限度的，应当着重于对学生学术方面的实质考察，其内容也不能与相关法律法规和部门规章发生冲突。

（二）行政协议视角下高校对学生的处分权

高校拥有办学自主权，包括处分权，这是教育法赋予高校的权利。根据《中华人民共和国教育法》第二十八条第一款第四项的规定，高等学校享有“对受教育者进行学籍管理，实施奖励或者处分”的权利。这就赋予了高校对学生的管理权，包括制定校纪校规并依照校纪校规行使处分权。《普通高等学校学生管理规定》（以下简称《规定》）自1990年颁布以来，分别于2005年、2017年进行了两次修订。根据1990年《规定》，在学生管理的诸多事项上，高校几乎被定位为纯粹的执行性机构。在这版《规定》里，几乎通篇都在规定大学生作为被管理者所必须履行的义务，却没有规定其相关的权利，甚至还剥夺了其作为普通公民所享有的法律权利，比如结婚。2005年《规定》开始重视对学生权利的保障，在其第五条关于学生权利的规定中，不仅重申了教育法中的规定，还增加了一款关于参加社团、勤工助学的规定，同时删掉了与法律相抵触的条款。另一方面，2005年版《规定》[①] 也开始规定成绩评定、课程设定、学分要求、升跳留降级、重修、学习年限、休学次数与期限、结业后是否可以补考、重修或补作毕业设计、论文、答辩以及是否颁发毕业证书、学位证书等方面“由学校规定”。2017年《规定》[②] 则进一步规定，入学资格保留、复查程序和办法、学分折算与承认、提前毕业条件等事项“由学校规定”。由此可知，一方面是高校办学自主权的不断扩大；另一方面是学生权利的不断伸展。面对日益剧增的高校教育教学管理纠纷，司法是否应该介入、如何平衡，成为法律界关注的焦点。

随着学生权利意识的觉醒，从上个世纪90年代中后期开始，学生不断对学校教育管理行为的合法性与合理性进行质疑。1999年田永案开启了教育管理纠纷的行政诉讼之路。但当时《行政诉讼法》对受案范围的规定似乎又给学生权利救济带来了

---

① 2005年《规定》明文规定“由学校规定”的具体条文包括：第十二条、第十四条、第二十二条、第二十三条、第三十二条。

② 2017年《规定》明文规定“由学校规定”的具体条文包括：第十条、第十一条、第十三条、第十五条、第十七条、第十八条、第二十五条、第三十三条。

难度。田永案一审法官事后写道：“笔者认为，在法无明文禁止的前提下，我们应当将高等学校在对学生的学籍管理、学历证书、学位证书的颁发方面其履行的职责理解为学校在对学生行使国家公权力，所履行的是国家法律法规授予的权力，是行政法意义上的职责，符合《行政诉讼法》的立法精神，属于《行政诉讼法》所调整的范畴。”田永案后，越来越多的学生与大学教育管理纠纷纳入行政诉讼领域。最高人民法院于2014年将田永案作为第三十八号指导性案例进行发布，在裁判要点中明确指出：“高等学校对受教育者因违反校规、校纪而拒绝颁发学历证书、学位证书，受教育者不服的，可以依法提起行政诉讼。”这为高校作为行政诉讼被告的适格性、被诉行为的教育管理行政行为属性提供了有力支撑，但仍需从法律文本上予以明确化。

从司法实践来看，法院受理的案件主要包括退学处理、开除学籍等处分，以及学业证书、学位证书颁发或撤销等纠纷。在2010年钟杨杰不服闽西职业技术学院退学处理案中，法院在判决书中论证道：“教育属于社会公共资源，受教育权是公民的一项基本权利，闽西职业技术学院对钟杨杰所作的退学决定，使钟杨杰丧失学籍资格，直接影响、限制和否定了钟杨杰的受教育权和大学生身份权。学校对受教育者的受教育权和身份权的处理，系特殊的外部行政管理关系，不属于内部管理行为，故依法具有可诉性。”① 2011年最高法院提审甘露案后，也在判决书中指出：“违纪学生针对高等学校作出的开除学籍等严重影响其受教育权利的处分决定提起诉讼的，人民法院应当予以受理。”②

高校拥有对学生的管理权，包括制定校纪校规并依照校纪校规对学生进行处分的权力。但高校办学自主权、管理权的边界是：其一，校规校纪的制定和处分权的行使不能违背国家的基本法律；其二，不能侵害人的尊严、自由和其他基本人权，如受教育权、身份权。倘若高校对学生的处分并未直接侵犯原告的受教育权利或身份权，则该处分行为应界定为属于高校行使自治权的行为，不属于人民法院行政诉讼受案范围。这类案件大都以法院裁定不予受理或驳回起诉告终。

高校的处分权有其存在的合理性，但处分权的行使应当有法律依据并遵守正当程序。那么，高校的处分权应否接受法院的司法审查？在“艾秋池诉重庆医科大学教育处理决定案”③ 中，该案裁判要旨为：“高校处分学生的行为有可能剥夺学生通过学士、硕士学位连读的方式就读硕士研究生的资格，属于严重影响学生受教育权的行为，应当接受人民法院的司法审查。高校处分行为应当遵循正当程序原则。高校在对其学生进行管理过程中，虽然有相应的教育自主权，但不得违背国家法律、法规和规章的规定。学校在对学生作出处分决定之前，应当听取学生或者其代理人的陈述和申辩。”虽然从司法实践来看，教育管理行为纠纷案件多为实体性问题，且主要集中在对校规校纪相关条款合法性的争议。但中国法院在实践中逐渐形成的做

---

① 详见北大法宝：钟杨杰不服闽西职业技术学院退学处理案，(2010) 岩行终字第37号。

② 详见北大法宝：甘露不服暨南大学开除学籍决定案（2011）行提字第12号。

③ 重庆市渝中区人民法院（2014）中区行初字第十号行政判决书。

法是：重点审查教育管理行为的程序性问题，并以正当程序原则为审查基准，不管是涉及违纪处分行为，还是有关学位授予或撤销行为。如此一来，法院既避免了触碰学术自由、大学自治的底线，又能适当保护学生权利。法院把价值问题转换为程序问题来处理、把专业领域的问题转换为程序问题来审查充满着司法智慧。

根据我国《教育法》第二十八条规定，处分权的实施是高校的法定职权，属于高校根据法律授权行使教育权的范畴。高校作为“准”行政机关，具有行政主体资格，其行使处分权的行为属于行使行政优益权的行为，应当受行政法的调整。因此，也应当符合行政法治的精神，遵循“比例原则”和“正当程序原则”。比例原则，又称“最小侵害原则”，其基本含义是指行政主体实施行政行为应兼顾行政目标的实现和保护相对人的权益，在作出行政处罚决定可能对相对人的权益造成某种不利影响时，应将这种不利影响限制在尽可能小的范围内，使“目的”和“手段”之间处于适度的比例。该原则在大陆法系国家的行政法中具有极为重要的地位。陈新民教授认为，“比例原则是拘束行政权力违法的最有效的原则，其在行政法中扮演的角色可比拟为民法中的‘诚实信用原则’，是行政法中的‘帝王条款’”①。本文认为，高校对学生实施管理的目的是为了培养具有创新精神和实践能力的高级专门人才②。因此，学校在行使处分退学权时，应当充分考虑育人目的与管理手段之间的适度比例，不能因小过而重罚，罚过不相当。

正当程序原则是指行政主体在作出影响相对人权益的行政行为时必须遵循正当法律程序，包括事先告知相对人、向相对人说明行为的根据和理由，听取相对人的陈述、申辩，事后为相对人提供相应的救济途径，以保证所作出的行为公开、公正、公平。该原则源于英国古老的自然正义（Natural Justice）原则，其基本规则有二：任何人不应成为自己案件的法官；任何人在受到惩罚或其他不利处分时，应为之提供公正的听证或其他听取其意见的机会。在美国，公立学校给予学生纪律处分的行为也是作为公共行政的研究范围。施瓦茨认为，“根据正当程序要求，在学生因其不轨行为而被公立学校开除以前，必须给其通知并给其受审训（即听证）的机会……法院一致确认，正当程序条款适用于公立学校作出的开除学生的决定。”③ 正当程序原则在我国《行政处罚法》的实施中得到了较充分的体现。同样涉及公民的基本权利，处分退学权的实施也应遵循正当程序原则。

---

① 陈新民主编：《行政法学总论》，法律出版社 1997 年修订六版，第 59~62 页。

② 《高等教育法》第五条规定：“高等教育的任务是培养具有社会责任感、创新精神和实践能力的高级专门人才，发展科学技术文化，促进社会主义现代化建设。”

③ ［美］伯纳德·施瓦茨：《行政法》，徐炳译，群众出版社 1986 年版，第 218 页。

专题十　全日制大学生兼职法律关系研究

谌瑜　李敏金①　蒋树

专题概要： 随着高校扩招和就业压力趋增，全日制大学生兼职现象普遍存在。全日制大学生与用工方的法律关系存在争议，致使司法机关对同案裁判结果不一致，大学生权益易受侵害。明确全日制大学生兼职法律身份，准确界定全日制大学生兼职时与用工方、学校三方法律关系性质，以保障全日制大学生的合法权益。

关键词： 全日制大学生；兼职；法律关系；权益保障。

一、全日制大学生兼职典型案例

（一）案情简介

【典型案例一】② 董某就读于河南郑州理工职业学院，事故发生时系该大学一年级学生。其于2013年6月21日至2013年8月25日暑假期间在润泰商业公司处打工。2013年6月28日，董某在下班途中发生的交通事故中受伤，其向当地人社局提出工伤认定申请，人社局审查后受理了工伤认定申请并做出了工伤认定的决定。润泰商业公司不服人社局做出的工伤认定决定，将人社局诉至法院。一审和二审法院均认定在校学生在暑假期间兼职存在劳动关系，应予工伤认定。

法院认为，董某年满十八周岁，符合《劳动法》第五十八条第二款规定的就业年龄，具备与用工单位建立劳动关系的权利能力和行为责任。原劳动部《关于贯彻执行〈中华人民共和国劳动法〉若干问题的意见》（以下简称《意见》）第四条规定了公务员和比照实施公务员制度的事业组织和社会团体的工作人员，以及农村劳动者（乡镇企业职工和进城务工、经商的农民除外）、现役军人和家庭保姆不适用劳动法，并未将在校学生排除在外。董某虽系在校学生但并不当然限制其作为普通劳动者加入劳动关系。劳动部《意见》第十二条③的规定仅排除了劳动法规对“利用业余时间”“勤工助学”的学生适用，并不能由此否认在校生的劳动权利，也没有排

① 李敏金：上海大学法学院2018级法律硕士在读研究生。

② 详见中国裁判文书网：吴江市润泰商业有限公司与苏州市吴江区人力资源和社会保障局等劳动和社会保障行政确认纠纷上诉案，(2015) 苏中行终字第00012号。

③ 劳动部《关于贯彻执行〈中华人民共和国劳动法〉若干问题的意见》第十二条：在校生利用业余时间勤工助学，不视为就业，未建立劳动关系，可以不签订劳动合同。

除劳动法律法规对学生的适用，不能据此推定在校大学生不具备劳动关系的主体资格。综上，法律没有明文规定在校学生不具备劳动关系主体资格，故董某能够成为劳动关系主体。

【典型案例二】①在“许某与中国人民革命军事博物馆劳动争议”案中，原告许某系某大学的一名全日制在校硕士研究生。其诉称：“2012 年 2 月，我应军事博物馆之请求，按照首都师范大学历史学院之安排，被借调到军事博物馆协助全军文物普查工作。我在军事博物馆文物处从事资料整理、评估报告编写、软件与文档数据审查等工作，上述工作均为军事博物馆业务的组成部分。军事博物馆按月向我支付工资并对我进行管理。2013 年 1 月底，军事博物馆口头通知与我解除劳动关系。我现诉至法院，请求判令：1. 确认军事博物馆与我自 2012 年 3 月 26 日至 2013 年 1 月 31 日期间存在劳动关系；2. 认定 2012 年 5 月 3 日我所受伤害为工伤并指定相关部门对我进行劳动能力鉴定；3. 确认 2013 年 1 月 31 日军事博物馆与我解除劳动关系的行为违法；4. 确认 2013 年 3 月 26 日起军事博物馆与我建立无固定期限劳动关系；……”北京市海淀区人民法院认为：“劳动部《关于贯彻执行〈中华人民共和国劳动法〉若干问题的意见》第十二条规定，在校生利用业余时间勤工助学，不视为就业，未建立劳动关系。本案中，许某于 2012 年 3 月 26 日至 2013 年 1 月 31 日在全军国有可移动文物普查工作办公室工作期间，仍为首都师范大学全日制硕士研究生，且尚有部分课程及毕业论文没有完成，故其尚不具备建立劳动关系的主体资格。经本院释明，许某仍坚持本案按劳动争议处理。鉴此，本院对许某的起诉依法予以驳回。”许某不服一审法院裁定，本案经过二审、再审，均维持原裁定。

（二）所涉法律问题

上述典型案例所反映的问题均系由全日制大学生兼职引发，全日制大学生与学校、用工单位法律关系的认定直接关系到案件的处理结果。案例一认定全日制大学生是适格的劳动者，存在劳动关系；案例二认为在校生有学业尚未完成，不具备建立劳动关系的主体资格。由于对全日制大学生兼职时与用工方法律关系属性的不同认识，导致案件处理结果迥异。因此，有必要细究有关全日制大学生兼职的法律法规，探讨大学生与用工单位的法律关系，以保障全日制学生的合法权益。

“全日制一般指学习时间上的一种分类，顾名思义是按照国家法定工作、学习时间进行全天候学习的一种方式。”② 本专题讨论的全日制大学生（即在校大学生，下文通用），是指以学习为主、学籍在校、全天接受学校教育和管理的在校大学生。区别于业余、函授、自考等学习形式的非全日制大学生。

---

① 详见中国裁判文书网：许匀馨诉中国人民革命军事博物馆劳动争议案。一审案号：（2014）海民初字第 9708 号；二审案号：（2014）一中民初字第 05942 号；再审案号：（2015）高民申字第 01743 号。

② 详见百度百科：全日制，https://baike.baidu.com/item/%E5%85%A8%E6%97%A5%E5%88%B6/7803066?fr=aladdin，2018 年 12 月 11 日访问。

二、全日制大学生兼职与用工方关系的法律属性之争

通过查阅裁判文书网，笔者发现在校大学生兼职劳动权益纠纷案件基本上都涉及在校大学生与用工方关系的法律属性界定。关于大学生兼职时与用人方的法律关系问题，学术界主要有以下三种观点。

（一）劳动关系

该观点认为，在校大学生是适格的劳动者。虽然《劳动法》《劳动合同法》等法律未明确将在校大学生纳入劳动法保护范围，但宪法明文规定公民享有劳动的权利。“《宪法》是上位法，《劳动法》是下位法，不能套用下位法的具体条件反推、否认《宪法》赋予公民的基本权利，而只能通过下位法落实和保障公民的宪法权利。”① “劳动关系作为由劳动法调整在劳资双方当事人之间形成的具有人身隶属性与经济从属性相统一的法律关系，它与由民事法律调整在平权民事主体之间所形成的劳务买卖关系有着截然不同的法律属性。”② 劳动关系的最大特征在于具有人身隶属性、经济从属性、组织隶属性。常见情形是在校大学生在肯德基、麦当劳等快餐店打工。

该观点的主要依据：从法理上看，根据“法无明文规定即自由”的原则，劳动部关于贯彻执行《中华人民共和国劳动法》若干问题的意见第四条③将公务员、现役军人和保姆等人排除在劳动法的保护范围外，未明确将在校大学生排除适用。从宪法规定的角度分析，《宪法》第四条④规定公民有劳动的权利。在校大学生作为国家公民，理应享有劳动权，符合劳动者的主体资格。从劳动法的角度看，只要达到法定劳动年龄、具有劳动能力，通过从事劳动获取合法收入的公民都可以成为劳动者，兼职大学生应当也不例外。在校大学生一般都年满十六周岁，达到了法定年龄，并且具有劳动能力，且大学生兼职一般都是有偿活动。从保障兼职大学生权益的角度考虑，在校大学生与用工方之间形成的是隶属管理关系，在校大学生作为弱势群体，理应受劳动法的保护。如果在校大学生的权益不受劳动法的保护，则会出现更多大学生权益受到侵害的情形。比如：在校大学生发生工伤后用工方逃避责任，用工方把大学生当成廉价劳动力、任意规定试用期、任意解除工作关系，等等。

有学者认为，大学生兼职虽不符合全日制用工形式，但符合劳动法规定的特殊用工形式，即非全日制用工形式。根据我国《劳动合同法》规定，非全日制劳动是指以小时计酬为主，劳动者在同一用人单位一般平均每日工作时间不超过四小时，每周工作时间累计不超过二十四小时的用工形式。“‘非全日制’用工是以劳动者

---

① 杨晓红：在校大学生校外兼职存在的法律缺失及完善建言，《法制博览》2016年第7期。

② 秦国荣：《劳动权保障与〈劳动法〉的修改》，人民出版社2012年版，第41页。

③ 劳动部关于贯彻执行《中华人民共和国劳动法》若干问题的意见第四条：公务员和比照实行公务员制度的事业组织和社会团体的工作人员，以及农村劳动者（乡镇企业职工和进城务工、经商的农民除外）、现役军人和家庭保姆等不适用劳动法。

④ 《宪法》第四十二条：“中华人民共和国公民有劳动的权利和义务……”

‘劳动时间’为衡量依据，而不是以劳动者本人的身份来衡量。”① 在校大学生兼职时间灵活，一般都是按小时计酬并且工作时间短，工资支付的常见形式也是短时间支付一次，大学生的兼职行为符合这样的用工特点，属于非全日制用工。

（二）劳务关系

该观点主张，《合同法》并未将劳务合同作为有名合同加以规定，而是将其归于承揽合同的方式之一加以规定。《合同法》第二百五十一条规定：“承揽合同是承揽人按照定作人的要求完成工作，交付工作成果，定作人给付报酬的合同。承揽包括加工、定作、修理、复制、测试、检验等工作。”第二百五十三条规定：“承揽人应当以自己的设备、技术和劳力，完成主要工作，但当事人另有约定的除外。”从内容上看，承揽合同可分为技术承揽与劳务承揽。劳务关系即《合同法》规定的劳务承揽。具体是指提供劳务的一方与定作人依约定，由劳动者以自有设备、技术和劳力等完成定作人指定的工作并交付工作成果，定作人依约定向劳动者支付劳动报酬的一种有偿服务的法律关系。劳务关系的双方主体地位平等，劳动者在一定时间内完成用工方指派的任务即可，劳动过程不受用工方管理，与用工方不具有人身从属性。劳务关系中提供劳务的一方是利用自己的生产资料和劳动条件提供劳务，其重点是完成劳动，至于具体如何完成不受用工方的管制。简言之，“劳务关系注重劳动的结果，与劳动的过程无关”②。提供劳动的一方独立承担风险，其实质是一种债权关系。

在校大学生与用工方未签订劳动合同，也不属于事实上的劳动关系，双方之间不具有任何从属性，因而成立民法上的劳务关系。根据侵权责任法第三十五条规定：“提供劳务一方因劳务自己受到损害的，根据双方各自的过错承担相应的责任。”由此可知，倘若大学生兼职过程中因为提供劳务行为受到侵害，则兼职大学生与用工方应依据过错承担相应的责任。

（三）雇用关系

有观点认为，全日制大学生与用工单位间是雇用关系，主要依据是劳动部《关于贯彻执行〈中华人民共和国劳动法〉若干问题的意见》。其第十二条规定：“在校大学生兼职属于勤工俭学，不视为就业。”由此认为，“大学生一般不能成为招工对象，大学生不是劳动者”③，学生和用工方之间不存在劳动关系，而是民法上的雇用关系。

“雇用关系是指受雇用人在一定期间内，在雇用人的指挥与安排下，提供特定或不特定的劳务，雇用人按约定给付报酬的权利义务关系。”④ 该种法律关系的特点是

---

① 罗绍林：大学生兼职中的法律关系及权益保障，《人民论坛》2012年第27期。
② 刘念：论雇佣关系与劳务关系，《法制与社会》2015年第31期。
③ 王全兴：《劳动法学》，北京高等教育出版社2004年版，第102页。
④ 王利民：《民法学》，上海复旦大学出版社2004年版，第135页。

雇员与雇主之间存在一定的人身依附性，雇员在雇主提供一定的生产资料或劳动条件下进行雇用活动。根据《最高人民法院关于审理人身损害赔偿案件适用法律若干问题的解释》第十一条规定："雇员在从事雇用活动中遭受人身损害，雇主应当承担赔偿责任。"适用的是无过错归责原则。在校大学生在兼职从事雇用活动中遭受人身损害，用工方应当承担赔偿责任。由于全日制大学生兼职可受雇于个人或单位，就用工主体而言，该个人或单位不属于《劳动合同法》所认定用人单位的范畴。在这种情况下，高校学生与雇主之间建立的是一种雇用关系，从事该种兼职的高校学生受民事法律规范保护。

三、全日制大学生兼职与用工方法律关系性质之我见

实践中，全日制大学生兼职的方式多种多样，也有称之为"实习"或"打工""助工""帮厨"的，以及"勤工助学"，等等，并无统一称谓。这在一定程度上加剧了法律适用、司法裁判的混乱。笔者认为，明确全日制大学生兼职法律身份，准确界定全日制大学生兼职与用工方、学校三方关系，是维护全日制大学生劳动权益的前提。

（一）明确全日制大学生兼职法律身份

我们俗称的全日制大学生兼职，从法律上看，仅包括勤工助学。

根据2007年6月26日教育部、财政部联合制定、印发的《高等学校勤工助学管理办法》（以下简称《规定》）第四条的规定："勤工助学活动是指学生在学校的组织下利用课余时间，通过劳动取得合法报酬，用于改善学习和生活条件的社会实践活动。勤工助学是学校学生资助工作的重要组成部分，是提高学生综合素质和资助家庭经济困难学生的有效途径。"

由此可知，全日制大学生的主业是完成学业，勤工助学是通过课余时间出卖劳动力获取报酬，改善学生生活条件，只能算作实践能力的锻炼，并不是就业。大学生的所谓兼职，是指在学习课余的时间从事一定的社会劳动以获取报酬的行为。学生的本职是学习，并无本职工作，即不能将学习认定为劳动法意义上的工作。工作应是通过劳动获取报酬为对价，大学生无本职工作自然也就无兼职工作。高校与学生之间是教育与被教育者之间的行政协议关系，这在本书前一专题已有论述，双方并非劳动关系。国家提倡"勤工助学"，在校大学生只要是"利用课余时间，通过劳动取得合法报酬"，无论是校内的食堂帮工、辅导员助理工作还是校外打工，依据上述《规定》① 都被划归"勤工助学"范畴。当然，学生私自联系的除外。

《规定》第六条规定："勤工助学活动由学校统一组织和管理。任何单位或个人

---

① 参见《高等学校勤工助学管理办法》。如其第十三条规定："确定校内勤工助学岗位。协调校内各单位，引导和组织学生积极参加勤工助学活动，指导和监督学生的勤工助学活动。"；第十四条规定："开发校外勤工助学资源。积极收集校外勤工助学信息，开拓校外勤工助学渠道，增加校外勤工助学岗位，并纳入学校管理。"

未经学校学生资助管理机构同意，不得聘任在校学生打工。学生私自在校外打工的行为，不在本办法规定之列。”就劳动法而言，标准工作时间内全日制大学生都应在学校学习，如果有余力，也应“在学校的组织下利用课余时间，通过劳动取得合法报酬，……”劳动法意义上的兼职是指劳动者同时与两个或两个以上用人单位建立劳动关系。兼职劳动是一个普遍存在的社会现象，相对于全职而言，是指劳动者在本职工作之外兼任其他工作职务。我国《劳动合同法》第三十九条①、第九十一条②等条文涉及了兼职情形。

总之，大学生兼职只是社会俗称，并非法律意义上的概念。所以，劳动部《关于贯彻执行〈中华人民共和国劳动法〉若干问题的意见》第十二条规定：“在校生利用业余时间勤工助学，不视为就业，未建立劳动关系。”也因此，在本文案例二中，法院以许某为首都师范大学全日制硕士研究生且尚有部分课程及毕业论文没有完成为由，认定其尚不具备建立劳动关系的主体资格，许某要求确认军事博物馆与自己自 2012 年 3 月 26 日至 2013 年 1 月 31 日期间存在劳动关系的诉求被法院予以驳回。

从法理上看，合格的劳动者应当具备人身从属于用人单位的特征。无论是劳动关系、劳务关系或者是雇用关系，提供劳动都应以劳动者具有提供劳动的可能为前提。在校大学生根据规定学籍，在校期间必须接受学校的管理，其人身自由在很大程度上受到学校的管制；在法律法规规定的每周五天、每天八小时的标准工作时间内，全日制大学生没有时间也没有人身自由与用人单位形成管理与被管理的关系。如果强行将在校大学生纳入劳动法的劳动者范围，劳动法的调整对象将会无限制地扩大，现行作息时间的法律规定也不得不做修改。这显然是不可取的。

作为全日制大学生，人事档案关系在学校，学生与学校之间仍保持教育与被教育、管理与被管理的关系。他们尚未完全进入就业领域，无法被纳入用人单位的正式编制，劳动关系与教育关系存在冲突。从保障学生学业的顺利完成以及劳动力市场平稳运行的角度看，学生不应成为劳动法上的适格劳动者。这样的规定也是具有合理性的。

民法调整的是平等主体之间的财产关系以及与财产关系紧密相连的一定的人身关系。但是，在校大学生与用工方明显是不平等的关系。由于长期在学校的“象牙塔”里，其缺乏社会工作经验加之法律意识不足，与用工方在缔约能力上往往存在很大的差距，所以说，大学生在劳动过程中往往属于弱势一方，更不应该受民法的调整。一般的在校大学生并无独立生活来源，基本生存条件依赖于父母，让其承担如此大风险，也是不符合法律的公平正义的。如果适用民法调整，另一方面也会导致学生救济权利陷入困境。“民事规范对大学生劳动权益的保护不仅力度不够，而且

---

① 《劳动合同法》第三十九条：“……（四）劳动者同时与其他用人单位建立劳动关系，对完成本单位的工作任务造成严重影响，或者经用人单位提出，拒不改正的……”

② 《劳动合同法》第九十一条：“用人单位招用与其他用人单位尚未解除或者终止劳动合同的劳动者，给其他用人单位造成损失的，应当承担连带赔偿责任”。

作用有限。”① 学生权益受到侵害，只能采取人民调解或者民事诉讼的途径救济，调解途径往往是调而难解，诉讼方式程序繁杂。对于学生而言，时间和经济成本高。

《高等教育法》明确规定，学生要遵守学校的各项管理制度，在校学习期间外出必须经过请假程序。这些管理规定虽然没有剥夺学生的劳动权利，但是作为全日制在校大学生，其行为应当受到高校的限制。虽然有的学生课余时间充足，但是高校学生难免面临学校的临时调课或者活动安排等情况，因此很难服从用工方安排的工作。未经高校安排进行的兼职活动，一定程度上属于违反高校学生管理规定的行为。

由于全日制大学生全天在高校内学习、接受高校管理，同时“全日制”意味着在校大学生无法保证劳动法律规范中对劳动者工作时间、劳动过程的要求，因而对于未经学校同意进行的校外打工，全日制大学生在开展该种形式的兼职时，仍无法满足劳动法的要求，不是适格的劳动者。

全日制大学生私自兼职（包括校外打工）不受劳动法律保护，也未被纳入现行合同法的调整范围，同时还被排除出《高等学校勤工助学管理办法》规定之列。② 因此，依据现行立法，若在校大学生在私自兼职过程中的权益受损，就只能依据民事侵权法和其他相关法律规定寻求救济。

（二）特殊情形下全日制大学生兼职法律身份属于劳动者

当然，学生不是适格劳动者也存在例外的情形。对于即将毕业的大学生，在用人单位知晓该大学生即将毕业的情况，大学生以毕业后即将就业为目的，向用人单位提供持续不间断的劳动，用人单位也对该大学生实施劳动管理并支付劳动报酬的情况下，可以认定两者构成劳动关系。

该种情况属于在校学生兼职的特殊情形。学生临近毕业，学业已基本完成，即将进入劳动市场，实习工作是学生的主要任务。此时的实习工作属于“准就业”行为，即兼职的目的带有明显的就业倾向。根据《中华人民共和国劳动法》第三十六条和国务院《关于职工工作时间的规定》（国务院 174 号）的有关规定，我国现行的标准工时制度是劳动者每日工作时间不超过八小时，平均每周工作时间不超过四十小时。若全日制大学生满足劳动法上工作时间的要求，并遵守用人单位考勤等规章制度，接受用人单位的管理，并按月领取报酬。此时，全日制大学生与普通劳动者无异，应将该大学生认定为劳动者。以 2018 年北京某有限公司与被上诉人李某劳动争议一案③为例，李某系即将毕业的在校大学生，通过校招方式入职，在北京某有限公司实习。该公司亦知晓李某即将毕业的情况，李某以毕业后即将就业为目的至该公司实习，且实习期间向该公司提供持续不间断的劳动。该公司亦对李某实施劳动

---

① 柯新华，罗琼：大学生兼职劳动权益保护问题探讨，《中国劳动》2013 年第 12 期。

② 详见《高等学校勤工助学管理办法》第六条规定：“勤工助学活动由学校统一组织和管理。任何单位或个人未经学校学生资助管理机构同意，不得聘任在校学生打工。学生私自在校外打工的行为，不在本办法规定之列。”

③ 详见中国裁判文书网：北京链家房地产经纪有限公司与李立文劳动争议上诉案，（2018）京 03 民终 2656 号。

管理并支付劳动报酬。故二审法院认为，原审法院认定双方之间构成劳动关系并无不当，予以支持。

由于目前我国高校普遍存在在校大学生毕业前需要先签订一份三方协议的现象，即学生、用人单位和学校三方主体，就该大学生毕业后去该用人单位工作的一份协议。但此时该大学生尚未毕业，但多数学生处于应修课程及毕业论文等都已完成，处在准就业状态。因此，法院将其与用人单位关系认定为劳动关系应属例外。

（三）"实习"法律含义的校正

笔者认为，无论是实习还是勤工助学，全日制大学生原则上不属于劳动法律规范中的适格主体，也不属于民事法律规范中劳务关系、雇用关系的调整对象。

实习，是指学生在实践中学习，是教学活动的延伸。在经过理论学习之后，学生将自己所学应用在社会实践活动中。实习分为学校安排的实习以及学生自己联系的实习。目前对在校大学生实习过程中的身份认定是比较统一的，一般都不认定为劳动者，因为劳动者与大学生二者存在本质区别。实习目的主要是检验自己的学习成果，是一个学以致用的过程。这与大学生其他兼职类型不同，其他兼职类型往往是为了获得劳动报酬。

实习应是全日制大学生培养方案的一部分，大学生参加实习是高校教育教学活动的延伸。从本质上看，实习过程中的全日制大学生仍旧处于进修学分以获得毕业证、学位证的过程中，是以学生的身份从事实习工作，因而不具有劳动法意义上的劳动者资格。

（四）完善全日制大学生兼职法律机制之建议

其实，对于全日制大学生兼职的法律问题，我国现行法律规范体系已有涉及。虽效力层级较低但针对性强，全日制大学生兼职问题的规定还是比较全面的，即上面多次提到的《高等学校勤工助学管理办法》。其第四条规定："本办法所称勤工助学活动是指学生在学校的组织下利用课余时间，通过劳动取得合法报酬，用于改善学习和生活条件的实践活动。"其第六条规定："勤工助学活动由学校统一组织和管理。学生私自在校外兼职的行为，不在本办法规定之列。"该《办法》明确规定了高校学生应当在学校的组织下开展兼职，学生私自兼职的行为不受《办法》调整。同时，根据劳动部关于印发《关于贯彻执行〈中华人民共和国劳动法〉若干问题的意见的通知》第十二条规定："在校生利用业余时间勤工助学，不视为就业，未建立劳动关系，可以不签订劳动合同。"劳动法律规范将全日制大学生兼职剔除出其调整范围，这也印证了勤工助学、校外打工不属于劳动关系的结论。

《高等学校勤工助学管理办法》的不足之处主要是，有些规定不够清楚或者过于笼统，抑或责任规定不到位、监督机制不健全、配套制度以及相关立法的衔接存在问题，等等。这些也是导致现在全日制大学生兼职乱象丛生的主要原因。若全日制大学生兼职过程中出现工伤，更是求助无门。

《普通高等学校学生管理规定》（以下简称《规定》）自1990年颁布以来，分别于2005年、2017年进行了两次修订。随着学生权利意识的觉醒，2005年修订的《规定》对学生权利的保障开始得到重视。在其第五条关于学生权利的规定中，不仅重申了《教育法》的规定，还增加了一款关于参加社团、勤工助学的权利，同时删掉了与法律相抵触的条款。从有利于维护兼职学生的权益角度出发，紧接着，2007年教育部、财政部联合制定并印发了《高等学校勤工助学管理办法》，对大学生勤工助学进行了较为完善的规定。其主要内容包括：一是对兼职劳动范围进行了限制，"不得组织学生参加有毒、有害和危险的生产作业以及超过学生身体承受能力、有碍学生身心健康的劳动"，有利于学生的身体健康。二是对工作时间有合理的限制，可以有效保障学生的学习时间。"勤工助学岗位既要满足学生需求，又要保证学生不因参加勤工助学而影响学习。学生参加勤工助学的时间原则上每周不超过八小时，每月不超过四十小时。寒暑假勤工助学时间可根据学校的具体情况适当延长。"三是对工资报酬也有明确规定，防止用工方肆意压榨学生劳动力。校内兼职"原则上不低于每小时十二元人民币"，校外兼职"不应低于学校当地政府或有关部门规定的最低工资标准"，工资由高校勤工助学组织发放，防止用人方骗取廉价甚至是免费劳动力。

时至今日，运行十多年的《高等学校勤工助学管理办法》存在诸多问题便在所难免。实践中引起大学生兼职法律问题同案不同判现象的原因在于，司法机关对大学生兼职法律概念的理解存有偏差。在校大学生兼职权益无法保障的重要原因是高校负责勤工助学机构职责不明确；缺少卓有成效的权力监督机制；高校、用工方与学生三方协议权利义务不明确。笔者认为，可从以下几个方面界定全日制大学生兼职与用工方、学校三方的权利、义务。

第一，强调学校勤工助学管理服务组织的服务作用。根据《高校勤工助学管理规定》第七条规定："学校学生资助工作领导小组全面领导勤工助学工作，负责协调学校的宣传、学工、研工、财务、人事、教务、科研、后勤、团委等部门配合学生资助管理机构开展相关工作。"该组织具有法定的管理勤工助学事项的职责。笔者认为，学生资助工作领导小组除了具有管理职责外，法律应当明确其服务职能。一方面，学校学生资助工作领导小组应该和用人单位建立长期的合作关系，为学生及时提供可靠真实的招聘信息，防止学生受黑中介以及虚假兼职信息广告的潜在危害。此外，学生获取学校公布的校外兼职信息后必须经过登记才能开始兼职行为。一旦在校学生在兼职过程中与用工方发生纠纷，导致合法权益受到侵害而向高校求助时，学生资助工作小组应当及时介入，为学生提供法律援助，指导和帮助学生维权。必要的时候，可以代表高校向用人单位主张赔偿，追究用人单位的法律责任。学校学生资助工作领导小组可下设救济机构，向用人单位要求承担赔偿责任。该机构成员可以由本高校法学院教师和学生组成，并聘请专业的法律人员。"校方在学生与用人单位发生纠纷时也应及时介入，加强与劳动保障部门、地方法律援助机构和地方法院的沟通，为学生维权开通绿色通道。”① 在学生与用工方发生纠纷时，由高校的权利救济机构通过专业知识维护学生的合法权益。

第二，设置更高层级的机构对学生资助工作领导小组的监督，以督促其适当行使权力，避免不作为现象的产生。从法理上看，权力与责任是相统一的，行使权力应当受到一定的制约。为保障全日制学生在兼职过程中受损害的权利得到及时救济，避免学生资助工作领导小组成员相互扯皮、推诿，不及时追究违约违规的用人单位责任的情况发生，法律应当设置学生资助工作领导小组的上级部门，对资助工作小组成员履行职务过程中故意或重大过失的情形、造成学生权利无法及时救济的，给予相应的处分。若全日制学生对学生资助工作领导小组成员不履行职务行为提起诉讼，向法院寻求救济的，法院可基于在校学生与高校之间的行政协议，以高校作为适格被告，追究高校的责任。

第三，明确勤工助学三方协议的主要内容并纳入《高等学校勤工助学管理办法》，进一步明确高校和用人单位的法律责任。前文已经论述，全日制大学生与用工方之间既不属于劳动关系，也不属于劳务关系与雇用关系。笔者认为，高校、全日制大学生与用工方之间是一种特殊的用工关系，因此三方协议对明确各主体权利义务、争议解决具有重要意义。尤为重要的是，劳动风险的分配有赖于双方法律关系性质的认定，而大学生兼职被排除在劳动法和现行民事合同法适用范围后，在三方协议中明确工伤问题的责任分配便是重中之重。

根据《高等学校勤工助学管理办法》，学生参加勤工助学前，勤工助学管理服务组织代表学校与用人单位和学生间签订协议书。各高校根据本学校专业特点以及高校管理的实际情况，借鉴劳动合同的范本制定该协议的范本，以达到规范高校与用工方的主要权利义务、法律责任的目的。协议内容主要包括用工方、高校与学生三方的权利义务、劳动报酬、学生权利救济途径以及发生纠纷后高校和用工方法律责任的分配等方面约定。

在校大学生虽然知识方面比一般人要完备，但对于法律维权而言，仍然属于弱势群体。所以，在协议内容中可以规定兼职过程中权益受损后由高校负责出面解决。通过明确规范协议的主要内容，有依有据，切实保障在校大学生兼职的劳动权益。在发生勤工助学纠纷时，可根据《高等学校勤工助学管理办法》第二十九条、第三十条：“勤工助学管理服务组织必须经学校授权，代表学校与用人单位和学生三方签订具有法律效力的协议书。若出现协议纠纷或学生意外伤害事故，协议各方应按照签订的协议协商解决。如不能达成一致意见，按照有关法律法规规定的程序办理。”高校可依法依约追究用工方的责任。

综上所述，大学生兼职从现行立法看，仅仅指在学校组织下利用课余时间进行的勤工助学。

---

① 陈东果：法律保障的困难与救济路径，《学校党建与思想教育》2010年第17期。

专题十一　高校后勤管理侵权法律问题研究

蒋树　谌瑜

专题概要：高校后勤社会化改革丰富了高校后勤的管理和运营模式。但在现实中，后勤侵犯学生权益的事件频发却也折射出侵权责任主体难以确定、侵权案所涉法律关系纵横交织和法律责任竞合时权利救济机制缺失等问题。本专题通过法理分析，提出规制高校后勤侵权现象的对策与建议，从有效从源头上防止高校后勤安全隐患，为高校提供安全可靠的后勤保障，最大限度保障学生的合法权益。

关键词：高校；后勤社会化；侵权；违约；权利救济。

高校的发展与后勤保障相互依存。“后勤”原是个军事名词，指军队为保障部队完成各项任务而提供物资、技术、运输、生活等方面条件的保障系统。“高校后勤”因其特殊的作用和价值，为高校的人才培养和科学研究提供了基础保障和服务。高校后勤部门在管理过程中，对各类生产资源予以合理配置，为师生提供物质保障，通过发挥调控配置和教育思想等方式方法，以期获得最优的管理效益。

随着社会化与市场化的不断发展，高等学校不断扩招，骤然增加的学生人数使得各高校无法承担后勤保障之重，国家及时提出“高校后勤社会化改革”，众多高校纷纷响应。“所谓后勤社会化，是指高校后勤将自身的投入、生产、服务经营活动自觉纳入社会主义市场经济活动之中，归于社会主义市场经济体系的整体框架之中。”① 简单来说，各高校将本校后勤管理的部分或全部交由社会力量来完成。在后勤社会化之前，学校师生饮食、住宿都在学校，“一校一户办后勤，校校后勤办社会”，本该由社会办的事情都由学校包揽了。但是随着经济的发展和学生人数的激增，这就会带来两个问题：“一是学校的空间被挤占，场地有限，无法扩大办学规模；二是国家政府投入的资金应当大部分用于教学设施而不是生活设施上。后勤社会化的主要目的是为了应对随着招生规模的不断扩大而日益突出的广大学生日益增长的物质需求与高校学生公寓资源匮乏、硬件设施陈旧落后的矛盾。”② 如今高校后勤社会化成果显著，学生公寓供需紧张问题得到了很大程度的缓解，学生住宿、餐饮、居住环境等获得明显改善。当前，高校后勤社会化改革丰富了高校的管理和运营模式，各

① 柯凯铁：后勤社会化下高校与学生法律关系探析——以福建工程学院为例，《法制与经济（下旬）》2010 第 12 期。

② 廖海东：后勤社会化下的高校学生公寓管理，《漳州职业技术学院学报》2009 年第 11 期。

方也正在进行各种探索以实现后勤管理服务效益的最大化。但是，我国高校后勤服务工作忽视了学生权益的保障，现实中后勤侵犯学生权益的事件屡有发生。

一、典型案例与争议焦点

【典型案例一】湘潭大学流浪狗咬人事件①。2018年5月1日21时左右，湘潭大学化工学院一名女生在校园内被多只流浪狗追咬，右手背和腰部两处被咬伤。5月2日16时左右，该校法学院一名女生再次遭到多只流浪狗追咬，右腿后侧被咬伤。咬伤事件发生后，该校于5月2日晚召开校园环境治理会议，要求保卫部门进一步加大校园流浪动物的清理力度，加强对流浪狗进行驱逐和捕捉，同时向当地派出所上报相关情况。派出所安排专业人员协助学校清理流浪狗，确保不再发生类似事件。同时扩大安全警示覆盖范围，在校园相关路段设立警示牌，提醒师生加强自身安全防范意识，并在校内学生管理群发布安全提示，提醒广大学生发现情况及时报告。关于清理流浪动物举措，该校保安称保卫处每年都会组织捕狗、驱赶狗，但每每清理流浪动物时都会遭到校内爱狗人士的声讨而被迫中止行动。根据《湘潭市人民政府关于规范市城区养犬的通告》，市城区机关、医院的办公服务区、学校教学区和学生宿舍区以及单位集体宿舍区为禁养犬只（军犬、警犬除外）区，无证且无人牵引的犬只视为野犬，由相关单位予以捕杀。对此，湘潭大学此前也出台过禁养猫狗的规定。除了湘潭大学，几乎所有大学都有学生在寝室偷偷养狗，毕业后因为无法处理将之遗弃，宠物狗变成无人看管的流浪狗，对在校师生的安全构成了潜在威胁。学校保卫处的打狗行为确实存在争议，但当无主狗咬伤学生时，高校学生该如何维权？针对此次事件，网络上大致产生了两种不同看法。有人认为，一般情况下狗不会主动攻击路人，可能是两名女生的某些行为无意中激怒了流浪狗使其发狂咬人。咬人事件发生后，由于流浪狗并没有相应的主人，因此受害学生只能自认倒霉。而另一部分人认为，无论受害女生是否存在过错，咬人事件发生在高校校园内，高校有义务保障在校师生的人身安全。若是无主狗致学生损害，应当由高校承担相应的责任。

【典型案例二】郑州中州大学重大食物中毒事件②。郑州市中州大学北校区发生重大食物中毒事故，共有三百六十七人先后出现恶心、呕吐、腹痛腹泻等症状并前往医院就诊。后经流行病学调查及实验室检验，查明这是一起由鸡肠球菌污染食品引发的突发性集体食物中毒事件。该食堂采购人员在采购菜品时以明显低于市场价的价格购买了一批不安全的鸡肉，导致该校师生食用后中毒。同时，卫生监督部门在对中州大学北校区食堂进行检查时发现，该食堂存在多项卫生设施不符合要求，不具备供餐条件，食堂从业人员没有取得相应的卫生知识培训合格证明，食堂操作间防蝇设施不完备，餐具消毒设施没有投入使用，没有蔬菜消毒设施，部分剩余食

① 详见中国新闻网：女生被流浪狗追咬受伤　湘潭大学：集中清理校园流浪动物，https://app.peopleapp.com/Api/600/DetailApi/shareArticle? type=0&article_id=1716198，2018年12月4日访问。

② 详见人民网：郑州中州大学367人食物中毒事故原因已经查明，http://unn.people.com.cn/GB/14748/2082065.html? open_ source=weibo_ search，2018年12月4日访问。

品在室温下进行保存，生活饮用水浑浊有沉淀等问题。据证实，中州大学大学城内实行的是后勤社会化管理，学生的餐饮和住宿都全权外包给了河南省国基物业管理有限公司。此案引起了极大的社会反响，不仅因为受害人数众多，更因为受害者为高校学生这一特殊群体，更加引发了公众对高校后勤管理侵权问题的思考。高校内发生如此重大的食品安全事故，从法律层面上说，属于侵权行为。但高校将后勤的服务进行了外包，此种情形下河南省国基物业管理有限公司是否应当独自承担法律责任？将食宿外包的中州大学又在其中扮演怎样的角色？

【典型案例三】 潍坊某高校针对学生使用大功率电器罚款事件①。2012 年 3 月，《齐鲁晚报》报道，潍坊某高校在微博上发声，称该学校宿舍管理存在严重问题，针对学生使用大功率电器以及不叠被子等行为进行罚款。此项规定引来学生诸多不满。有的学生认为学校罚款没有法律依据，有的学生则更关心罚款收入被用于何处，因为学校从未公开过罚款收入的使用明细。关于罚款，我国《行政处罚法》明确规定，行政处罚需要由具有行政处罚权的行政机关在法定的职权范围内予以实施。高校并非严格意义上的行政机关，而仅是在授予学位证书等方面获得了法律的授权，只能被定位为准行政机关。因此，高校无权对学生作出罚款的决定。否则，就是严重侵害了学生的财产权。此事件也因涉及高校后勤宿舍管理工作中对学生权益的剥夺合法与否，在网上引发了热议。

从上述三个案例可以看出，我国高校后勤在日常管理学生、保障学生安全的过程中时常会发生侵害学生合法权益的行为。此时，学生权益如何有效救济？谁是侵权行为的责任承担主体？纵观现行法律规定，笔者发现，因高校后勤管理涉及高校、后勤集团、学生三方当事人，导致三者间的法律关系错综复杂，难以厘清高校后勤管理侵权案中的侵权责任主体。另外，当高校后勤侵权责任与高校违约责任发生竞合时，如何全方位保障受害人的正当权益，也是本文需要探讨的问题。

二、高校后勤管理侵权成因分析与法理解读

（一）高校后勤管理多样化模式使侵权责任主体难以确定

高校后勤社会化改革旨在通过调整后勤内部管理体制、转换运行机制、理顺资产关系等一系列措施，为高等教育事业发展提供更有力的后勤保障。“自 1999 年以来，经过多年努力，我国高校后勤已发生了深刻变化。为了适应当时高等教育快速发展的形势，结合需求和保障，高校后勤在改革进程中探索了多种模式，如准企业化管理模式、甲乙方管理模式、股份制企业模式等。”② 这些模式作为社会化改革的积极尝试，在当时资源严重不足的背景下满足了当时高校扩招的需求，但与此同时，

---

① 详见齐鲁晚报：学校罚款，你伤不起啊，http://sjb.qlwb.com.cn/qlwb/content/20120321/ArticelK02004FM.htm#12521-tsina-786302-67193-0e25d29717db9c46608c12e9990eee03，2018 年 12 月 4 日访问。

② 詹步强：高校后勤社会化改革主要模式的比较与优化，《高教探索》2011 第 5 期。

由于第三方主体的介入，高校后勤宿舍管理中原本的单项法律关系开始变得复杂化：一是主体多元化，在原先学校与学生之间加入了社会化企业；二是内容多元化，除了管理与被管理的行政关系外，高校与学生之间、高校与后勤管理公司之间还涉及平等的民事关系。因此，只有理清高校、学生和社会化企业三方的法律关系，分清各自的权利义务，才能真正实现依法治校、文明治校的目的，充分维护广大学生的合法权益。就目前我国高校的后勤社会化管理模式来看，大致分为以下三种。

1. **高校对后勤全权管理模式**。目前仍有部分学校沿袭着高校对后勤全权管理的运行模式，后勤工作人员由高校统一聘任与管理。此种模式的优点在于：一旦发生侵权事件，责任主体清晰明确，且后勤工作人员相对固定，身份背景明确、经验丰富、善于处理学生工作问题，值得信赖。但缺点在于，所有人员属于学校直接管理，用人成本较高。因高校以教学任务为重，易疏于对后勤人员管理，发生侵权事件后相关人员权责难以分清，部分后勤人员有时还会出现以公谋私的现象。

2. **校内企业模式**。当前高校后勤普遍存在的模式是将后勤管理从高校剥离，建立高校后勤企业，使其具备独立的法人资格，形成全新的经营机制和竞争机制，按照甲乙方管理模式运行和管理。高校在内部引进企业管理模式，形成校内模拟市场化运作方式。从严格意义上讲，校内企业管理模式是高校内部的管理模式，将原来高校内的后勤服务主体从学校分离后转为实体。在此种模式下，后勤服务实体资金主要还是来自高校投资；高校仍作为后勤资产出资人，履行必要的管理监督职能，后勤服务实体根据协议享有自主经营权。此种模式是为了便于新旧体制改革平稳过渡而进行的拟市场化运行机制的产物。

3. **社会化物业管理模式**。“社会化物业管理模式，是直接将高校后勤工作全权外包给社会化的物业管理公司，其人员招聘与管理均按照《公司法》的规定和要求。在这种模式下，高校仅作为后勤管理工作的监督人，行使监督职权。例如，高校的保洁工作承包给保洁公司，安保工作承包给安保公司。”① 这种模式的主要特点是学校与后勤管理物业公司处于平等地位，产权分离比较彻底，后勤管理物业公司自主经营、自负盈亏，后勤资产、人事、财务整体与学校相互独立。将高校后勤事务分门别类外包给专业的管理公司，分工明确，各部门各司其职，有利于降低学校的管理成本，在一定程度上也分散了高校的管理责任。但是这种管理模式也存在一些问题，以安保为例，工作人员流动性很大，学校每年都会有较大的人员变动，物业公司招聘安保人员没有相对严格的标准，工作人员的工作能力参差不齐，经常会和学生产生矛盾。除此之外，高校最基本的还是“教育育人”的功能，而社会化物业公司在管理过程中很容易忽视这一点，只保证在自己职责内不出现事故和失误即可，而缺少对学生的人文关怀和教育指导。

高校后勤化改革的原因除了顺应时代发展的积极因素，也有规避责任风险之嫌疑。上述三种模式均可见于我国高校后勤管理领域，社会化物业管理模式是其中主

---

① 详见刘建城：浅析高校后勤现状及社会化出路，《当代经济》2011 年第 9 期。

要模式。引入第三方主体参与后勤管理，一旦发生侵权事件，侵权责任主体将难以确定。高校全权管理模式与校内企业模式中后勤管理机构有着类似的法律地位，此二者在不同程度上受到高校行政管理职能的约束，当发生侵权行为侵害学生利益，学生向高校或者后勤集团请求维权时，由高校承担最终责任。但当高校实行的是社会化物业管理模式时，社会化物业管理公司并不隶属于高校，高校对其拥有的更多的仅是监督建议权，具体的管理事务由社会化物业公司行使，基于合同相对性原则，似乎并不能将侵权责任归于高校。但《侵权责任法》第三十七条明确规定了宾馆、商场、银行、车站、娱乐场所等公共场所的管理人或者群众性活动的组织者具有安全保障义务，未尽到安全保障义务、造成他人损害的，应当承担侵权责任。高校作为公共场所的管理人，在涉及学生日常衣食住行方面有着不可推卸的安全保障义务。虽然社会化物业管理模式分散了一部分高校的侵权责任，但基于安全保障义务的规定，高校也依然是校园侵权案件的共同担责主体。

（二）高校后勤管理侵权案所涉法律关系纵横交织

根据侵权责任法的基本原理，通常认为，侵权责任法的归责原则主要包括过错责任原则、无过错责任原则、公平责任原则。① 在高校后勤侵权事故中，若因高校作为或者不作为行为损害了学生的人身权或财产权，则高校与学生之间即构成了侵权法律关系，学生应当依据何种归责原则要求高校承担赔偿责任？“从现有司法实践来看，规范高校学生侵权事故中高校侵权责任的主要依据的是《民法通则》《侵权责任法》《高等教育法》等法律及相关司法解释。但除了《侵权责任法》第三十七条明确规定了宾馆、商场、银行、车站、娱乐场所等公共场所的管理人或者群众性活动的组织者具有安全保障义务，未尽到安全保障义务、造成他人损害的，应当承担侵权责任以外，其他法律法规仅对注意义务一般问题做出了笼统的规定，并未对高校学生侵权事故中高校负担注意义务的范围以及程度明确规定。对于学生伤害事故做出最明确规定的是2002年教育部出台的《学生伤害事故处理办法》，其适用对象是包括幼儿园、小学、中学及大学在内的学生伤害事故，对适用纷繁复杂的高校学生侵权事故的针对性不强。同时，因其仅是部门规章，法律位阶较低，仅能在司法审判中作为参考的依据。”② 厘清甲乙方管理模式中社会化企业与高校之间的法律关系，是高校承担责任的前提。社会化企业的介入，使得本就复杂的高校与学生之间的法律关系变得更加混乱。在这种情形下，关于社会化企业与高校之间的法律关系，主

---

① 过错责任原则可见《侵权责任法》第六条规定：“行为人因过错侵害他人民事权益，应当承担侵权责任。根据法律规定推定行为人有过错，行为人不能证明自己没有过错的，应当承担侵权责任。”无过错原则可见《侵权责任法》第七条规定：“行为人损害他人民事权益，不论行为人有无过错，法律规定应当承担侵权责任的，依照其规定。公平责任原则可见《侵权责任法》第二十四条规定：“受害人和行为人对损害的发生都没有过错的，可以根据实际情况，由双方分担损失。”

② 尤佳，蒋先立：从司法判例看学生伤害事故中高校的侵权责任，《齐齐哈尔大学学报（哲学社会科学版）》，2016年第7期。

要存在两种观点。

1. 高校与社会化企业之间是劳务派遣合同关系

劳务派遣是指劳务派遣公司与派遣员工（即劳动者）签订劳动合同，然后将派遣员工派遣到要派机构（实际用工单位），劳动者在要派机构实际从事劳动并获取劳动报酬，派遣公司从中获取一定劳务费的运作方式。在高校与社会化企业的劳务派遣关系中，高校作为用工单位，先是在社会上选定合适的劳务派遣公司，然后与该公司达成合意，双方订立劳务派遣协议，再由该公司与具体的劳动者签订劳动合同，将其派遣到高校后勤里从事相应工作。

劳务派遣是一种将用工与用人、劳动关系与劳务关系相分离的新型用工方式。这有利于弥补高校事业编制不足带来的人手缺乏的困境。因为高校用人自主权受到编制的严格制约，有限的事业编制使高校必须严把进口关，将事业编用于核心岗位。而高校后勤服务对象规模庞大，临时用工较多，且需要越来越多的比较专业的后勤服务人员，仅靠本单位的后勤人员已经难以提供优质高效的服务保障。而这些非核心岗位如保洁工、绿化工、保安、学生食堂的工作人员等，他们也是保障高校正常运转、保证学生正常学习和生活不可缺少的一部分。事业单位对人员实行岗位结构比例管理大大限制了工勤人员编制，以“不求所有、但求所用”为特征的劳务派遣制，尤其适用于因受编制限制的高校。因此这些替代性强的工勤岗位，通常采用劳务派遣的方式实现用工。这种用工方式具有简单、多变以及灵活的特点。现今，“双轨制”用工在高校普遍存在。这种用人单位用人、派遣机构管人的用人模式，使高校的人力资源部门从繁琐的事务性工作中解脱出来，有更多精力专注于单位的核心性、战略性的管理工作，提高了人力资源管理效益。

在此种法律关系下，当后勤管理与学生发生纠纷时，学生应当如何维护自身利益？根据《侵权责任法》第三十四条规定：用人单位的工作人员因执行工作任务造成他人损害的，由用人单位承担侵权责任。劳务派遣期间，被派遣的工作人员因执行工作任务造成他人损害的，由接受劳务派遣的用工单位承担侵权责任；劳务派遣单位有过错的，承担相应的补充责任。根据该规定，当高校后勤工作人员因执行工作任务侵犯学生权利时，其职务行为归属于高校，人员派出单位仅在有过错的情况下承担一定的补充责任。

2. 高校与社会化企业和学生之间是一种复代理关系

“委托代理理论是20世纪60年代末70年代初兴起的经济学理论，其实质是研究在委托人不得不对代理人的行为后果承担风险的前提下，委托人和代理人之间关系和相互作用的结果及其调整。”① 复代理是指，委托人先将委托事项委托给代理人，而代理人为被代理人的利益将其所享有的代理权转托他人而产生的代理。转委托代理经被代理人同意或者追认的，被代理人可以就代理事务直接指示转委托的第三人，代理人仅就第三人的选任以及对第三人的指示承担责任。在复代理理论下，高校后

---

① 赵蜀蓉，陈绍刚，王少卓：委托代理理论及其在行政管理中的应用研究述评，《中国行政管理》2014年第12期。

勤管理中存在三个参与主体——后勤服务的消费者（学生）、后勤服务的安排者（高校）以及公共服务的提供者（社会化企业）。学生是后勤服务的直接接受群体，学生将其选择后勤服务的权利及所需资源委托给高校经营。在此过程中，学生是后勤服务委托代理关系中的初始委托人，高校则是学生与学生所需服务的“中间代理人”。高校在后勤服务社会化委托代理链中具有双重身份：既是上一级（学生）的代理人，又是下一级（市场上的企业）的委托人。它既要反映学生需求，为实现公共利益不断提升后勤服务质量和效率，又要积极监督企业代理人的行动，对后勤服务的结果进行评估和监督。由此可见，在此过程中，高校的作用最为重要。当高校一旦决定“供给”某一项服务，首先要决定是自己提供还是让别人提供。鉴于高校人力、物力、财力有限，因此高校会选择后者，以公共利益的代表者以及学生在相关事项上的代理人身份与社会化企业签订委托代理协议，并由他们来提供后勤服务。

在此种法律关系下，当后勤管理部门与学生发生纠纷、侵害学生利益时，学生应如维护自身权益？根据《民法总则》第一百六十九条规定：“代理人需要转委托第三人代理的，应当取得被代理人的同意或者追认。转委托代理经被代理人同意或者追认的，被代理人可以就代理事务直接指示转委托的第三人，代理人仅就第三人的选任以及对第三人的指示承担责任。转委托代理未经被代理人同意或者追认的，代理人应当对转委托的第三人的行为承担责任，但在紧急情况下，代理人为了维护被代理人的利益需要转委托第三人代理的除外。”高校作为受托人，在选择后勤集团进行转委托时，通常不经委托人（学生）的同意而直接做出选择。因此，高校后勤部门侵害高校学生权利时，作为“中间代理人”的高校应当对此承担责任。

（三）高校后勤管理侵权与高校违约行为竞合时权利救济机制缺失

基于专题九的论述，高校与学生之间的教学管理关系属于行政协议关系。这种法律关系在后勤管理领域也不例外。高校与社会化企业之间无论劳务派遣合同关系还是复代理关系，当高校后勤管理侵权，即乙方侵权时，高校都有可能存在违约行为，需要承担法律责任。当高校后勤管理侵权与高校违约行为竞合时，学生权利应当如何救济，需要明确。

所谓违约行为，是指合同当事人由于过错不履行或不完全履行合同义务的违法行为。违约行为是以高校与学生合同的有效存在为前提的，无合同或者当事人订立的合同无效，则不能发生违约行为，违约行为侵犯的对象是因合同产生的债权。违约责任具有如下特点：第一，违约责任首先表现为一种财产责任。即合同债务人在不履行合同义务时，应当向债权人支付一定的金钱或者给付一定的财物。第二，违约责任具有补偿性，是由债务人弥补或填补违约行为所造成的后果。第三，违约行为具有相对性。就其本质来说，违约行为就是特定主体之间的赔偿请求关系。违约责任可以由合同当事人事先约定。在责任形式方面，违约责任除损害赔偿方式之外，还采用了支付违约金、修理重作、更换、定金制裁等责任形式。高校违约行为应当承担违约责任。高校作为教育活动的主体，理应信守合同，履行责任。

《中华人民共和国教育法》（以下简称《教育法》）第三十三条规定："学校及其他教育机构具备法人条件，自批准设立或登记注册之日起取得法人资格。"《中华人民共和国高等教育法》（以下简称《高等教育法》）第三十条规定："高等学校自批准设立之日起取得法人资格，高等学校的校长为高等学校的法定代表人。"《民法总则》将法人分为企业法人、机关、事业单位法人和社会团体法人。《教育法》第二十九条规定了高等学校享有招生、学籍管理、奖励处分以及颁发学业证书等权力。"这些权力都是具有单方意志的属性，属于行政权力或公共管理权力。高等学校实施对学生的教育，因其熟悉教学特点和环节，具有较高的社会公认的学术水平，能够很好地处理对学生学籍管理、学历和学位授予的行政事务，这也是行政授权产生的基础。"① 权力不等于权利，前者具有强制性、命令性和不可违抗性，是国家赋予高等学校的行政权力。虽然高校本身并不是严格意义上的行政主体，但是法律法规对高等学校进行了授权。在授权的范围内，高等学校作为法律法规授权的组织，有权行使教育行政管理职权。

所谓侵权行为，就是行为人由于过错侵害他人的财产和人身，依法应当承担民事责任的行为。具体来说，承担后勤管理服务的社会化企业的行为，侵害了学生的合法权益即财产权益和人身权益。侵权行为必须是行为人通过自己实施的作为或不作为的行为侵害了他人的合法权益。无实施的行为，或者只有行为而无损害结果，都不构成侵权行为。侵权行为具有如下特征：第一，侵权行为是侵害他人合法权益的行为。第二，侵权行为的侵害对象是财产权和人身权等绝对权利。第三，侵权行为是行为人基于过错而实施的行为。第四，侵权行为是承担侵权民事责任的根据。承担后勤管理服务的社会化企业作为直接面向高校学生的服务者与管理者，应当对其管理中侵犯学生权利的行为承担相应的侵权责任。此时，高校对学生构成违约，管理服务企业对学生构成侵权，出现法律上侵权责任与违约责任的竞合，双方有可能出现相互推诿现象，使得学生权利救济机制缺失。

三、规制高校后勤侵权现象的对策与建议

（一）高校后勤管理中侵权责任主体之我见

正确界定高校与社会化企业之间的关系、明确责任承担主体是解决纠纷的前提。笔者认为，将高校、社会化企业、学生之间的关系理解为一种复代理关系更为妥当。高校与社会化企业原本没有联系，一个是事业法人，一个是企业法人。为了现实的需要，两者联合起来参与到学生工作的建设和管理中，从而形成了平等的民事法律关系。这种模式一方面减轻了高校的经济压力和人员负担，一方面为社会化企业提供了稳定的获利途径，实现双赢的局面。学生入住宿舍后，由相

---

① 张阳勇：高校与大学生法律关系探析，《思想政治教育研究》2010年第5期。

应的物业管理公司对学生进行各方面的管理，例如督促就寝、检查宿舍卫生、评比文明宿舍等。但是所有管理规定都是物业公司根据高校的管理要求实行的，在整个管理过程中物业公司代表的都是高校的意志，做出的处罚决定也都归属于高校的行为，因此高校与社会化企业之间形成的是转委托代理关系。如前文所述，此种代理关系中学生是后勤服务委托代理关系中的初始委托人，高校则是学生与学生所需服务的“中间代理人”。《民法总则》规定：“代理人需要转委托第三人代理的，应当取得被代理人的同意或者追认。转委托代理经被代理人同意或者追认的，被代理人可以就代理事务直接指示转委托的第三人，代理人仅就第三人的选任以及对第三人的指示承担责任。转委托代理未经被代理人同意或者追认的，代理人应当对转委托的第三人的行为承担责任，但是在紧急情况下代理人为了维护被代理人的利益需要转委托第三人代理的除外。”通常来说，高校选择后勤管理的社会化企业时，是以维护学生利益为目的的，因这项选任权具有行政权力的性质，故高校转委托之前并未取得学生同意。因此，高校作为中间代理人应当对被代理人（学生）被侵权事实承担法律责任。

（二）理顺高校后勤管理侵权案所涉法律关系

通过前文分析，笔者认为，在高校后勤社会化的过程中，发生后勤侵权行为，高校应当承担相应的法律责任。侵权人以自己的行为或物件致他人受损害后，就应依据一定的根据使其负责，这就是通常所说的归责。我国学者王利明认为：“归责，是指在行为人因行为和物件致他人损害的事实发生后，应依何种根据使之负责，此种根据体现了法律的价值判断，即法律应以行为人的过错还是应以已发生的损害结果为价值判断标准，抑或以公平作为价值判断标准，而使行为人承担侵权责任。”①简言之，归责是指责任的归属，即应由谁承担责任。高校后勤管理中的学生伤害事故，是指在高校实施的教育教学活动中以及在高校负有管理责任的场地、校舍、其他生活设施、教育教学设施内发生的，造成在校学生人身损害后果的事故。对于高校学生伤害事故的处理，法律有关的规定很少。明确的规定目前也只限于教育部规章《学生伤害事故处理办法》第八条的规定：“学生伤害事故的责任，应当根据相关当事人的行为与损害后果之间的因果关系依法确定。因学校、学生或者其他相关当事人的过错造成的学生伤害事故，相关当事人应当根据其行为过错程度的比例及其与损害后果之间的因果关系承担相应的责任。当事人的行为是损害后果发生的主要原因，应当承担主要责任。当事人的行为是损害后果发生的非主要原因，承担相应的责任。”在认定学校学生伤害事故责任上，《学生伤害事故处理办法》与《侵权责任法》都明确了过错责任原则的归责原则。由于高校学生不属于无民事行为能力人，后勤管理学生伤害事故原因具有复杂性与多样性，因此高校后勤侵犯学生权利的规制不能完全依据上述规定，即高校承担的也不仅仅是过错责任。民事责任在某些情

---

①　王利明:《侵权行为法归责原则研究》，中国政法大学出版社2004年版，194页。

况下并不以有过错为前提条件，比如无过错责任、公平责任的承担。笔者认为，为规范高校后勤服务，保障高校学生的合法权益，对于高校学生伤害事故民事责任的认定，在遵循一般过错责任原则的基础上兼顾公平责任原则。

由《民法总则》可见，一方面高等学校是民法意义中的事业单位，在民事活动中依法享有民事权利，承担民事责任。另一方面，它又是法律法规授权下的可以行使特定行政权的行政组织。因此，高等学校具有公私两重法律地位。基于教育法律规定，高校具有行政主体资格。虽仅限于学位管理等方面，但是在对学生进行其他事项管理时，也具有浓厚的行政权力色彩。前述专题已经论述，高校与学生之间存在行政协议关系。这是一种以行政权力为主导，又包含一定意思自治因素的协议关系。根据《中华人民共和国行政诉讼法》规定："当公民、法人或者其他组织认为行政机关的行为侵犯其人身权、财产权等合法权益时，可以依法提起行政诉讼。"具体到后勤管理领域：学生应服从于高校选择的后勤集团的决定，学生享有接受高校提供的公共服务的权利，同时承担缴纳费用的义务；高校享有收取相关费用的权利，同时承担为学生提供良好的公共服务的义务。高校与学生之间存在以后勤管理为内容的行政协议，如果高校未尽到保护义务，构成违约，学生可以通过提起行政诉讼的方式，要求高校承担违约责任。若发生高校对学生构成违约、管理服务企业对学生构成侵权的责任竞合的情形，高校学生可依据自己的诉求择一主张，由高校承担最终责任。

（三）完善高校后勤管理侵权的权利救济机制

为解决高校后勤管理侵权纠纷，维护高校学生的合法权益，笔者认为，应建立高校安全管理领导责任制和责任追究制，建立健全相关代理人的选择、激励和监督约束机制，以有效规避后勤社会化带来的矛盾与风险。

1. 建立健全高校学生侵权事件救济机制法律法规

健全和完善高校学生侵权事件救济机制的法律法规，做到学生维权有法可依。目前，我国已建立起以《教育法》《高等教育法》《学位条例》《教师法》《义务教育法》《职业教育法》等基本法律为主体，并辅之教育行政法规、地方性教育法规和教育规章的教育法律体系。当前法律规范更多地调整中小学生人身伤害事故以及传统的高校侵权事故争议，缺少对高校后勤社会化管理模式下侵权事故救济方式的规制。当前高校学生侵权事故处理的规范以部委规章为主，位阶较低、未明确高校学生侵权事故的责任性质与归责原则。因此，应健全和高校学生伤害事故的法律法规，使高校后勤学生伤害事故的纠纷处理有法可依。

对此，笔者建议为提升其法律位阶，"我国可制定如《高校校园法》或《高校安全法》等法律法规，辅之以推动各省制定细化的地方性法规的办法。当前，上海、北京、杭州、辽宁等省已就该方法进行试点，为其他省市制定地方性法规提供了参考。各地还可以筹备组建一支由省市教育行政管理部门、区县教育行政部门、学校校长、青少年保护组织、保险公司、法律专家等方面代表组成的‘校方责任险专家咨询小组’，以便在对各种学生伤害事故，尤其是重大疑难案例处理中产生的冲突时，可以发挥政策研讨以及理赔咨询的作用，对有关保险执行程序及操作方案能更加完善与细化”①。

2. 建立高校安全管理追责制度

建立高校安全管理领导责任制和责任追究制，是规避高校后勤管理法律风险的中心环节。事实表明，许多高校后勤管理中的学生伤害事故正是由安全工作责任不明确、职责划分不清楚甚至互相推诿造成。因此，高校及高校后勤管理者应牢固树立安全责任意识，贯彻《关于特大安全事故行政责任追究的规定》的精神。首先，建立层层负责的安全管理领导责任制，并制定相应的奖惩制度和责任追究制度。各高校的书记和校长是防范重特大安全事故管理工作的第一责任人，对本校的安全管理工作负总责；分管后勤各项工作的负责人，对其分管职责权限内的安全承担相应的责任。各高校后勤要层层建立责任制，把安全管理工作落实到相关处室及科室，落实到个人。其次，完善事故处理责任制。尽管高校加强了安全防范意识，采取了安全防范措施，但一些突发性的意外事故仍防不胜防。因此，高校及后勤管理者在加强防范管理的同时，还应该完善事故处理责任制，建立一定的事故处理机制。如成立由高校后勤、学生工作部门等相关单位负责人组成的学生事故处理领导小组等，加强和完善安全工作通报制度以及事故上报制度，以确保发生突发事故时能够及时有效地处理，避免事态的进一步扩大，尽量减少各种损失。

3. 健全对后勤服务相关代理人的选择机制

后勤服务的实质就是用竞争代替垄断，因此，必须有一个竞争性的环境，给委托人（学生）以充分选择权。对委托人来说，首先应建立科学的代理人选择机制，为各类市场主体提供平等的参与机会，从而实现更充分的市场竞争，为学生提供更优的选择。其次，要加强高校的合同治理能力。高校在和社会化企业签订合同时，要尽力确保合同内容完备、权责明晰。

4. 完善高校学生校园侵权责任保险制度

一旦发生学生侵权事故，高校往往会因事故责任及赔偿等问题与学生或家长发生纠纷。为有效缓解高校与受害方之间的矛盾，可借鉴保险制度来分散高校风险的做法。国外一些发达国家推行赔偿责任的社会化，建立学校责任保险制度。德国将学校事故纳入法律规定之内，大中小学以及幼儿园发生后勤事故都纳入保险之列。一旦学生发生人身伤害，即可得到国家和社会的保护及帮助。从 2001 年起，上海市在全国率先为中小学生伤害事故立法，随后还推出了相应的校方责任险。这为全国其他地区的立法做了试点工作。此后，各地纷纷推行校方责任险。但是，高校至今没有完全纳入校方责任保险机制。重庆市教委印发了《校方责任保险实施办法试行》，规定重庆市范围内的国家或社会力量举办的全日制中小学、各类中等职业学

① 杨娟：高等学校后勤管理中法律风险的规避研究，西安工业大学硕士学位论文，2010 年。

校、高等学校可作为校方责任险的保障对象，各校按在册学生数统一向保险公司投保。北京保监局正推动有关保险公司和经纪公司加强对高等院校的风险研究，逐步将高校纳入校方责任保险制度体系，进一步扩大保险保障范围。因此，高校校方责任保险制度的推行势在必行。

专题十二　论全日制法律硕士（非法学）课程设置的科学与合规性①

——以 F 学院课程设置为研究对象

谌瑜

专题概要：2017 年以来，我国法律硕士招生制度改革拉开序幕，国家及各培养单位纷纷开始修订法律硕士培养方案。“课程设置”关乎教与学的目的，关乎教师与学生的切身利益，是法律硕士培养方案的核心内容。全日制法律硕士（非法学）课程设置时，应依据教育部和市教委相关文件规定，遵循专业教育的基本规律，并进行充分的科学论证，避免出现课程设置结构缺陷、法律实践课设置不科学、“各院校自主设置的课程”设置失衡等问题。全日制法律硕士（非法学）课程设置首先应保证体现法学专业核心价值的课程；其次应注意协调“法学专业核心课”“专业基础课”与“各院校自主设置的课”“实践课”之间的关系与权重；最后应确保“法学专业核心课”“法学基础课”为全日制法律硕士（非法学）的通修课。

关键词：全日制法律硕士；课程设置；专业教育；一级学科；核心课。

“课程设置”关系教与学的目的，关乎教师与学生的切身利益，更与国家教育改革和发展直接关联。为贯彻落实党的十八大和十八届三中全会精神以及《国家中长期教育改革和发展规划纲要（2010~2020）》《教育部国家发展改革委财政部关于深化研究生教育改革的意见》（教研〔2013〕1 号）文件精神，我国法律硕士招生制度改革终于在 2017 年正式拉开序幕。社会尤为关注的是其改“在职法律硕士”为“非全日制法律硕士”；改“在职法律硕士”单独招生、独立培养为全日制和非全日制法律硕士实行统一入学考试、统一培养。如此种种，2017 年入学的法律硕士将成为此轮法律硕士研究生培养制度改革的首批学员。

制定一个科学、合理的法律硕士培养方案，既是应《教育部关于改进和加强研究生课程建设的意见》（教研［2014］5 号）文件的要求，即“走内涵式发展道路，提高研究生教育质量，加强学位与研究生教育质量保证和监督体系建设”；又是法律职业人才培养的内在要求。“课程设置”作为法律硕士培养方案的核心内容，是法律职业人才培养最集中的体现，关系到未来我国法律职业人的法律职业素养与能力。因此，国家及各培养单位都在紧锣密鼓地修订法律硕士培养方案，尤其是其中的课

① 本文原载《湖北警官学院学报》2017 年第 3 期。

程设置。

为此，以F学院全日制法律硕士（非法学）课程设置为例，依据全国法律硕士专业学位教育指导委员会现行的《法律硕士专业学位研究生指导性培养方案》（含四类）①，通过实例研究及对其课程设置上的不科学、不合规之处进行分析和阐释，笔者认为，法律职业人才培养应遵循法科教育的基本规律，尤其是本科为非法学专业的全日制法律硕士。无论学生所选具体是哪种二级专业方向，在全日制法律硕士（非法学）“课程设置”上，首先应保证体现法学专业核心价值的课程；其次应注意协调“法学专业核心课”“专业基础课”与“各院校自主设置的（特色）课”“实践课程”之间的关系与权重；最后应确保“法学专业核心课”“法学专业基础课”为全日制法律硕士的通修课。

一、F学院全日制法律硕士（非法学）课程设置的改革现状

2012年7月，F学院对全日制法律硕士（非法学）课程设置进行改革。其主要内容如下：“根据教育部和S市教委对全日制法律硕士培养改革的精神，专业型硕士培养应结合行业的特点，与学术型硕士培养相区分。本校作为此次培养改革的试点单位，着手此次培养方案改革。”

F学院根据社会对人才、行业的不同需求及其学院的学科特色，将法律硕士分为六个培养方向：（一）知识产权法方向；（二）纠纷解决方向；（三）国际商事法律方向；（四）公司与金融法方向；（五）刑事司法方向；（六）政府法制方向。

课程设置（结构）区分为：（一）专业必修课；（二）方向限定选修课；（三）公共选修课；（四）实践必修课。最低修满105学分（不含学位论文），并满足各专业培养方向的特殊要求。

具体课程学分如下：

（一）必修课：42学分（其中专业必修课10门课程，共33学分）。

（二）方向限定选修课：选择六个方向之一后，必修该方向的所有7门课程（21学分）。“分六个方向，每个方向分别设置7门课程。每个方向的7门课程是该方向的核心课程，选择该方向的学生必须研修该方向的所有7门课程。”2014年将每个方向分别设置7门课程修改为5门课程，将每个方向限定选修21学分修改为20学分。其中公司金融法务方向的7门课程为：公司法理论与实务、货币银行法理论与实务、证券法理论与实务、劳动法理论与实务、保险法律理论与实务、信托法律理论与实务、破产重整法律与实务。2014年将公司金融法务方向的7门课程调整为5门课程：公司法理论与实务、货币银行法理论与实务、证券法理论与实务、劳动法理论与实务、保险法律理论与实务。国际商事方向的7门课程为：国际经济法总论、国际贸

① 目前四个相关培养方案中，针对全日制法律硕士的有二类：《全日制法律硕士专业学位研究生指导性培养方案》(2008)（适用于非法学专业毕业生）和《全日制法律硕士专业学位研究生指导性培养方案》(2009)（适用于法学专业毕业生）。针对在职攻读法律硕士的有二类：《在职攻读法律硕士专业学位研究生指导性培养方案》(2009)和《在职攻读法律硕士专业学位知识产权方向班研究生培养方案》(2009)。

易法律与实务、国际投资法律与实务、国际私法学理论与实务、国际货物运输与保险法、WTO 法律制度、国际商事仲裁法律理论与实务。2014 年将国际商事方向的 7 门课程调整为 5 门课程：国际经济法总论、WTO 与国际贸易法律与实务、国际投资法律与实务、国际货物运输与保险法、国际商事仲裁法律理论与实务。

（三）公共选修课：设 14 门课程至少选修 3 门课程（9 学分）。在开设的 14 门（2014 年调整为 18 门）公共选修课中，学生至少选修 9 学分（3 门课程），选修人数不足 10 人不开课。该类课程是“学院自主设立、为所有方向研究生选修的课程”“目的是为了进一步扩大学生知识面，以及增强其对实践能力的训练”。14 门公共选修课分别是：公司财务、税法、知识产权法、物权法、合同法学、侵权行为法、亲属法、电子商务法、法律方法、环境资源法、外国法制史、竞争法、法律职业伦理、法经济学。2014 年公共选修课由 14 门课程调整为 18 门课程：税法、知识产权法、物权法、合同法学、侵权行为法、法律方法、环境资源法、法律职业伦理、法经济学、外国法制史、竞争法、信托法律理论与实务、刑事侦查、判例刑法研究、知识产权行政管理、国际私法学理论与实务、破产重整法律与实务、娱乐法。

（四）必修实践课：8 门法律实践课（33 学分）。全国法律硕士专业学位教育指导委员会《法律硕士专业学位研究生指导性培养方案》要求开设四门法律实践课：1. 法律文书课（3 学分）；2. 模拟法庭训练（4 学分）；3. 法律谈判课（2 学分）；4. 法律实践课（3 学分）。在此四门法律实践课程之外，F 学院另开设审判实务、检察实务、律师实务、知识产权代理与诉讼文书等五门实务特色课程，并请公检法实际部门工作人员担任课程的日常教学。

F 学院课程设置改革在程序上也作了创新。创新一：如果 A、B 两位任课教师都主张开设自己所承担的课程，则由 A、B 两任课教师“摸阄”决定。若 A 方拒绝“摸阄”，B 方可以通过“自摸”决定开设自己想开设的课程。创新二：上述情况下，A、B 两任课教师也可以“VS”，由学生选课决定应开设 A 课或 B 课。创新三：2014 年课程设置改革者欲将 2012 年改革时放置在“国际商事方向限定选修课”中的“国际私法”课剔除，遭教师反对，其后将“国际私法”课与“海商法”课交给“教授委员会”“匿名投票”，决定将其中一门课放置在“3/18 任意选修课”中，最终如愿把“国际私法”课放置到“3/18 任意选修课”中。如此一来，严苛的选课条件加之招生人数的递减，“国际私法”课至今没有开设过。创新四：学生在 18 门公共选修课中选修 3 门课程，但选修人数不足 10 人不开课。为防止学生所选课程分散与学院拟开设课程不一致，教务秘书“指引”选课，该指引对最终开设的课程产生了重要影响。

笔者认为，F 学院课程设置改革方案将教育部规定的部分高校法学专业教育核心课程移位或变相删除；课程设置改革方案确定之前，F 学院未与多年承担该课程教学任务的教师协商。如此种种，有违高校法律专业教育的科学性，也欠缺合理性。

二、F 学院全日制法律硕士（非法学）课程设置的依据

既然本次改革“课程设置”的根据是“教育部、市教委有关对全日制法律硕士培养改革的精神”，我们不妨先对该“根据”探究一下。因教育部和市教委对全日制法律硕士培养的精神基本一致，这里就着重解读教育部的有关规定。

目前，教育部全国法律硕士专业学位教育指导委员会组织专家制定的《法律硕士专业学位研究生指导性培养方案》有四类，分别适用于不同类型的法律硕士培养对象。本文讨论的是 F 学院全日制法律硕士（非法学）的课程设置，因而其依据是教育部全国法律硕士专业学位教育指导委员会组织专家制定的《全日制法律硕士专业学位研究生指导性培养方案》（适用于非法学专业毕业生）（以下简称《培养方案》）。

笔者认为，F 学院的此课程设置与“专业学位研究生应按法学一级学科设置课程结构”的教育部规定颇有出入。

就课程设置的“结构”而言，《培养方案》明确指出，全日制法律硕士（非法学）的课程应“按法学一级学科为主设置”“课程设置与课程内容均有别于法学硕士的课程”。何谓“按法学一级学科为主设置”？意即不是按法学二级学科来设置课程，不能按民商专业或知识产权专业等这些法学二级学科来设置课程，同时也不同于法学硕士的课程设置。

作为一级学科的法学，教育部高校法学学科教学指导委员会所定法学学科的 16 门核心课①，应是法学专业学习的核心。虽然其针对的是高校本科法学教育，但本文讨论的全日制法律硕士学生为本科阶段非法学专业的学生，初步接受正规法学专业教育，法学专业 16 门核心课理应为其必修。以“国际私法”课为例，2012 年，F 学院全日制法律硕士（非法学）的课程设置中，将高校法学专业 16 门核心课程之一的“国际私法”课设定为六方向之一（国际商事方向）的 7 门必修课程之一。那么，选择其他五个方向的学生便不能参加此课程的学习。导致该现象的原因在于，F 学院把原为法学一级学科的专业基础课变为了法学二级学科（国际商事方向）的专业基础课。而 2014 年 F 学院调整该课程设置改革方案时又将“国际私法”课放在“18 门课选 3 门课”的公共选修课中，等于把法学一级学科的核心课归入到法学三级学科的兴趣（特色）课中，最终导致“国际私法”课“名存实亡”。这完全背离了教育部对全日制法律硕士培养改革的精神。类似的还有，知识产权法、劳动法等均为法学

① 高校法学学科 14 门核心课程为：法理学、宪法、中国法制史、刑法、民法、商法、知识产权法、经济法、刑事诉讼法、民事诉讼法、行政法与行政诉讼法、国际法、国际私法、国际经济法。参见教育部高等教育司：《全国高等学校法学专业核心课程教学基本要求》，高等教育出版社，1998 年 11 月第 1 版。2007 年 3 月 11 日，教育部高校法学学科教学指导委员会在中国人民大学法学院 815 会议室举行了全体委员会议。会上通过了将法学学科核心课程由 14 门调整为 16 门。新增两门为：环境法与资源保护法、劳动法与社会保障法。参见教育部高等教育司：《普通高等学校本科专业目录和专业介绍（2012 年）》，其中关于法学专业核心课程也由 14 门调整为 16 门。

一级学科的核心课，却被更改为法学三级学科的兴趣（特色）课。

从法学学科教育的基本规律来讲，国际私法作为调整涉外民商事关系的一个基本法，不学国际私法就学国际商法，犹如不学民法就学商法，违背了“先民后商”的法学教育基本规律；不修国际私法反将其特别法——商事法变成了必修课，实为本末倒置；而后又剔除国际私法课，如同剔除民法课一样。这样培养出来的“法学专业”的学生犹如无源之水、空中楼阁。

就实际意义而言，随着国际民商事交往的频繁，《国际私法》作为调整涉外（国际）民商事关系的一般法，就如同涉外民法通则，越来越具有现实意义，我国2010年10月颁布的《涉外民事关系法律适用法》便是因应客观现实需要的产物。

再进一步来看，剔除了法学专业核心课程，法学核心价值观如何形成？教育部法律硕士专业学位教育的指导思想——“尊重法律教育的基本规律”如何落实？这显然不利于学生法学知识结构的完整，也与我们要求学生“较全面地掌握基本的法律知识与法学知识、较熟练地运用法律术语……”的教学培养目标不吻合。无论是教育部还是市教委，对全日制法律硕士培养改革的基本精神是一致的，就是既重视“专业教育”，又重视“职业教育”；不能因为强调“职业教育”（设置六个方向）而忽视甚至违背法学专业教育的基本规律，将法学一级学科的专业基础课变为法学二级学科的一门专业基础课程或者18门课选3门课的兴趣（特色）课，这实为变相剔除掉法学专业核心课程。

另外，国际私法、劳动法、知识产权法等16门法学专业核心课也是司法考试的重要内容，法律硕士学生入学后的第一件大事就是参加司法考试。每年司法考试前的学生到课率之低都令人咂舌。课程设置脱离司法考试就等于脱离实际、与法律职业脱轨，也加剧了学生旷课的发生。“法律人的职业技能与素养”也要求“掌握法学基本原理”“具备法律职业所要求的法律知识、法律术语、思维习惯、法律方法和职业技术”。而这后面的五个方面都来自法学基本原理的学习，它们与法学院JM教育以及法学原理教学存在逻辑关系。

三、F学院全日制法律硕士（非法学）课程设置的问题

（一）结构缺陷

《培养方案》的课程设置中，课程结构分为四大模块，每个模块都对课程的设置原则和要点作了规定。

F学院全日制法律硕士（非法学）的课程结构（2012年版）最突出的缺陷是拿掉了教育部课程设置四大模块之第二模块，缺失指定8门课选6门课的课程。这显然不利于“非法学法律硕士”学生法学知识结构的完整，也不符合《培养方案》“尊重法律教育的基本规律”的指导思想与基本原则。缺失此指定8门课选6门课的课程，也使该课程设置既不科学又不合规。

《培养方案》中的课程结构之第二模块——“推荐选修课”，即在指定 8 门课程中选 6 门课程（17 学分选 13 学分），实际是约 80%的必修。因此，从教育部角度来讲，其为推荐选修课，但从研究生培养单位和学生角度来讲，则应将其视为必修课。该板块的 8 门课程是为完善法律硕士（非法学）法律知识结构而设置，体现了《培养方案》的指导思想与基本原则，即“尊重法律教育的基本规律”。而在高校传统法学专业教育的六门专业必修课中加入“法律职业伦理”和“法律方法”两门课，则是为体现职业教育的特点。

取而代之的是，F 学院的课程结构之第二模块——“方向限定选修课”。其中规定：“每个方向分别设置 7 门课程。每个方向的 7 门课程是该方向的核心课程，选择该方向的学生必须研修该方向的所有 7 门课程（共计 21 学分）。”2014 年，F 学院将该 7 门课调整为 5 门课，共 20 学分。就其性质而言，它应属法学一级学科下的二级学科课程（也可谓方向课），其所设课程均为必修课。该做法的欠科学之处在于，将部分法学一级学科的专业必修课变为了法学二级学科的方向必修课。比如：“劳动法”课、“知识产权法”课、“国际私法”课等，它们应是六个方向都必修的课而非一个方向的必修课。撇开法学专业教育规律与合规性，就从实用角度来讲，不论学生将来从事何专业，像“劳动法”课、“知识产权法”课、“国际私法”课等课程所含法律知识都是法学专业学生必备的。

F 学院课程结构之第三模块——“公共选修课”，设 14 门课程至少选修 3 门课程（2014 年调整为 18 门选 3 门课程），共计 9 学分，选修人数不足 10 人不开课。从法学专业教育角度来看，这 18 门“公共选修课”就是个“大杂烩”。它把法学一级专业基础课、二级专业基础课、三级方向性选修课乃至兴趣课（如国际私法、税法、法经济学、娱乐法）等不同属性的课程统统作为“公共选修课”。

该 18 门“公共选修课”因“18 门课至少选修 3 门课程”和“选修人数不足 10 人不开课”等规定，加之每届学生人数递减的现实导致两个方面的不良后果：一方面，10 多门课程实际上“形同虚设”。学生必须按教学管理人员的“指引”选课，否则不能成功选课。学生只能“给什么吃什么”，学生的“自主选择权”名存实亡；教师则“时刻待命、永远备课、准备开课”，却终因开课概率低的课程设置缺陷而无法开课；诸多任课教师投入大量时间、精力去备课、做 ppt 却又付诸东流，这对学生和教师都造成了时间、精力的浪费。另一方面，它还会助长“歪风邪气”。学生为了顺利修得学分和心仪课程、以免承担无法开课的风险、节约选课的时间成本，往往会被迫按照教学管理人员的“指引”选课；教师若不与教学管理人员搞好关系，其教授的课程便可能不会被教学管理人员推荐，这便会滋生高校内部的行政腐败。若无“良好”的关系，老师没课上就没有教学工作分；没有“教分”，年终考核就不合格；考核不合格就得被迫“下岗”。所以，“恶法”之下只有“恶民”。

（二）8 门法律实践课（33 学分）的设置值得商榷

《培养方案》中课程结构之第四模块——“实践必修环节”设 12 个学分，大约占总学分比例的1/6。而F学院的“实践必修环节”设33个学分，总学分为105学分，大约占总学分比例的1/3。这不仅不科学，还增加了学生的负担。

《培养方案》考虑到全日制JM学生没有法律专业教育背景，也没有法律职业实务背景，所以需要进行相应的实务课程性质的必修环节。其中规定，实践必修环节设12个学分，包括了四个方面：1. 法律文书课（3学分）；2. 模拟法庭训练（4学分）；3. 法律谈判课（2学分）；4. 法律实践课（3学分）。如此规定，就是为了限制“无度”。

F学院全日制法律硕士（非法学）的课程设置在教育部已增加的12学分“实践必修环节”基础上又额外增加五门“实务性质课程”，即审判实务、检察实务、律师实务、知识产权代理与诉讼文书。换言之，F学院共开设8门法律实践课，共33学分，大约占总学分比例的1/3，突破了教育部关于“实践必修环节”的规定。F学院这五门实务特色课程因是必修课，不但增加了学生负担，而且挤占了学生法学专业知识学习的总课时，致使本该开设的课程（如“国际私法”课）无课时供开课。专职教师无课上就等于无工作，这样的“下岗”实属不良制度所为。

这一“创新”导致两种不良后果：一是，专职教师无课上，造成师资的浪费，而高额报酬聘请公检法实务部门工作人员承担上述“实务特色课”的教学工作，又增加了教学的资金投入；二是，公检法实务部门工作人员很难像专职教师一样每周按时从事日常教学，难以保证教学质量。而更为重要的是，“实践”不是在课堂里实践，而是应去“社会”、去“大自然”中“实践”。所谓“重实践”，也不是开一门“实践”课就了事，不然把民法课、刑法课改为“民法实践”课、“刑法实践”课，难道就是注重实践的表现吗？相反，“重实践”应是贯穿在“专业教育”与“职业教育”的过程中，如对灌输式理论教育的教学方式方法的改变。因此，笔者认为，此五门课程的设置缺乏科学性、合理性，理应删除。

（三）对“各院校自主设置的课”设置失衡

在《培养方案》中，第四模块“实践必修环节”作了上限和下限规定，因而各院校只能在一定限度内体现自主性，而一、二模块是法学作为一级学科法律硕士（非法学）学生应修的核心课与法学专业基础课，显然不包括“各院校自主设置的课”。由此可见，课程结构四大模块中允许“各院校自主设置的课”只能体现在第三模块。

《培养方案》课程设置的第三模块中课程属性部分明确指出：“增加各院校自主设置的自选课，共8学分。各试点院校可以充分根据自身的学科优势设置课程。”但F学院将这块共8学分的院校自主设置的课程无限扩充，拿掉教育部第二模块“8门课选6门课”的法学专业基础课，填充以“六方向选一”必修课。笔者在上文已有说明，教育部该“8门课选6门课”的设置从法学专业教育规律、法律实际需要、法律职业特点看均有必要，F学院未经任何论证就将该模块整个拿掉，有违科学性，也与其改革“依据”相背离。笔者认为，不能因为要“重视”“职业教育”就必须舍弃“专业教育”，二者并不是矛盾对立的。

四、F学院全日制法律硕士（非法学）课程设置的不足与改进

对比《培养方案》中课程设置的结构，2012年F学院全日制法律硕士（非法学）的课程结构除第一模块与教育部一致外，后三模块完全颠覆了《培养方案》的课程设置结构，偏离了《培养方案》中的指导思想和基本原则，违背了法律教育的基本规律。无限扩充“各院校自主设置”课程和实践必修课的后果是，学生课负过重。F学院全日制法律硕士（非法学）的课程设置四大模块中，三块脱离了教育部相关规定。

设置课程结构时拿掉一个模块的法学专业基础课应有依据并进行论证，剔除一门课程，尤其是法学专业核心课，也应有充分依据和科学论证。“修订”或“改革”的依据，应是国家的相关规定。无端剔除一门课，不但会误人子弟，也是对教师多年承担该门课程的教学所积累的资源的浪费，是对教师的严重不负责任，更是对国家教育资源和财富的浪费。上课是教师的本职工作，也是教师的“饭碗”。以改革之名无故将“课程”移走，无异于敲教师的饭碗，变相输送利益于他处。“课程设置”的修订关系到每位教师的切身利益，尤其是课程教学任务的承担人。一门课程运行多年，自有其存在的合理性和价值，没有明确的依据，没有充分、科学的论证和合理的理由，采用“摸阄”“VS”“无记名投票”这类奇葩方式就可以把一门运行多年的法学专业核心课剔除，实为法学教育的悲哀。

此外，程序公正也是教学改革内容合理合规的重要保障，违背程序必然会破坏规范。从程序上讲，应将“修订”或“改革”的原因及依据广而告之，并将其与拟定的课程设置草案发给任课老师，允许任课教师自由表达意见，经过上下反复讨论、多次修改再修改，最终敲定教学改革方案。

笔者认为，任何改革，无论是“培养方案”的“修订”还是“课程设置”的“改革”，都应本着慎重、客观、科学的工作态度，其内容应科学、合理、合规，程序也应公开透明、公平公正。同时，课程改革方案应经得起讨论、质疑和推敲，以保证它的公正性、科学性及合规性。无论是法学硕士还是法律硕士的教育都应遵循“专业教育的基本规律”，理顺“专业教育”与“职业教育”的关系，不能本末倒置。“重特色”不等于舍本求末；“重实践”不是轻理论，更不是把法学专业核心课都剔除。“法律职业”是一高门槛行业，法学专业核心课作为我国司法考试的重要内容，不经系统学习便不能通过司法考试；未通过司法考试便不得进入“法律职业”。课程设置是人才培养目标的最集中的体现，全日制法律硕士（非法学）课程设置的科学性与合理性直接关系到高校培养的法律职业人的素质，而掌握法学专业的核心价值是对每一法律职业人的基本要求。

综上所述，针对全日制法律硕士（非法学）课程设置，笔者推荐如下“模板”

供参考。

（一）专业核心课（16门）：法理学、宪法、中国法制史、刑法、民法、商法、知识产权法、经济法、刑事诉讼法、民事诉讼法、行政法与行政诉讼法、国际法、国际私法、国际经济法、环境法与资源保护法、劳动法与社会保障法。

（二）专业基础课与实践必修课：外国法律史、法律职业伦理、法律方法、公司法、金融法、物权法、合同法学、侵权行为法、法律文书课、模拟法庭训练、法律谈判课、法律实践课等。

（三）选修课：（各院校自主设置的专业特色课程）应结合培养单位的办学定位、办学条件以及优化学科专业结构进行设置。可设置以下三类选修课：（1）专业方向选修课。如本文实例所设六个专业方向，学生可以任选其中一个或两个专业方向；每一方向设若干课程供学生选课，但应限定选修，如5门课选3门课或6门课选4门课等，可视开课总课时而定。（2）专业公共选修课（充分展示办学单位专业特色）。如税法、法经济学、竞争法、信托法、刑事侦查、判例刑法研究、知识产权行政管理、破产法、娱乐法等。（3）法律实务选修课（充分体现本办学单位重实践的教学特色）。如审判实务、检察实务、律师实务、知识产权代理与诉讼文书等实务特色课程。

后　记

我学习、讲授和研究劳动法学、涉外民商法学近四十年。正值我国政治、经济体制改革深化和经济转轨时期，有幸主持2014年度教育部人文社会科学研究一般项目“现代高校建设中的人事体制改革法律问题研究”。现以本书画上圆满句号，很是欣慰。

高校也是一个社会，所涉面广且复杂。在高校这个社会里，可能发生多种关系，有民事的、行政的，甚至有可能是刑事的。如何以法律的视角审视高校各种法律关系并准确定性，在现行法律体系框架下建立或完善相关法律规范，是项目研究的意义和价值所在。

特别是近年来，为适应我国市场经济的高速发展和经济、政治体制的改革，包括高校在内的事业单位改革、改制力度不断加大，不断出现一些新的劳动人事用工关系，如：劳务派遣、劳务外包、借调、人事代理，等等，与其相伴随而产生的一些新问题一时难以把握。

本书撰写期间因材料繁杂，取舍难夺，颇费周章。从大纲拟定到初稿，从一稿审阅修改到终稿，历经寒暑、人员异动，无数次研讨、专题调研，对本书进行统筹策划、修改写作计划、专题内容等，至最后统稿、审稿、定稿以及编辑、校稿，无不耗尽心血。值得欣慰的是，所有参与人都在与本研究、本书同时成长，收获满满。在此向为本课题资料收集、调研、研讨以及后期文章编辑修改、审稿校稿等作出贡献的已毕业和在读的研究生：常倩倩、赵良燕、吴林霞、周美玲、曹聪、王小娟、郭燕萍、张秋洁以及黄昕恺、陈婷婷、操帆、马舒婷、张玉莹、曹梦迪等，深表谢意！值此《现代高校建设中的人事体制改革法律问题研究》一书即将出版之际，向本课题组所有成员、编辑以及鼓励我们的同事、好友、家人致谢！

本书撰稿和编写工作计划、框架结构、标题议题、主要观点由谌瑜完成；谌瑜、蒋树负责审稿、统稿、编辑；谌瑜、蒋树、李敏金、张玉莹、曹梦迪负责校稿。本书具体内容的编写与撰稿工作分工如下：

专题一、二：谌瑜、蒋树

专题三：严晓、谌瑜

专题四：谌瑜、郑志恒、王玉、蒋树

专题五：谌瑜、蒋树

专题六：蒋树、谌瑜

专题七：冯斯耀、谌瑜

专题八：杨淑、谌瑜

专题九：谌瑜、蒋树

专题十：谌瑜、李敏金、蒋树

专题十一：蒋树、谌瑜

专题十二：谌瑜

谌 瑜

2018年12月